JN275467

スラッファの謎を楽しむ
『商品による商品の生産』を読むために

片桐幸雄
Katagiri Sachio

Piero Sraffa
The Production of Commodities
by Means of Commodities

社会評論社

はじめに

　ピエロ・スラッファ（Piero Sraffa: 1898-1983）の『商品による商品の生産』（*Production of commodities by means of commodities*, Cambridge U.P., 1960）は、原著の本文で100頁にもみたない本でありながら、20世紀後半の経済学に大きな影響を与えたとされる。そういう評価に惹かれてこの本を初めて手にしたのはもう30年も前のことであった。内容はほとんど理解できなかった。あまりの難解さに辟易して、その後長い間、この本を開くことはなかった。

　埃を払って再び読み始めたのは、20世紀も終わろうかとする1999年の夏の終わりだった。今度は時間をかけてじっくりと読んだ。それでもやはり理解できたとは言い難い。私は経済学の専門的研究者ではない。スラッファの経済学に関しては門外漢というしかない。そういう人間にとって『商品による商品の生産』の理解が困難なのはある意味で当然であろう。

　しかし理解の困難さはこれまでに経験したことのないものだった。「なぜこんなにわからないのか」。そう思いながら『商品による商品の生産』を読み、メモを作った。何回か読み直し、メモを書き直すなかで、「わからない部分は謎として、それを考えることを楽しめばいい」と思うに至った。門外漢であるがゆえに、私が「謎」としたものは、本当は、あるいは専門家から見れば、「謎」でもなんでもないことかもしれない。それでも自分なりに謎解きを楽しんだ。

　ここにまとめたものはその「報告」のようなものだが、目的は一つしかない。「難解」という評価だけが一人歩きし、読まれることも少なくなっているように見える『商品による商品の生産』を直接読むことを薦めることである。この本は、誤読を恐れずに、そしてかなりの苦労をしてでも読んでみる価値が今でもあると思う。スラッファがこの本を書いた意図がなんであれ、それを読み、謎を見つけ、謎を考えるなかで実に豊かなものを得ることができると考えるからだ。

　だから経済学を学ぶできるだけ多くの人たちに『商品による商品の生産』を読んでもらいたい。以下の「報告」を読まれることがその契機になれば、「報告者」としてこれにまさる喜びはない。

目　次

I　『商品による商品の生産』を読むことの意味 ── 7
1. 経済学の教科書化と異端としての『商品による商品の生産』　7
2. 『商品による商品の生産』を読むことの困難さ　9
3. 謎解きを楽しむ　12
4. 大掴み、謎解きそして計算付録　13

II　大掴みにしてみる ── 17
《第1章　生存のための生産》　20
《第2章　剰余を含む生産》　22
《第3章　生産手段に対する労働の割合》　28
《第4章　標準商品》　32
《第5章　標準体系の一意性》　40
《第6章　日付のある労働量への還元》　45
《第7章　結合生産》　48
《第8章　結合生産物を含む標準体系》　49
《第9章　結合生産の他の効果》　54
《第10章　固定資本》　59
《第11章　土地》　64
《第12章　生産方法の切換え》　67
付　録　71

III　謎のいくつかについて考えてみる ── 73
1. 『商品による商品の生産』はなぜひどく難しいのか　73
   (1) スラッファの寡黙さ　73
   (2) 回りくどい叙述と理解困難な表現──あるいは真意の隠蔽　75
   (3) 「ケンブリッジ資本論争」の陰　78
   (4) 方法としての反人間主義　83
2. 「剰余が出てくると、その体系は自己矛盾をはらむ」とはどういう意味か　86
   (1) 第4節冒頭の奇妙な文章　86
   (2) 森嶋のヒント──剰余と商品価格の同時決定という「自己矛盾」　87
   (3) 剰余と価格の同時決定のもつ意味　89
   (4) 「自己矛盾」を解決するためのスラッファの方法　90
   (5) スラッファの方法の意味するもの　95

3．労働力を商品とすることの意味　97
　（1）スラッファの奇妙な宣言　97
　（2）古典派の着想を放棄することに対する批判　98
　（3）賃金を2分割し、必要労働を「前払い」する方法　101
　（4）賃金を2分割しないことの意味　102
　（5）労働力の価値あるいは価格を生産体系の内部で決めることの問題性　104
4．否定されたのは労働価格論か労働価値論か　107
　（1）スラッファは労働価値論を放棄したという主張　107
　（2）労働価格論と労働価値論　109
　（3）労働価値論の論証を巡る森嶋の方法とスラッファの方法　110
　（4）スラッファが否定したのは労働価値論ではなく、労働価格論ではないのか　113
5．説かれなかった貨幣形態論を巡って　114
　（1）森嶋の酷評　114
　（2）必要がないから説かれなかったといえるか　115
　（3）価値形態論を巡るアリストテレスの限界は何に起因するのか　116
　（4）『商品の生産』をヒントに生産手段の交換から貨幣形態を考える　117
　（5）主体の存在しない世界で最終消費財から貨幣形態論が展開できるか　121
6．結合生産物体系における謎以前の疑問　121
　（1）結合生産物体系における非基礎的生産物の定義は妥当か（第60節〜第62節）　122
　（2）「負の追加労働量」と「負の労働量」（第66節、第70節）　124
　（3）結合生産物体系にあっては「労働をその個々の生産物のあいだに割当てる明白な基準がない」といえるか（第66節）　129
　（4）複数農産物が存在する場合、地代は必ず決定できるのか（第89節）　131
7．謎探しのために　131
　（1）混乱を生じがちな言葉の使い方　132
　（2）議論の先取り　134
　（3）意味のわからない節の細分と冗長さ（第16節〜第20節）　136
　（4）簡潔さの犠牲にされた平明さ　138
　（5）書かれた意味がわからない叙述　144

Ⅳ　計算付録　151
行列（Matrix）を用いる計算　256

図　265

参考文献　271

あとがき　275

I 『商品による商品の生産』を読むことの意味

1．経済学の教科書化と異端としての『商品による商品の生産』

『商品による商品の生産』(以下、『商品の生産』と略す)は私から見れば、謎だらけである。しかも私はその謎を解いたというよりは、頭を抱えて謎の周りをグルグルと歩き回っているだけのようなものだ。それでも『商品の生産』を読むことを薦めたいと思う。『商品の生産』自体がもはやあまり知られていない作品になっていることもあり、その紹介を兼ねて、理由を述べておきたい。

近年、大学では「経済学の教科書化」が急速に進んでいるという。テキスト(教科書)を読んで何かを学ぶということは、本来はテキスト(教科書)を媒介として自分の考えを獲得していくことだと私は思う。経済学の場合もこれに変わりはない(実はこれは、Freier und Kneissel［1975］S. 12の受け売りである)。一方、「経済学の教科書化」とは「本に書かれたことを再現することをもって学習の成果とする」ということを意味する(Freier und Kneissel、同上)。「自分の考えを獲得する」などということはまったく問題にならない。

「経済学の教科書化」が進んでいる背景には、「第二次世界大戦後の経済学の最大の特徴は、主流派経済学の圧倒的地位の確立である」(若田部［2005］)といわれる現象がある。ここでいう主流派経済学とは新古典派経済学のことである。新古典派経済学が圧倒的地位を確立したということは、無論その理論の正しさを証明するわけではない。しかし「経済学の教科書化」ということは実際には圧倒的地位を確立した新古典派経済学の理論を無批判に受け容れることになる。これでは経済学を学ぶことにはならないばかりか、それを阻害することになる。経済学を学ぶなかで自分の考えを獲得するという本来の姿を取り戻すためには主流派＝新古典派経済学の理論を相対化して検討する必要がある。

『商品の生産』はその絶好の手がかりを与える。新古典派経済学の基礎になっているのは限界理論である。『商品の生産』はその限界理論に致命的打撃を与えたとされる。商品の価格は、限界理論が主張するように「需要と

供給によって決まる」のではなく、技術体系と剰余（超過生産物）の賃金への配分割合によって決定されることを『商品の生産』は極めて厳密な方法で証明したからである。

根井は、『商品の生産』で展開されるスラッファ理論の特徴を次のようにまとめている。

　ア　スラッファの体系は、限界革命以降の正統派（新古典派経済学）の思考法と極めて対照的なものである。スラッファは、分配は新古典派のように需給関係で決まるものではなく、社会制度と社会関係の結果であると考える

　イ　スラッファによる「再生産」の視点は、新古典派経済学による「稀少性」の視点と鋭く対立している

そして、「以上のような意味で、スラッファ理論こそが、現代において『異端派』という呼び名に相応しい経済学だと言えるかもしれない」（根井［2005］358頁）としている。

また方法論的にも『商品の生産』は新古典派とは対極の関係にある。新古典が方法論的個人主義に立つのに対して、スラッファが『商品の生産』でとるのは、「社会全体の再生産構造をもっぱら問題にし、それを個人の選択行動から基礎づけること自体を否定する」方法論的全体主義（三土［1999］）あるいは理論的反人間主義（塩沢［1998］107頁）と呼ばれるものである。

そのことは結局、経済学の目標をどう設定するかということにかかわってくる。自らもスラッフィアン（スラッファ理論の支持者）だったことがあるといっている塩沢は、「経済学の究極の目標は、経済行動の理解ではなく、経済の再生産の構造とその変動を説明し、理解することにあ［る］」とした（塩沢［1997］249頁）。新古典派経済学の目的が「経済行動の理解」にあるのに対して、『商品の生産』はまさしく「経済の再生産の構造」の解明のための基礎理論を提供するものだといっていい。

もっとも、スラッファによる批判にもかかわらず、限界理論に基礎をおく新古典派経済学は「圧倒的地位」を占めたままである。半世紀近くも前に致命的な批判を受けたとされる理論を基礎とする考えが「圧倒的地位」を占め続けている理由を考えることもまた興味深いことである。そのため

にも『商品の生産』がどのように限界理論を批判したのか、スラッファの批判は新古典派にとっては極めて深刻だったのにもかかわらず新古典派はまともにこれに応えられなかったのか、それとも批判はまるで的外れだったから無視されたのか、といったことを自分で考える必要がある。

　これが、『商品の生産』を読むことが新古典派経済学を相対化する絶好の契機を与え、経済の教科書化を克服する手がかりとなるのではないかと考える理由である。

２．『商品による商品の生産』を読むことの困難さ

　一時期、「近時その［スラッファの──引用者］理論の重要性についての認識が高まっている」（櫻井［1980］）とされながらも、少なくとも日本においては今や『商品の生産』はほとんど誰も読まない本となっている。その理由は色々と考えられよう。

　櫻井は上述の引用文の直前に「スラッファについては謎めいたその生涯と難解な理論によってまだ日本ではポピュラーな経済学者として知られるには至っていなかった」とする。生前、スラッファは『商品の生産』については何も「解説」しようとしなかった。だから難解のままだった。そして櫻井がスラッファの「理論の重要性についての認識が高まっている」と書いて程なくしてスラッファは世を去った。だからその難解さが解消されることは、もうない。この難解さがスラッファの生前においても、その死後においても、スラッファの理論の「重要性についての認識」を妨げた理由の一つのように思えてならない。

　『商品の生産』の叙述の評価は一様ではない。「並外れた純粋さと典雅さ」を持った本（『タイムズ』：菱山［1993］11頁の紹介）とする評価もある。スラッファの研究者の多くも『商品の生産』の簡潔さを高く評価する。たとえば、『商品の生産』の翻訳者でもある菱山は、『商品の生産』を「厳しい簡潔法によって、完璧に近い論理の糸でしばりあげられた、つまり、エッセンスのみを封じ込んだ」ものだとする（菱山［1962］2頁）。また藤田も、『商品の生産』は「あたかも論理学者が書いた経済学書ででもあるかのような、徹底的に無駄を削ぎ落とした美しさを誇る」と賞賛する（藤田［2001］46頁）。

この評価をそのまま受け容れることはできない。むしろ、スラッファ理論を好意的に紹介しつつ、『商品の生産』は「極めて難解」であるとした根井の指摘（根井［1994］190-1頁）のほうが適切であろう。

　論理の厳密さと簡潔さを理解の容易さに優先させるスラッファの姿勢がこうした結果を招いたといえる。しかしスラッファの叙述を「厳密」「簡潔」と好意的にだけ評価することにも疑問がある。クォント（昔、日本でもミクロ経済学の教科書として使われていた『現代経済学：価格分析の理論』の共著者である）は、『商品の生産』が出版された翌年、この本についての簡潔な書評を書いた（Quandt［1961］）。当時、イギリスのケンブリッジとアメリカのケンブリッジ——ハーバード大やマサチューセッツ工科大などがある——を中心とした経済学者が大西洋を挟んで大論争をしていた。世にいう「ケンブリッジ資本論争」である。この論争において『商品の生産』はイギリス・ケンブリッジ派の強力な援軍となった。アメリカ人であるクォントの書評が厳しいものとなったのはそのせいもあったのかと思うが、内容は酷評に近い。クォントは次のようにいう。

　ア　投入産出分析や企業アクティビティ分析に関する近年の膨大な文献に照らすと、本書（『商品の生産』）の存在理由は希薄になる
　イ　計算の記号法は扱いにくい
　ウ　叙述のいくつかは不必要なほど晦渋である
　エ　1914年以降の経済学の成果にはまったく触れていない
　オ　［結論としていうならば］本書は1920年代にあっては極めて注目すべき著作ではあろうが、35年の間にあまりにも時代遅れになった

　クォントとしては、『商品の生産』を全否定したかったのであろう。そもそも彼は「価格と分配を巡る限界理論批判」ということが『商品の生産』の目的であったことさえ紹介していない。したがって、その目的がどこまで達成されているのかという肝心なことを無視している。

　そのような書評ではあるが、「計算の記号法は扱いにくい」、「叙述のいくつかは不必要なほど晦渋である」という評価は、「やつ当たり」とばかりはいえない。スラッフィアンでない読者には、上述した菱山や藤田の高い評価よりも、このクォントの批判のなかの、イとウのほうが、はるかに実感

に近い。少なくとも私にとってはそうだったし、今もそう思う。『商品の生産』は不必要なほどに難解な本である。

スラッファの直弟子であるパシネッティの語った次の話も『商品の生産』の難解さを物語っているといえる。

> こうした理由［スラッファが原稿にはあったはずの経済システムの変動の問題を『商品の生産』の最終稿から意図的にはずしてしまったこと――引用者］により、ケインジアン・グループが『商品による商品の生産』の意図するアイデアを汲み取ることをむずかしくした。…『商品による商品の生産』についてのあの熱狂的な書評を書くとともに、『リカード全集』の編集をスラッファとともに行ったドップは、この著書をまったく理解していないようにみえる。ジョーン・ロビンソンも多大な努力を払ったにもかかわらず、『商品による商品の生産』の基本命題を充分自分のものにできなかったように思われる。カルドアにいたってはほとんど部外者だったし、カーンについてもやはりそうであった。
>
> パシネッティ［1988］129頁

パシネッティは『商品の生産』の基本命題が何なのかを明言しない。だから、彼の評価が正しいかどうかは判断できない。しかし、この高名なスラッファイアンにいわせれば、ケンブリッジで長い間スラッファのそばにいた盟友ドップや、彼女のためにスラッファは『商品の生産』を書いたとされる（森嶋［1990］の主張：これについては後述）ジョーン・ロビンソンや、『商品の生産』を「20世紀の『資本論』」と評したというカーン（浮田［1997］による）さえ、『商品の生産』は理解できなかったことになる。

一方、上述したクォントの批判には強い疑問があるし、クォント以上にスラッファを厳しく批判した森嶋［1990］の主張にもうなずけないものがある（これについては後述）。更にいえば、ほかならぬスラッファイアンたちも本当に『商品の生産』を理解していたかどうかは疑わしい（これも後述）。

要するに、経済学の巨人といわれた多くの先学もみんな『商品の生産』を正確に理解できなかった可能性がある。『商品の生産』はそれほど難解な本である。

3．謎解きを楽しむ

　もっとも、『商品の生産』がこれだけ難しいのであれば、それを理解できなくとも、あるいは誤解したところで臆するところはない。実際、ドップ以下が『商品の生産』の基本命題を理解できなかったとしたら、そしてその理由がパシネッティのいうようなことにあったとしたら、理解できなかったのはドップらの責任ではない。基本命題の理解を著しく困難にしたスラッファ自身にその責任はある。

　そう考えれば、スラッファが難解にした『商品の生産』を謎解きの対象と考えることもできる。現に puzzling book と評されたこともあるという（Harcourt［1982a］p. 197）。実際、あちこちに謎があるという意味では、puzzling book という評価が最も妥当ではないかとさえ思う。

　黒田が、「謎解き」という言葉をタイトルに含むスリリングな本のなかで、次のようなことをいっている。

> …研究史とは〈推理史〉であり、それは批判的に考えぬく楽しみを味わうことである。『伴大納言絵巻』の研究史の推理はじつにさまざまなことを学ぶ有意義なプロセスであった。
>
> 　　　　　　　　　　　　　　　　　　　　　　　　黒田［2002］211頁

この発言からは黒田が伴大納言絵巻の謎解きを堪能した様子が伺える。黒田の発言は経済学とはまったく無関係の仕事にかかるものであるが、スラッファの残した謎を、先学の研究の批判的検討を通じて、自分で考えることを楽しむということは、黒田が伴大納言絵巻の研究史を楽しんだことといささかも変わりがない。

　謎を考える過程で、スラッファが新古典派経済学をどう批判しようとしたか（あるいはリカードからマルクスまでの古典派経済学をどう復活させようとしたか）について、そして新古典派経済学（と古典派経済学）の何が問題なのかについて、自分で考えることになる。考えようによってはそれこそが、経済学の教科書化を克服するためのもっとも有効な方法だともいえる。そしてその意味では、『商品の生産』が極端に難解であること自体が、スラッファが仕掛けた一つの、そして最初の謎ということも出来る。

　謎解きは簡単なことではない。簡単でなかったから多くの先学も理解できなかったのであろう。そうであれば謎の解明だけを目的とせずに、謎を

解く過程を楽しめばいい。これについては、吉本が適切な発言をしている。少し長くなるが、引用する。

> もし、ひとつの書物を読んで、読み手を引きずり、また休ませ、立ち止まって空想させ、また考え込ませ、ようするにここは文字の一続きのように見えても、じつは広場みたいなところだな、と感じさせるものがあったら、それは小さな世界だと考えてもよいのではないか。この小さな世界は、知識にも体験にも理念にもかかわりがない。書き手がいく度も反復して立ちとまり、また戻り、また歩きだし、そして思い患った場所なのだ。かれは、そういう小さな世界をつくり出すために、長い年月を棒にふってしまったのだ。そこには書き手以外の人の影も、隣人もいなかった。また、どういう道もついていなかった。行きつ戻りつしたために、そこだけが踏み固められて広場のようになってしまった。じっさいは広場というようなものではなく、ただの踏み溜りでしかないほどの小さな場所で、そこから先に道がついているわけでもない。たぶん、書き手ひとりがやっと腰を下ろせるくらいの小さな場所にしかすぎない。けれどそれは世界なのだ。そういう場所に行き当たった読み手は、ひとつひとつの言葉、何行かの文章にわからないところがあっても、書き手をつかまえたことになるのだ。
>
> 吉本［1994］99-100頁

　私が以下にまとめたものは、これから『商品の生産』を読むであろう人たちのためのものである。つまり、専門的研究者以外の人たちを想定したものである。専門的研究者でないのであれば、「楽しみながら読めばいいじゃないか」と割り切って、ゆっくりと理解できるところだけ読んでいけばいい。それを何回も繰り返せばいい。そのうちに段々とわからないところが特定されてくる。そうなれば、「書き手をつかまえ」られ、そして謎解きを楽しむことができる。これは学問研究を職業としない者の特権であろう。その特権を享受することをお薦めしたい。

4．大掴み、謎解きそして計算付録

　とはいえ、概要くらいは大掴みにしないと、謎解きの興味さえ浮かんでこない。この大掴みのヒントになるのが、先にあげたクォントと森嶋の批

判である。

　クォントは先に見たように、「計算の記号法は扱いにくい。叙述のいくつかは不必要なほど晦渋である」と批判している。一方森嶋［1990］は、「[『商品の生産』の]カバーのブラーブに「この本は純粋経済理論に興味を持つ人たちのための、専門家用の仕事である」とあるのは、『商品の生産』が「[ジョーン]ロビンソン用の本であることを意味する」という。つまり、『商品の生産』はケンブリッジ資本論争でジョーン・ロビンソンを支援するための、したがって論争に参加したか、その論争に興味を持つかした専門家だけを対象にした著作だというのである。

　内容を大掴みにするためには、このクォントと森嶋の批判に沿って、内容を自分なりに書き換えればいい。つまり、まず文章は普通の言葉で平明に書き直して考える。専門家を対象にしたような細かなことにはさしあたりこだわらない。数式での展開が必要な場合は、その結果だけを利用するが、計算プロセスの理解が必要な場合は、スラッファが回避した記号法（たとえば行列）も用いる。そうやってスラッファの主張を大掴みすればいいということである。当然、『商品の生産』の難解さゆえに何回読んでも理解できない謎がいくつも残る。最初にも述べたとおり、これは謎解きの対象とすればいい。それを少しずつ考えればいい。

　なお、「現実問題意識ゼロの観念論（純粋理論）」という森嶋の批判や、「産業連関分析が進んだ今となっては時代遅れ」というクォントの批判はむしろ謎を考えるヒントになる。

　そこで、最初に『商品の生産』の概要を「大掴み」にし、その上でいくつかの謎について考えてみたい。［Ⅱ　大掴みにしてみる］の内容はタイトルどおりである。平明であることを最優先した。したがって、『商品の生産』の多くの叙述を省略した。一部は［Ⅳ　計算付録］で復元したが、『商品の生産』の概要を把握するにはあまりにも細か過ぎると思ったものは、触れなかった。本当は省略した部分に魅力的な謎が隠されている可能性がある。だから是非『商品の生産』そのものを読んで、その難解さを実感しつつ自分で謎を見つけたほうがいい。ここに示したものは『商品の生産』はこんな風にも読めるという程度の「招待状」のようなものではあるが、謎を易しく解いた上での「案内」では決してない。

謎を易しく解いたわけではないというのは、［Ⅲ　謎のいくつかについて考えてみる］についてもいわなければならない。ここに記したのは、『商品の生産』の謎のほんの一部であり、しかもその謎解きはまったく私の独断によるものであり、「正解」である保証はない。むしろとんでもない間違いを含んでいる可能性がある。いやその可能性が高いというべきかも知れない。そういうものをここに示したのは、『商品の生産』の謎解きを楽しむ事例を紹介したかったからであり、それ以上の意味はない。私がここに記したもの自体も（私は決して「先学」ではなく、落第生のようなものだが）批判の対象でしかない。そのようなものとして理解していただきたい。

　最後に、『商品の生産』の概要を述べ、また謎を考えるにあたって利用した計算（過程と結果）を［Ⅳ　計算付録］として掲げる。『商品の生産』では、スラッファが演算過程をほとんど省略した結果、「非数理的な読者」（私自身もそうである）には内容の理解が困難になっている箇所が多くあることを考慮して、可能な限り演算過程を復元してみたものである。したがってもし煩瑣であれば、この部分は無視して構わない。この計算はあくまで読者の計算用紙の代わりとなればいいと考えたものであり、文字通り〈付録〉にすぎない。少なくともこの［計算付録］を読んで、『商品の生産』を読む気力をなくすことほど馬鹿らしいことはない。

《文献》

　『商品の生産』からの引用は、菱山泉・山下博訳『商品による商品の生産』（有斐閣、1962年、復刊1978年）によった。そのため、引用頁は明記しなかった。単に「第○章」「第○○節」とあるのは、断りがない限り、『商品の生産』の章や節を示す。

　菱山と山下の邦訳は原著（英文）の難しさをもそのまま伝えた、正確な翻訳であり、訳語を訂正することはほとんどなかった。ただ、理解を容易にするためには表現を変更した方がいいのではないかと考えられる何ヶ所かについては、断った上で別の表現を用いた。なお、『商品の生産』のドイツ語訳（„Warenproduktion mittels Waren", übersetzt von J. Behr, Suhrkamp, Frankfurt a. M., 1976）を参考にした箇所もあるが、そのことはその都度明示した。

邦訳書は現在はオン・デマンド方式での入手が可能になっている。出版社（有斐閣）に問い合わされたい。

末尾に参考文献として掲げたものは、本文中で引用ないし言及したものに限定した。その結果、『商品の生産』に関する研究書や論文のほとんどを省いた。ただその多くは、専門家のための著作であり、論文であるように思う。「案内書」としては、ここでは松本［1989］をあげておきたい。単一生産物体系に焦点を絞ったものであるが、『商品の生産』の理解のためには格好の著作ではないかと考える。また、『商品の生産』を巡る研究文献に関しては、松本［1989］や、ロンカッリア［1977］が参考になる。

なお当然のことであるが、『商品の生産』の謎解きを楽しむためには、最後は自分で直接『商品の生産』を読む以外にはない。

《省略記号と図》

文中、参照箇所を示す場合等には以下のような省略表記を用いた。

　　　［大掴みにしてみる］13°　　　　　　　　→　［大掴み］13°
　　　［謎のいくつかについて考えてみる］3．（1）　→　［謎］3（1）
　　　第14節に関する［計算付録］　　　　　　　→　［計算付録］14

図はまとめて［計算付録］の末尾に添付した。いずれも『商品の生産』に掲げられた図と同じものであり、図の番号も『商品の生産』でのものである（ただし、第1図、第4図、第8図は省略した）。

Ⅱ 大掴みにしてみる

0°（『商品の生産』の構成とモデル）

　『商品の生産』（以下、この項において「本書」という）の序文では、若干の注意や本書の目的等が記されている。主なものをまとめれば以下のようになる。
　　ア　本書においては収益不変という暗黙の仮定が立てられているわけではないこと
　　イ　本書の準備には長い時間がかかってしまったこと
　　ウ　本書の目的は、限界理論批判の基礎を提供するにあること
　　エ　数学に詳しくない読者にも容易に理解できる記号法に固執したこと
　この序文に書かれた事項はいずれも本書がなぜひどく難解なものになったかのヒントを与える。これについては、[謎] 1で検討することにし、ここでは本書の構成とそこで用いられるモデルの特徴について触れておくことにしたい。

〈構成〉
第1部　単一生産物体系
1章〜5章：単一生産物体系での商品価格の決定と変動にかかる分析
　　　　1つの生産過程はただ1種類の商品を生産するものとする（ここでは固定資本と地代は無視される）。
　　　　投入と産出に占める個々の商品の割合が同じになるという「標準体系」を作ることによって、賃金が生産体系の外部からあたえられれば、利潤率と価格は同時に、かつ一意的に決定されることをみる。
　　　　なおこの過程で、リカードがついに発見できなかったとされる「不変の価値尺度」としての標準商品が定義される。
6章：商品をその生産に必要な労働に還元したときの商品価格の検討
　　　　商品の生産に必要とされる商品を「日付のある労働」に還元するとしても、「資本」の量的確定は賃金（あるいは利潤率）が生産体系の外

化から与えられない限り、決定できないことを証明する。

第2部　結合生産物体系

7章〜11章：結合生産物体系での商品価格の決定と変動にかかる分析

　　固定資本と地代を取り込んだ生産体系を考える。固定資本は1生産期間の完了時点での残存価値（帳簿価格相当分）を当該生産過程の「生産物」とみなす方法で処理される。このために、先に見た単一生産物体系を拡大して、一つの生産過程で2つ以上の商品を生産する「結合生産物体系」を考える。

　　地代については、土地が生産されない商品であることから、これを非基礎的生産物として生産体系から排除することとし、その排除の方法が示される。

第3部

12章：生産体系の切換え（リスィッチング）の検討

　　ある商品の生産に関して生産技術（生産方程式）が複数存在する場合、利潤率の変動にともなって、生産技術が切換えられること、またこの切換えは複数回生じうることが示される。

〈モデルの組み立てとその特徴〉

　「商品の価格は需要と供給によって決まる」。これが一般的な経済学の教科書の最初の頁に出てくる価格決定法則である。本書でスラッファはこれを否定する。商品の価格は、その生産に必要な生産手段（その種類と量）と労働量――生産の技術的構造――が決まっていれば、剰余（生産物から生産手段を引いたもの）のうちどれだけの割合が労働者に分配されるかによって決定される。これが、スラッファが本書で論証しようとしたことであった。

　商品の価格は再生産が可能になるように決まるとしても、個々の商品価格が具体的にどのように決まるかは、そう簡単に解くことはできない。剰余が生じる場合は再生産の構造だけではこれは解けないという主張さえあるくらいだ（［謎］2を参照）。ここに、最初の難しさが発生する。

　こんな考えはやめて、「賞品の価格は需要と供給によって決まる」とすれば簡単であろう。これが、新古典派の考えが広く受け容れられてきた大き

な要因といえる。しかし、この考えは、需要における消費者心理と供給における生産の技術的問題という異質さを無視していることを考えただけでも、どこか変である。

この困難さを克服するために「モデル」を想定する。この「モデル」にも単純なモデルからかなり複雑なモデルまでいくつかの段階が考えられる。

本書では、第1部では、次のようなモデルを想定する（第2部では、1と3と4の制約が外される）。

1. 1つの生産過程では、ただ1つの商品しか生産されない
2. 生産に必要な期間は、すべての商品で1年間である
3. 生産のために投じられた商品（生産手段）は、この生産期間ですべて消費される（固定資本は存在しない）
4. 地代はない

こうした簡単なモデルのなかでも、更に差が生じる。次の事項が単純さの度合いを異なったものとする。

ア．商品の数
イ．剰余の有無（生産体系全体のなかで、生産手段として投じた量と同じ量の生産物を得るか、生産手段を超える量の生産物を得るか）
ウ．賃金の扱い（賃金は生産手段から独立させ、剰余の分配の対象とするかどうか）

ウは注意を要する。商品を生産するためには、生産手段とともに、それに手を加えて商品とするための労働が必要であり、労働に対しては賃金が支払われなければならない。その賃金は労働者の生活を維持する商品（食料、衣類、その他）を購入するためのものである。だから、賃金はこうした食料や衣類という具体的商品として生産手段の一部を構成すると考えることも出来る。この場合は、賃金は生産手段のなかに含まれてしまう。しかし、このように考えると、賃金は労働者の生活を維持する（「労働力を再生産する」といってもいい）ためのものに固定されてしまう。そこで剰余の一部も賃金として支払われる場合があることから、あらかじめ生産手段のなかから賃金相当部分を除外して（この場合は「剰余」の定義は以前と

— 19 —

は変わることになるが)、賃金全体を、生産手段とは独立の、剰余の一部が分配されたものと考えることもできる(『商品の生産』でのこの賃金の処理については様々な議論がある。[謎] 3 を参照)。

　こうして組み立てられたモデルには普通の経済学の教科書にはあまり見られない次のような特徴がある。これが、本書全体をとっつきにくいものにしている。それぞれ疑問もあるが、その疑問をより明確にするように意識して読めばいい。

　　ア　人間(資本家、労働者、土地所有者)は登場しない
　　イ　生産物は直接・間接にすべての商品の生産に入る基礎的生産物とそれ以外の非基礎的生産物に区分され、基礎的生産物だけで生産体系が構成される
　　ウ　生産体系は再生産を可能とする条件をみたした所与のものとされる。一種の静止体系である。ここに賃金(あるいは利潤率)が外部から与えられるときに、商品の価格がどのように変動するかが分析される

第1部　単一生産物産業と流動資本

《第1章　生存のための生産》
　　第1節　2生産物　　第2節　3コないしそれ以上の生産物
　　第3節　一般的な場合

1°(第1節)

　最も簡単なモデルからスタートする。つまり商品の数は2コだけ。剰余はない。賃金は労働者の生活資料として生産手段に含まれる。こういうモデルである。生産体系が小麦と鉄の2商品で構成されているとする。このとき価格はどのようにして決まるかを見る。これは、小麦と鉄の生産のために、生産手段として小麦と鉄がどのくらい使われるかを調べればすぐわかる。

　小麦と鉄の生産が次のように行われていたとする。この場合、小麦と鉄

の間にただ１つの交換価値（商品間の価格の相対的関係）の組み合わせが存在する。再生産のためには12トンの鉄が120クォーターの小麦と交換されなければならないから、交換価値は１トンの鉄＝10クォーターの小麦ということになる。

    （投入）   （産出）
  280クォーターの小麦＋12トンの鉄──→400クォーターの小麦
  120クォーターの小麦＋ 8トンの鉄──→20トンの鉄
     ↓   ↓
   小麦の投入量 鉄の投入量
   ＝400クォーター ＝20トン

2°（第２節、第３節）

モデルを少しだけ複雑にして、商品の数を２から３に増やす。
小麦と鉄に豚を加えて、次のようなケースを想定する。

    （投入）   （産出）
  240クォーターの小麦＋12トンの鉄＋18頭の豚──→450クォーターの小麦
   90クォーターの小麦＋ 6トンの鉄＋12頭の豚──→21トンの鉄
  120クォーターの小麦＋ 3トンの鉄＋30頭の豚──→60頭の豚
     ↓   ↓   ↓
   小麦の投入量 鉄の投入量 豚の投入量
   ＝450クォーター ＝21トン ＝60頭

今度は２商品の交換関係から直接に交換価値を求めることは出来ない。小麦、鉄、豚の価格を未知数とした方程式を解くしかない。小麦１クォーターの価格を x、鉄１トンの価格を y、そして豚１頭の価格を z とすれば、

  $240x + 12y + 18z = 450x$ (2-1)
  $90x + 6y + 12z = 21y$ (2-2)
  $120x + 3y + 30z = 60z$ (2-3)

これを解くと、$x : y : z = 1 : 10 : 5$ となる。したがってどれか１つを価格の基準とすれば他の２つの商品の価格は決定する（計算過程については［計算付録］２を参照）。

なお第３節では、商品を小麦、鉄、豚といった具体的商品を、a, b, c, …

という抽象化された商品に置き換え、この商品の数をkコに増やした「一般的な場合」を見ている（[計算付録] 3 を参照）。しかしここでは平易さを優先して、このまま、小麦、鉄、豚の 3 つの具体的商品を対象にして検討していくことにする。商品の数が 3 コでも、k コでもモデルの意味に変わりはない。

《第 2 章　剰余を含む生産》
　　第 4 節　利潤率　　第 5 節　利潤率の例　　第 6 節　基礎的生産物と非基礎的生産物　　第 7 節　術語上の注釈　　第 8 節　生存賃金と剰余賃金　　第 9 節　生産物から支払われた賃金　　第10節　労働の量と質　　第11節　生産方程式　　第12節　自己補填的体系における国民所得

3°（第 4 節）
　第 1 章では剰余はないものと想定したが、第 2 章ではモデルをもう一段複雑にして、剰余がある場合を考える。
　生産手段（労働者の生活資料を含む）よりも、生産物の合計のほうが大きくなるものとする注。この差額が剰余である。剰余は投入された生産手段に応じて分配される必要がある。生産手段に対するこの剰余の割合を利潤率という。この利潤率はいずれの商品の生産にあっても均一である。ある商品（たとえば小麦）の生産に対する利潤率が他の商品（たとえば鉄や豚）のそれよりも高かったら、誰も鉄や豚を生産しなくなり、結局小麦の再生産も不可能になる。再生産が可能になるためには、利潤率は均一でなくてはならない。
　剰余の配分は商品の価格が決定されるのと同じ機構を通じて、しかもそれと同時に決定されなければならないから、均一の利潤率を未知数として組み込んだ生産方程式を解く必要がある。
　　　注　このとき「体系は自己矛盾をはらむ」とされる。このことに関しては[謎] 2 を参照。

4°（第 5 節）

　利潤率を具体的に計算する。もう一度小麦と鉄の 2 商品で生産体系が構成されるケースを想定する。そして極端な例として、生産体系全体としては小麦だけが投入量を上回る産出量を得るものとする。［大掴み］1°で見た生産体系を次のように変えてみる。

　　　　　（投入）　　　　　　　　　　（産出）
　　280クォーターの小麦＋12トンの鉄──→575クォーターの小麦
　　120クォーターの小麦＋ 8トンの鉄──→20トンの鉄
　　　　　　↓　　　　　　　　↓
　　　小麦の投入量　　　鉄の投入量
　　　＝400クォーター　　＝20トン

物的な剰余は小麦にだけ出ているが、利潤率均等という前提から、鉄を生産する場合も、小麦を生産する場合と利潤率は同じになる必要がある。小麦 1 クォーターの価格を x、鉄 1 トンの価格を y とし、利潤率を γ とすると、次の式が得られる。

　　$(280x+12y)(1+\gamma)=575x$　　　　　　　　　　　(5-1)
　　$(120x+8y)(1+\gamma)=20y$　　　　　　　　　　　　(5-2)

　これを解くと、$y=15x$、$\gamma=0.25$　が得られる（計算過程については［計算付録］5 を参照）。

　小麦 1 クォーターと鉄 1 トンの相対価格を 1 : 15 とすれば、生産体系全体では小麦だけが物的な剰余を持つときでも、小麦を生産する場合と鉄を生産する場合とで利潤率が同じ（25％）になることがわかる。

5°（第 6 節）

　剰余が生じると、生産手段としては不要なもの（いわゆる贅沢品あるいは奢侈品）の生産も可能になる。［大掴み］4°の例で見れば、小麦の生産量のうち生産手段としての投入量を上回る175クォーター（575-400）は、小麦と鉄の生産には不要なものの生産（たとえば装飾品）にあてることができるということである。このような、他の商品（ここでは、小麦と鉄）の生産手段とならないものを「非基礎的生産物」と呼ぶ。

　非基礎的生産物は他の商品の生産手段とならない以上、それがいかなる

生産方程式のもとで生産されようと、他の生産物の価格と利潤率に何らの影響も及ぼさない。他の商品の生産に影響を及ぼさないことから、非基礎的生産物は生産体系から除外する。

　非基礎的生産物以外の生産物は基礎的生産物とされるが、基礎的生産物か非基礎的生産物となるかは、「直接間接にすべての商品の生産手段となる」かどうかで決められる。たとえば、小麦と鉄と豚の3商品が生産されるとして、小麦が小麦自身と豚の生産にだけしか用いられず、鉄は鉄自身と豚だけを生産手段とすると仮定する。この場合、小麦は鉄の生産の直接の生産手段ではないが、豚の生産手段であって、その豚が鉄の生産手段であることから、小麦は間接に鉄の生産手段となり、3商品のすべての生産手段となる。

　以上のことから次の3つのものが非基礎的生産物となる。
　　ア　他の商品の生産手段とならないもの
　　イ　それ自身の再生産だけに使われるもの
　　ウ　他の奢侈品の生産だけに使われるもの

6°（第7節）

　スラッファは、『商品の生産』では「生産費」と「資本」という用語を使わないとする。一般の経済学の教科書には必ず出てくるこの用語を使用しないことを巡って、スラッファの考えが明瞭に示されている。

　つまり、「生産費」「資本」という用語は、ともに、
　　ア　生産物の価格の決定と切り離されて（＝独立に）、計測可能
　　イ　生産物の価格の決定に先立って（＝独立に）、計測可能
なものだという先入観念を反映したものであるが、「このような先入観念を脱却することが本書の目的のひとつである」とされる。それが、「資本」「生産費」という用語を避ける理由である。

7°（第8節、第9節）

　これまでは、賃金は労働者の生活資料として生産手段のなかに含まれるものとしてきたが、剰余の出現とともにその一部を労働者にも分配する可能性が出てきたことから、賃金を生産手段から独立させることが考えられ

る。厳密には、賃金を「生存に必要な資料」と「剰余からの分配分」に2つに分けて考えるべきなのであろうが、「伝統的な賃金概念をみだりに変更することを差し控える」という理由から「賃金全体を変数として取り扱う慣例的な手法に従う」ことにする。(第8節)

このことから賃金は「後払い」されるものとされ、この結果、賃金に関する「古典派経済学者の着想」は放棄される[注]。(第9節)

賃金を独立させることによって、モデルはもう一段複雑になるが、第1部のモデルは基本的にこれで完成することになる。

  注 スラッファの賃金の処理方法に関しては批判も疑問も多い。[謎] 3 を参照。

8°（第10節）

生産方程式に賃金を組み込むに当たっての準備を行う。

  ア 複雑な労働……あらゆる労働の1単位あたり賃金は同一になるものとし、複雑な労働は単純な労働よりも労働の単位量が多い労働とみなす
  イ 労働の総量……生産体系の労働の総量を1とする。これにより、各産業の労働量は、総労働量に占める割合を持って示される。たとえば生産体系が、小麦と鉄と豚で構成され、それぞれの生産に必要な労働量の総労働に占める割合が3/16、5/16、8/16だったとすれば、その割合自体が、小麦、鉄、豚の生産に必要な労働量となる
  ウ 賃金の総額……生産体系の1年間の賃金総額を ω とする
  エ 各産業の賃金……イとウから、この場合の小麦、鉄、豚の各産業の賃金は、0.1875ω、0.3125ω、0.5ω となる。すなわち賃金総額（ω）を、各産業の労働量が総労働量に占める割合で分割したものとなる

9°（第11節）

賃金を［大掴み］8°のように整理することによって、第1部における最も複雑なモデルが完成する。

II 大掴みにしてみる

［大掴み］2°で、剰余もなく、賃金も独立していない生産方程式として次のようなものを想定した。

$$240x + 12y + 18z = 450x \tag{2-1}$$
$$90x + 6y + 12z = 21y \tag{2-2}$$
$$120x + 3y + 30z = 60z \tag{2-3}$$

（x：小麦1クォーターの価格、y：鉄1トンの価格、z：豚1頭の価格）

剰余が生じ、賃金が生産手段から分かれるとすれば、次のような生産方程式を作ることができよう（利潤率を γ、賃金を ω とする）。

$$(200x + 12y + 16z)(1+\gamma) + 0.2\omega = 480x \tag{11-1}$$
$$(80x + 8y + 12z)(1+\gamma) + 0.4\omega = 32y \tag{11-2}$$
$$(120x + 4y + 24z)(1+\gamma) + 0.4\omega = 72z \tag{11-3}$$

ただし数字はいずれも任意の仮のものであり、数字に関する条件は次の2点だけである。

　ア　各商品（小麦、鉄、豚）の生産量は生産手段としての投入量を下回らないこと（商品のうちの少なくとも1つは生産量が投入量を上回ること）

　イ　各商品の生産に割り当てられた労働量の合計は1になること

上記の生産方程式でこれを検証すれば以下のようになる。

商品	投入量	生産量
小麦	400（200＋80＋120）	480
鉄	24（12＋8＋4）	32
豚	52（16＋12＋24）	72

小麦、鉄、豚のいずれの商品も生産量が投入量を上回っている。また労働の総量は、1（＝0.2＋0.4＋0.4）であるから、この生産方程式は条件をみたしている。したがって、小麦と鉄と豚の価格を得るにはこの生産方程式を解けばいいことになる。逆にいえば、小麦と鉄と豚の価格がこの生産方程式から得られる値と異なる場合は、この生産体系はもはや維持できなくなる。

なお、数式による生産方程式の一般的表記に関しては［計算付録］11を参照。

10°（第12節）

　[大掴み] 9°で見た3つの生産方程式には5つの未知数があった。小麦と鉄と豚の価格（x, y, z）と利潤率（r）、それに賃金（ω）がそれである。生産方程式は3つしかないから、このままでは解を得ることはできない。

　そこで、もう1つ方程式を作る。国民所得に関する定義式がそれである。『商品の生産』では国民所得とは剰余のことをいう。[大掴み] 9°で見た剰余が生じる式では、生産量から生産手段としての投入量を引いたもの、すなわち80クォーターの小麦と8トンの鉄と20頭の豚がこれにあたる。この国民所得を1とする。これにより

$$80x + 8y + 20z = 1$$

という式が得られる。なお、国民所得（剰余）は賃金と利潤に分割されることから、これによって賃金（ω）は国民所得の配分割合を示すものとなり、0と1の間の値をとることになる。

　これで方程式は4つになった。しかし、方程式の数はここまでである。方程式はこれ以上は増えない。変数（未知数）が方程式の数を1つ上回っている。このために、このままでは、変数（未知数）を確定することはできない（スラッファの表現では、「その体系は自由度1をもって動くことができる」ということになる）。

　逆に、変数（未知数）のうちの1つが定められれば、他のすべての変数（未知数）も確定することになる。つまり、各商品（小麦、鉄、豚）の価格が決まるためには、他の2つの未知数、すなわち利潤率（r）と賃金（ω）のいずれかが与えられる必要がある。このいずれかが生産体系の「外側」で決定されて、それが与件とされるのである。換言すれば、利潤率と賃金は生産体系からは直接には決まらないということになる。

　しかし、利潤率と賃金のいずれかが生産体系の「外側」で（政治的・社会的枠組みのなかで）決定されれば、各商品の価格は再生産が可能になる価格として決まる。商品の価格は需要と供給によって決まるのではない。

　なお、数式による国民所得の一般的な表記に関しては、[計算付録] 12を参照。

11°（第1章と第2章で見たこと）

　極論すれば、これで『商品の生産』は、「経済理論批判」（正確にいえば、限界理論批判）という目的を果たしたといえる。

　スラッファは第3章以下で、もう1つのテーマとして、「各商品の価格の標準（＝尺度）をどのように決めるか」という経済学の長年の課題を検討する。それを除けば、この後の展開はここまでの主張の精緻化にすぎないといって過言ではない。

《第3章　生産手段に対する労働の割合》
　　　第13節　国民所得の割合としての賃金　　第14節　国民所得全体が賃金にあてられるばあいの価値　　第15節　生産手段に対する労働の割合における多様性　　第16節　「欠損の産業」と「剰余の産業」　　第17節　分水線を示す割合　　第18節　バランスを回復する価格変化　　第19節　生産手段に対する生産物の価格比　　第20節　生産物間の価格比　　第21節　くりかえされる割合　　第22節　バランスを保つ比率と極大利潤率

12°（第3章の課題）

　第3章では、商品の相対価格の変動要因を探る。スラッファは、商品の価格は需要と供給によって決まるものではないとした。それは同時に、価格の変化も需要と供給（の変化）によって説明されるわけではないということを意味する。第2章で見たように、所与の生産体系のもとでは、商品の価格は賃金が決まれば決定される。したがって、各商品の価格変動も、賃金の変化によって説明される。しかし賃金が変化するとき、価格が上昇する商品もあれば下落する商品もある。そして理論的には賃金が変化しても価格がまったく変化しない商品もある。

　なぜ、賃金の変化が各商品の価格を上昇させたり下落させたりするか。そして賃金が変化するのに価格が変わらない商品とはどういう性質をもつものなのか。こうしたことを探るなかから、各商品の価格の標準（＝尺度）となるべきものの手掛かりを掴むことができる。

13°（第13節、第14節）

［大掴み］10°で、「利潤率と賃金のいずれかが……決定されれば、各商品の価格は再生産が可能になる価格として決まる」こと、そして国民所得（剰余）を1としたことから、賃金（ω）は1と0の間で動くことの2つのことを見た。そこで生産方法が一定のとき、賃金（ω）が1から0の間で変化するのにともなって、各商品の価格がどのように変動するかを見てみる（第13節）。

まず賃金（ω）が1のときを見る（第14節）。$\omega = 1$ ということは国民所得（剰余）がすべて賃金にあてられるということであるから、利潤率（γ）は0となる。このとき、各商品の相対価値（＝価格）は直接間接に商品生産に貢献した労働量に比例する（これについては［計算付録］14を参照）。

逆にいえば、国民所得（剰余）がすべて賃金にあてられるとき（$\omega = 1$ のとき）以外は、「各商品の相対価値は直接間接に商品生産に貢献した労働量に比例する」ということは通常はできない（「通常は」ということは例外があるということである。これについては［計算付録］15を参照）。

14°（第15節）

国民所得の1部が生産手段に対する利潤となるとき（$\gamma \neq 0$ のとき）、すなわち賃金が引き下げられるときはどうなるか。ある商品の価格は、賃金の低下とともに上昇し、別のある商品の価格は逆に、賃金の低下とともに下落する。

なぜこのようなことが起きるかといえば、労働と生産手段との割合が通常は各商品の生産過程で異なっているからである。仮にこの割合が各商品の生産過程ですべて同じだとする。すると賃金の低下は、それぞれの生産過程で同じ割合で利潤を増加することになるから、商品価格が元のままでも利潤率は同じになる。したがって利潤率を均一にするための価格変動は不要になる（証明は［計算付録］15を参照）。しかしこのようなことは通常は考えられない。

II 大掴みにしてみる

15°（第16節〜第20節）

　各商品の生産過程で生産手段に対する労働の割合が異なるという通常のケースを想定する。［大掴み］9°の（11-1）〜（11-3）の式で示したケースでは、小麦の生産における生産手段に対する労働の割合は、鉄の生産の場合よりも低い。このケースでは、賃金が低下した場合、仮に商品価格が不変だとすると、利潤にあてることができる割合は小麦を生産する場合のほうが鉄を生産する場合より低くなる。

　利潤率を均一とすれば、利潤にあてるべき額は生産手段の総額によって決まる。小麦の生産手段の総額は労働に対して相対的に高額であり、鉄の生産手段の総額は労働に対して低額である。そのため、生産物の価格を変えることなく、均一の利潤率を確保しようとすると、小麦の生産では賃金の下落から得られたものだけでは利潤にあてる額を確保できずに「マイナス」が生じ、逆に鉄の生産では利潤を確保した上で「プラス」が生じる（第16節）。

　なお、生産体系が多くの商品生産によって構成されているとして、それらを「マイナス」の大きな商品生産から「プラス」の大きな商品生産まで順番に並べると、その中間に、「マイナス」も「プラス」も生じない商品生産が存在しうる。この商品生産における生産手段と労働の割合を「分水線を示す割合」という（第17節）。

　したがって、均一の利潤率を確保するためには、「マイナス」と「プラス」の生じる生産物の価格は変化することになる。先の例でいえば小麦の価格は上昇する必要があるし、鉄の価格は下落しなければならない（第18節）。

　賃金が変化すると、（「分水線を示す割合」で生産される生産物以外の）すべての生産物の価格が変動するから、生産手段としての価格もまた変化する。したがって生産体系が多数の商品生産から構成されているときは、賃金の変化にともなって、生産物の価格は複雑に変化することになる。ただその変化はあくまで、各商品生産において均一の利潤率を確保するための変化である。（第19節〜第20節）

16°（第21節）

　こうして賃金の変化にともなって、商品の価格は変化することになる

が、例外が「分水線を示す割合」で生産される商品である。
　もし「分水線を示す割合」で生産される商品の生産手段もまた、「分水線を示す割合」で生産される商品であり、さらにその生産手段もまた「分水線を示す割合」で生産され、このこと（生産手段もまた「分水線をしめす割合」で生産されること）が無限に繰り返されるならば、この商品の価格は賃金のいかなる変化にも影響されない。このような商品を「バランスを保つ商品」という。

17°（第22節その1）
　これまでは生産手段と労働という異質のものの「割合」を見てきた。ここで、「バランスを保つ商品」に着目して、「割合」を別の角度から検討する。「バランスを保つ商品」の価格は賃金の変化の影響を受けない。その生産手段もまた同様である。このことは、賃金が変化しても、生産物の価格も生産手段の価格も変化しないということを意味する。つまり、純生産物（生産物から生産手段を控除したもの）と生産手段は価格比率が一定に保たれるということになる。
　このことから、「バランスを保つ商品」を純生産物の価格と生産手段の価格という同質のものの「割合」（比率）で測ることにする。

18°（第22節その2）
　では「バランスを保つ商品」における純生産物と生産手段の価格の割合（比率）はどのようにして測られるのか。
　賃金の変化による価格変動を検討するにあたって、剰余（純生産物）のすべてが賃金になるという極端なケースを想定した（［大掴み13°を参照］）。ここでは逆に、剰余（純生産物）のすべてが利潤となるというケースを想定する。利潤率均等という前提から、このときすべての商品生産において、純生産物と生産手段の価格比率は一定になる。
　「バランスを保つ商品」にあっては、このときの、すなわち剰余がすべて利潤となる（賃金がゼロとなる）ときの、純生産物と生産手段の価格比率が賃金の変化にかかわらず維持されるということになる。逆にいえば、こうした価格比率をもった商品は、賃金の変化に影響されることなく、一定

の価格を維持することになる。

　剰余（純生産物）のすべてが利潤となるということは、利潤が極大となることである。このときの利潤率を極大利潤率という。「バランスを保つ商品」における純生産物と生産手段の価格比率は極大利潤率に等しくなる。

　これ以降、一般的利潤率（r）と区別して、極大利潤率をRと表記する。

《第4章　標準商品》
　　第23節　「不変の価値尺度」　　第24節　完全な合成商品　　第25節　このような商品の構成——例　　第26節　標準商品の定義　　第27節　等しい百分率の超過　　第28節　生産手段に対する純生産物の標準比率（R）　　第29節　標準比率と利潤率　　第30節　標準体系における賃金と利潤率との関係　　第31節　あらゆる体系に拡大された関係　　第32節　例　　第33節　標準商品の構成——q体系　　第34節　単位としての標準国民所得　　第35節　非基礎財の除外

19°（第23節、第24節）

　［大掴み］18°で、他の商品の価格が賃金の変動によって変化するときも、「バランスを保つ商品」の価格は不変であることを見た。したがって「バランスを保つ」商品が発見できれば、それは商品価格の相対的変動を観察するときの「不変の価値尺度」とすることができる。（第23節）

　しかし通常は、単独の商品のうちにこのような商品を「発見」することはできない。そこでスラッファは、諸商品を組み合わせて、「合成商品」を作ることによって「不変の価値尺度」を発見しようとする。

　［大掴み］17°で「バランスを保つ商品」の条件は、純生産物と生産手段の価格比率が一定に保たれることであることを見た。この条件をみたすような「合成商品」を作ればいい。この条件は、「合成商品」の生産手段を構成する諸商品が同じ割合をもって「合成商品」の純生産物のなかに現れることによってみたされる。そうすれば、個々の商品の価格がいかに変化しても、この「合成商品」の生産手段と純生産物の価格比率は一定に保たれるからである。（第24節）

20°（第25節）

現実の生産体系として、次のようなものを想定する。

（生産手段）　　　　　　　　　　　　　　　　　　　（生産物）

90㌧の鉄＋120㌧の石炭＋ 60クォーターの小麦＋3/16 の労働→180㌧の鉄
50㌧の鉄＋125㌧の石炭＋150クォーターの小麦＋5/16 の労働→450㌧の石炭
40㌧の鉄＋ 40㌧の石炭＋200クォーターの小麦＋8/16 の労働→480クォーターの小麦
　　↓　　　　　　　↓　　　　　　　↓
180㌧の鉄　285㌧の石炭　410クォーターの小麦

鉄は生産手段の量と生産物の量が等しいことから、国民所得は、165㌧の石炭＋70クォーターの小麦　ということになる。

この現実の生産体系（非基礎的生産物はすでに除外されているものとする）から、生産手段として現れる諸商品（ここでは、鉄、石炭、小麦）の相対的割合と、生産物として現れるそれら諸商品（鉄、石炭、小麦）の相対的割合が同じであるような「縮小体系」を作る。

純生産物は生産物から生産手段を控除したものであるから、「縮小体系」においては、純生産物を構成する諸商品の相対的割合も生産手段を構成する諸商品の相対的割合と同じものとなる。

各商品のうち、生産手段と生産物の量の差が最も少ないのは鉄である（ともに180㌧）。そこで、鉄の生産規模を固定し、石炭と小麦の生産規模を縮小するものとする。石炭生産の縮小率をα、小麦生産の縮小率をβとすれば、鉄、石炭、小麦の、生産手段と生産物の量は、それぞれ次のようになる。

	（生産物）	（生産手段）
鉄	180	$90＋ 50\alpha＋ 40\beta$
石炭	450α	$120＋125\alpha＋ 40\beta$
小麦	480β	$60＋150\alpha＋200\beta$

生産物に占める３商品（鉄、石炭、小麦）の相対的割合が、生産手段に占める３商品（鉄、石炭、小麦）の相対的割合と等しくなるのが、求める縮小率、α、βである。

すなわち、

$180 : 450\alpha : 480\beta ＝(90＋50\alpha＋40\beta) : (120＋125\alpha＋40\beta) :$

$(60+150\alpha+200\beta)$

したがって、α、β は次の方程式を解くことによって得られる。

$(90+50\alpha+40\beta)(1+R)=180$

$(120+125\alpha+40\beta)(1+R)=450\alpha$

$(60+150\alpha+200\beta)(1+R)=480\beta$

これを解けば、$\alpha=3/5$　$\beta=3/4$　　となる（縮小率の計算方法については〔計算付録〕25を参照）。

　石炭と小麦の生産過程にこの縮小率を乗ずれば、次のような縮小体系が得られる。

（生産手段）　　　　　　　　　　　　　　　　　　　　　（生産物）

90トンの鉄＋120トンの石炭＋　60クォーターの小麦＋3/16の労働→180トンの鉄

30トンの鉄＋　75トンの石炭＋　90クォーターの小麦＋3/16の労働→270トンの石炭

30トンの鉄＋　30トンの石炭＋150クォーターの小麦＋6/16の労働→360クォーターの小麦

　　↓　　　　　　↓　　　　　　↓　　　　　　↓

150トンの鉄　225トンの石炭　300クォーターの小麦　12/16の労働

　鉄、石炭、小麦の3商品がこの縮小体系で生産される割合（180：270：360）はそれらが総生産手段のなかにはいる割合（150：225：300）に等しい。したがって「生産手段を構成する諸商品が、同じ割合をもって生産物のなかに現れる」という状態が生じる。したがって、これで求める合成商品が得られることになる。合成商品は次のような割合で構成される。

　　　　1トンの鉄：3/2トンの石炭：2クォーターの小麦

　　　　＝180トンの鉄：270トンの石炭：360クォーターの小麦（生産物）

　　　　＝150トンの鉄：225トンの石炭：300クォーターの小麦（生産手段）

21°（第26節）

　〔大掴み〕 20°で算出した縮小体系では労働の総量が12/16に縮減してしまっている。合成商品に具体的な大きさを持たせるためには、労働量を現実体系と同じく、1にしたほうがいい。そのためには次のように生産体系全体を4/3（＝16/12）拡大すればいい。これを標準体系と呼ぶ。

120トンの鉄＋160トンの石炭＋80クォーターの小麦＋4/16の労働→240トンの鉄

　40トンの鉄＋100トンの石炭＋120クォーターの小麦＋4/16の労働→360トンの石炭

40トンの鉄 ＋ 40トンの石炭 ＋ 200クォーターの小麦 ＋ 8/16の労働 → 480クォーターの小麦
　　　↓　　　　　↓　　　　　　↓　　　　　　　　↓
　200トンの鉄　300トンの石炭　400クォーターの小麦　　1の労働

　生産体系全体を拡大したのだから、生産手段と生産物の各商品の構成割合は変わらないし、合成商品の構成割合も不変である。この場合の純生産物は、40（＝240－200）トンの鉄、60（＝360－300）トンの石炭および80（＝480－400）クォーターの小麦からなる。これが標準商品である（このときの——労働力を1とすることによって具体的な大きさが定められた——標準商品を、標準純生産物ないしは標準国民所得とも呼ぶ）。

22°（第27節、第28節）

　標準体系においては、生産手段を構成する諸商品が同じ割合をもって生産物のなかに現れることになるが、これは生産された数量が生産で使いはたされた数量を超過する比率が各商品について同じであるということを意味している。商品ごとに生産手段に入る総量と生産された数量とを比較してみれば、このことがわかる。[大掴み] 21°で見た例では、この超過率は以下に示すようにすべての商品で20％となる。（第27節）

	生産手段に入る量	生産量	超過率
鉄	120＋40＋40＝200	240	0.2（＝240/200－1）
石炭	160＋100＋40＝300	360	0.2（＝360/300－1）
小麦	80＋120＋200＝400	480	0.2（＝480/400－1）

　すべての商品の超過割合が同一であるということは、生産体系全体の超過割合も各商品の超過割合と同じになるということである。この超過割合を標準比率と呼ぶ。標準比率は生産量と生産手段の物量関係によって決まるのであるから、（賃金の変化による）各商品の価格変動とは無関係である。（第28節）

23°（第29節、第30節）

　標準純生産物（＝標準国民所得）が賃金と利潤に分割される。賃金は標準純生産物が分割されたものであることから、賃金を構成する各商品の割合もまた標準純生産物と同じ（1トンの鉄：3/2トンの石炭：2クォーターの

小麦）になる。同様の理由から、利潤を構成する商品の割合もまた標準純生産物と同じになる。利潤率は、この利潤を生産体系全体の生産手段で割ることによって算出されるが、生産手段も標準純生産物と同じ割合で構成されている。したがって利潤率もまた、各商品の価格とは無関係に、利潤と生産手段の物量的関係によって決まる。

［大掴み］21°の例でいえば、次のような関係になる。

標準商品に占める賃金の割合	利潤率
3/4	5%
1/2	10%
0	20%

標準比率は、標準体系における極大利潤率（賃金がゼロのときの利潤率：［大掴み］18°を参照）と同じであることがわかる。（第29節）

［大掴み］18°で極大利潤率をRとした。したがって標準比率（標準体系における極大利潤率）も同様にRと表記することにする。このとき、「標準商品に占める賃金の割合」をωとし、利潤率をγとすれば、

$$\gamma = R(1-\omega)$$

という直線的関係が成立する。（第30節）

24°（第31節）

標準体系では、上述の $\gamma = R(1-\omega)$ という直線的関係が成立するが、現実の体系では生産物と生産手段とで各商品の構成割合が異なるから、このような関係は一見して成立しないように思われる。

ここで、［大掴み］20°と同21°で見た例でもって、標準体系と現実体系のそれぞれの生産方程式を比較してみよう。x、y、zは、鉄、石炭、小麦の1単位あたりの価格であり、ωは賃金、γは利潤率である。

現実体系
 鉄の生産方程式　　$(90x+120y+60z)(1+\gamma)+(3/16)\omega = 180x$
 石炭の生産方程式　$(50x+125y+150z)(1+\gamma)+(5/16)\omega = 450y$
 小麦の生産方程式　$(40x+40y+200z)(1+\gamma)+(8/16)\omega = 480z$

標準体系
 鉄の生産方程式　　$(120x+160y+80z)(1+\gamma)+(4/16)\omega = 240x$

石炭の生産方程式　$(40x+100y+120z)(1+\gamma)+(4/16)\omega=360y$
　　　小麦の生産方程式　$(40x+40y+200z)(1+\gamma)+(8/16)\omega=480z$

［大掴み］10°で見たように、解を得るためには、これにもう1つ、国民所得（純生産物）を1とする方程式が加わる。

　　現実体系の国民所得方程式
　　　　$165y+70z=1$
　　標準体系の国民所得方程式
　　　　$40x+60y+80z=1$

あとはωの値が与えられれば、現実体系と標準体系のそれぞれの連立方程式を解くことができる。

では現実体系にも、$165y+70z=1$に代えて、標準体系と同じ$40x+60y+80z=1$という国民所得方程式を与えた場合はどうなるであろうか。この場合は国民所得方程式は両体系に共通であり、生産方程式だけが異なることになる。しかし現実体系の鉄、石炭、小麦の生産方程式は、標準体系の鉄、石炭、小麦の生産方程式に、それぞれ、3/4、5/4、1を乗じたものである。つまり、現実体系のすべての生産方程式は、それに対応する標準体系の各々の式を拡大ないしは縮小したものに他ならない。

方程式に一定の乗数（ここでは、3/4と5/4がその乗数にあたる）を与えることは、数学的には何ら質的な変化を生じさせるものではない。たとえば次の2群の方程式を比較してみれば、これは容易に理解できる。

　　A群　　　　　　　　B群
　　$2x+4y=12$　　　　$x+2y=6$
　　$3x+\ y=13$　　　　$6x+2y=26$

A群の第1式はB群の第1式に2を乗じたものであり、A群の第2式はB群の第2式に1/2を乗じたものであるが、A群の2つの連立方程式は、未知数x、yの解を求めるということに関しては、B群の2つの連立方程式と同じ意味しか持たない（どちらの群の連立方程式を解いても、$x=4$、$y=1$となる）。

現実体系の生産方程式が、単に標準体系の生産方程式を拡大ないし縮小したものに過ぎない以上、国民所得方程式を標準体系と同じものとすれば、「現実体系はその数学的性質については標準体系と同じものとなる」と

いうことになる。

そして、「現実体系はその数学的性質については標準体系と同じものとなる」ということは、ωに１からゼロの間の一定の値を与えて、上述の（３つの生産方程式と共通の国民所得方程式を併せた、それぞれ４つの）連立方程式を解けば、未知数（商品の価格と利潤率）については、双方の連立方程式で同じ解が得られることを意味する。つまり、現実体系でも標準体系でも、与えられた賃金のもとでは利潤率は同じものとなる。これは、賃金がゼロのときもいえるから、極大利潤率（R）も両体系で同じになる。

以上のことから、現実体系においても、標準商品を標準（＝尺度）として賃金が与えられれば、$\gamma=R(1-\omega)$という直線的関係が成立することがわかる。

25° （第32節～第34節）

$\gamma=R(1-\omega)$という直線的関係が現実体系にもそのままあてはまるということは、ある賃金のもとでの現実体系における利潤への分配額（現実体系の国民所得（純生産物）から標準純生産物を標準（＝尺度）として与えられた賃金を控除したあとに残るもの）が標準体系での利潤への分配額と同一になることを意味するものではない。

たとえば$\omega=3/4$のとき、現実体系での利潤の分配額は、標準純生産物の1/4に等しくなるわけではないということである。標準純生産物を標準として賃金が与えられたとき、個々の商品（鉄、石炭、小麦）の価格は現実体系と標準体系では同一のものとなるが、両体系の生産手段の構成は異なっている。したがって、商品の価格が共通であるとすれば、現実体系の生産手段の総額は標準体系のそれとは当然異なってくる。両体系で利潤率（＝利潤への分配額／生産手段の総額）が等しく、生産手段の総額が異なっているということは、利潤への分配額も両体系で異なるということを意味する。両体系で同一なのは利潤率であって、利潤への分配額ではない（このことについては［計算付録］32を参照）。（第32節）

なお、第33節と第34節では、第25節から第27節で述べられたことが数式で展開される（これについては［計算付録］33および同34を参照）。

26° (第35節)

［大掴み］5°で、次の3つのものを非基礎的生産物とした。
　　ア　他の商品の生産手段とならないもの
　　イ　それ自身の再生産だけに使われるもの
　　ウ　他の奢侈品の生産だけに使われるもの

　標準体系では個々の商品が生産物に占める割合と生産手段に占める割合とが同じにならなければならない。そうである以上、生産手段に入ってこない非基礎的生産物は標準体系から排除される必要がある。したがって、アの非基礎的生産物は、その生産方程式の乗数をゼロとして、標準体系から排除することになる。

　ウの非基礎的生産物は他の奢侈品（非基礎的生産物）が標準体系から排除されるのに連動して消去されなければならないから、この生産方程式に対しても乗数はゼロとなる。

　また標準体系では、生産された数量が生産で使いはたされた数量を超過する比率が各商品について同じになる。ところがイの生産物の超過率は専ら自分自身の生産方程式によって決定されるから、それが基礎的生産物の超過率と同一になるという保証はない。したがって、これもまた乗数をゼロとして標準体系からは排除する必要がある。

　以上のことから、現実体系から標準体系を構成するにあたっては、最初から非基礎的生産物にかかる生産方程式をすべて除外する必要があるということになる。ただしこれによって標準体系が変質することはない。すでに［大掴み］5°において見たように、非基礎的生産物が生産体系のなかに存在するかどうかは、価格と利潤率の決定に関しては何の違いももたらさないからである。

27° (第4章のまとめ)

　第4章の課題は、「不変の価値尺度」を見つけることであった。これまでに見てきたことをまとめると以下のようになる。
　　ア　現実体系から、生産物に占める各商品の割合が生産手段における各商品の割合と同じになる標準体系を構成する。このとき、標準体系の純生産物を構成する各商品にあっては「生産された数量が

生産で使いはたされた数量を超過する比率」がすべて同一のものとなっている。標準体系の純生産物を標準商品（または標準純生産物）という。標準商品は、賃金の変化にかかわらず、生産手段に対する生産物の価格比率は一定の率――賃金がゼロのときの利潤率と同じ率――を維持するという意味で、「バランスを保つ商品」であって、賃金変動の影響を受けない商品といえる。

イ　標準体系と現実体系は、各商品生産の規模が変わるだけであるから、双方の体系で標準商品を標準（＝尺度）として賃金が与えられれば、双方の利潤率と商品価格は同一のものとなる。

ウ　したがってこのとき、賃金の変動にともなう現実体系における各商品の価格変化は標準体系のそれとまったく同じになる。つまり、現実体系における商品の相対価格は、標準体系の場合と変わらない。これによって、「賃金の変動にともなって商品の相対的価格が変化するとき、この変化が、測定されている商品の特性から生ずるのか、それとも測定の基準となる商品の特性から生ずるのかを見分けることはいかにして可能となるか」という問題は解決されることになる。標準商品は賃金の変動の影響を一切受けないのであるから、標準商品を測定の基準とすれば、賃金の変動にともなう価格変動はすべて「測定されている商品の特性から生ずる」ことになるからである。

　かくしてスラッファは、標準商品が「不変の価値尺度」となることを発見したことになる。

《第5章　標準体系の一意性》
　　第36節　前置き　　第37節　標準体系への変形は常に可能である　　第38節　何故一意性の問題が生じるのか　　第39節　あらゆる賃金水準における正の価格　　第40節　ゼロの賃金における生産方程式　　第41節　正の乗数の一意的な組合わせ　　第42節　正の乗数はRの最低の値に対応する　　第43節　標準生産物はそれと同値の労働量によって置きかえられる　　第44節　独立変数としての賃金ないしは利

潤率

28° (第5章の構成)

　第5章は、内容から見ると2つの異質なもので構成されている。第36節から第42節までは、現実体系から導かれる標準体系は1つしかないということが示される。第43節以下では、こうして導かれる標準体系もそして標準商品も実は、単たる補助的な構成物にすぎず、商品の価格の標準（＝尺度）はそれに拠ることなしに求めることができるということが示される。

29° (第36節、第37節)

　第4章で現実体系から標準体系が導かれることを見た。次に必要になる作業は、
　　　どのような現実体系からも標準体系が導かれること
　　　現実体系から導かれる標準体系は1つしかないこと
を証明することである。（第36節）
　スラッファの説明では「どのような現実体系からも標準体系が導かれること」の証明は、次のようになされる。
　まず次の2つの方法を用意する。
　　Ⅰ　諸産業の相対的生産規模を変更すること
　　Ⅱ　諸産業の生産手段の規模は変えないで、生産物だけを各産業に共通な割合で縮小すること
この2つの方法を次のように繰り返す。
　　ア　まず生産物を圧縮する。このとき、剰余（生産物から生産手段として消費されたものを控除したもの）が最も少ない産業に着目して、その産業の生産物の剰余がゼロとなるような割合で、各産業の生産物を均一に圧縮する（方法Ⅱ）。
　　イ　次に、こうして圧縮したあとになお剰余の出る産業の生産規模を（労働量を含めて）縮小し、アの圧縮によって剰余のなくなった産業にこの圧縮した労働量を振り替え、労働量の増加に見合った分だけ生産規模を拡大する（方法Ⅰ）。
　　ウ　次にまた、方法Ⅱによって各産業の生産物を圧縮させ、なお剰余

の出る産業があったら、方法Ⅰで諸産業の相対的生産規模を変える。

エ　これを繰り返すことによって、すべての商品について、生産物の数量と生産に用いられた数量とが等しくなる（いっさい剰余が出ない）ようにすることができる。

オ　最後に各産業の生産物を均一の率（上記の方法Ⅱによって減じられた率の逆数：方法Ⅱによってn回の圧縮が行われるとすれば、n回の圧縮率の積の逆数。実は、この逆数から1を引いたものは標準比率に他ならない）を用いて、増加させる。そうすれば、各商品の生産物は、同一の率で、生産に用いられた数量を上回ることになる。かくして、標準体系が得られることになる。

この方法は、あらゆる現実体系に適用できるから、現実体系はつねに標準体系に変形できるということになる[注]。（第37節）

注　このことを文章だけで理解するのは困難である。というよりは、具体の計算例を見て初めて納得できるといったほうがいい。［計算付録］37を参照。

30°（第38節～第42節）

次の問題は、「現実体系から導かれる標準体系は1つしかないこと」を証明することである。

［大掴み］20°で現実体系から標準体系を導くときに、次の数式からα、βを求めた。

$(90+50\alpha+40\beta)(1+R) = 180$
$(120+125\alpha+40\beta)(1+R) = 450\alpha$
$(60+150\alpha+200\beta)(1+R) = 480\beta$

これは、

$(90+50\alpha+40\beta)(120+125\alpha+40\beta)(60+150\alpha+200\beta)(1+R)^3$
$= 180 \cdot 450\alpha \cdot 480\beta$

というRについての3次方程式を解くことに他ならない。当然Rには3つの解が得られる。α、βの値もRの値によって異なり、α、βの組み合わせは、Rの答えの数と同じく3組存在する。

しかし、[大掴み] 29°で見たように、現実体系から標準体系を作るときに行った一連の作業は圧縮と拡大だけである。したがって、α、β はともに正の値をとることになる。

したがって、「現実体系から導かれる標準体系は1つしかないこと」ことを証明するためには、「α、β の双方が共に正の値を取るRの値はただ1つしかない」ことを証明すれば足りる。

結論をいえば、Rの値が最も小さくなるときに、α、β の双方が正となり、またこれ以外のときは、α、β の双方が正となることはない。これによって「現実体系から導かれる標準体系は1つしかない」ことが証明される[注]。

> 注 第38節から第42節まで、スラッファは極めて技巧的方法でこれを証明する。スラッファの方法では、この証明は楽な作業ではない。『商品の生産』を晦渋なものとしている原因の1つであるとさえいえる。本当は行列を使えば、「フロベニウスの定理」とよばれるものから証明は比較的簡単にできるのだが、どういうわけか、スラッファは行列を使うことを拒んだ（この理由に関しては、[謎] 1 (2) を参照）。そのせいで「α、β の双方が共に正の値を取るRの値はただ1つしかない」ことの証明はひどく複雑なものになっている。
>
> 証明の具体的展開は、第38節から第42節までにかかる [計算付録] を参照（また [計算付録] の末尾に添付した [行列 (Matrix) を用いる計算] 42も参照のこと）。ただこの証明は、『商品の生産』を読み解くためには不可欠ではあるが、『商品の生産』を理解するために不可欠のものとは思えない。したがって、『商品の生産』を読む目的によっては、この証明は読み飛ばしても差し支えない。

31°（第43節、第44節）

[大掴み] 23°で、標準比率（標準体系における極大利潤率）をRとし、「標準商品に占める賃金の割合」を ω とし、利潤率を γ とすれば、

$$\gamma = R(1-\omega)$$

という直線的関係が成立することを見た。

ところがこのRは、現実には標準体系を求めずにも得ることができる（求め方については「計算付録」43を参照）。また ω は、「標準商品に占める

賃金の割合」であって、標準商品そのものではない。したがって、

$$\gamma = R(1-\omega)$$

という関係式を得るためには、標準体系も標準商品も不要ということになる。

　このような状態で、標準商品がなお必要かということを考えてみる。標準商品が必要とされるのは、賃金と商品価格の不変の価値尺度とされるからである。ところが賃金と ω との間には次のような関係がある。

　ω が１ならば、標準商品（標準純生産物）はすべて賃金として分配されることになるから、このときは、標準純生産物全体をもって（年）労働量を購うことになる。そして ω が逓減するに従い、それと比例して、（年）労働量を購うに必要な標準純生産物は逓減していく。たとえば、$\omega=1/2$ のときは、（年）労働量を購うに必要な標準純生産物は、標準純生産物全体の1/2となり、$\omega=1/4$ のときは、（年）労働量を購うに必要な標準純生産物は、標準純生産物全体の1/4となる。

　かくして賃金の支払い対象たる労働量は標準純生産物の一定量をもって示すことが出来る。逆にいえば、標準純生産物は労働量に一定の乗数を与えたものとして示すことが出来る。このような関係から、「標準純生産物によって購買しうる労働量」が、標準純生産物に代わるべき「不変の価値尺度」となりうる。

　「標準純生産物によって購買しうる労働量」は、上述のように、ω に逆比例することから、年間総労働量を１とすれば、$1/\omega$ である。「標準純生産物によって購買しうる労働量」をこのようにおけば、商品価格は、標準純生産物であらわされても、「標準純生産物によって購買しうる労働量」によってあらわされても、何らの違いもなくなる。つまり、$1/\omega$ が不変の価値尺度となる。

　$\gamma = R(1-\omega)$ という関係式から、$1/\omega = R/(R-\gamma)$ となる。R は上述したように現実の生産体系から直接に求めることができるから、$1/\omega$ を求めるためには、利潤率（γ）さえ与えられればいい。（第43節）

　もちろん、賃金（ω）を直接に与えることも可能である。ω と γ のどちらが独立変数となるかは、この関係式からは決定できない。これまで賃金（ω）を独立変数としてきたのは、賃金が「生理的ないし社会的条件によっ

て決定された特定の必要生活資料」という実体を持っていたからである。しかし、標準純生産物という規定実体がなくなってしまうと、賃金（ω）も実体のあるものとはいえなくなる。$1/\omega = R/(R-\gamma)$ という関係式で規定される単なる数字になる。であれば、賃金よりもむしろ利潤率を独立変数とするほうが自然である。利潤率は（具体的生活資料となる賃金とは違って）本来、純粋な比率であり、商品価格が決まる前に、生産体系の外部から「与えられる」と考えることができるからである。（第44節）

《第6章　日付のある労働量への還元》
　　　第45節　生産費の側面　　第46節　「還元」の定義　　第47節　分配の変化にともなう個々の項の運動の型　　第48節　項の集計量の運動　　第49節　価格の下落率は賃金の下落率を超過できない

32°（第45節）
　第6章の目的は、価格の賃金の側面からの考察と、価格の賃金と利潤への「分解」の検討、である。
　実はこの問題は第3章（生産手段に対する労働の割合）ですでに触れかけていた。たとえば［大掴み］13°では、国民所得の全体が賃金に割り当てられたとき、商品の相対価格が直接間接に商品生産に貢献した労働量に比例することを見た注。しかし、「生産手段に対する労働の割合」の検討に続いて、その割合に関する「バランスを保つ商品」としての標準商品を第4章で検討することになったため、この賃金の側面からの考察は中断してしまった。それを改めてここで検討する。
　　注　また第22節では、間接雇用労働量に対する直接雇用労働量の数量比率と、生産手段に対する純生産物の価値比率との対比が語られている。これは［大掴み］では省略したが、［計算付録］22で触れた。

33°（第46節～第48節）
　第3章で見た生産方程式は次のようなものであった（［大掴み］9°を参照）。

小麦の生産方程式　　　　　$(200x+12y+16z)(1+\gamma)+0.2\omega=480x$
鉄の生産方程式　　　　　　$(80x+8y+12z)(1+\gamma)+0.4\omega=32y$
豚の生産方程式　　　　　　$(120x+4y+24z)(1+\gamma)+0.4\omega=72z$
　　x：小麦1クォーターの価格、y：鉄1トンの価格、z：豚1頭の価格
　　ω：賃金、γ：利潤率

小麦、鉄、豚の1単位あたりの価格を p_a、p_b、p_c とし、小麦の生産に必要な小麦の量を A_a、鉄の量を B_a、豚の量を C_a とし、さらに小麦の生産に必要な労働量を L_a とすれば、小麦の生産方程式は次のようにあらわされる。

$$(A_a p_a + B_a p_b + C_a p_c + \ldots\ldots + K_a p_k)(1+\gamma) + L_a \omega = A p_a$$

この生産方程式の左辺は、生産手段に利潤率を乗じたものと一定量の労働に賃金を乗じたものの和であり、右辺は生産された商品の量に価格を乗じたものである。左辺の生産手段も商品として購入されるものであり、その価格もまた、生産手段の価格と賃金とに分解される。ただし前提から、生産にはすべて1年という期間を要するから、生産手段は前年末までに生産されていなければならない。これを何回も繰り返していくと（つまり、何年も遡って生産手段をそのまた生産手段と労働に分解していくと）、生産手段は次々に労働量に還元されていき、ついには生産手段が無視できるほどにまでなる。この時点でなお残った生産手段を無視すれば、上記の小麦の生産方程式は次のようになる。

$$L_{an}\omega(1+\gamma)^n + L_{an-1}\omega(1+\gamma)^{n-1} + \ldots\ldots + L_{a2}\omega(1+\gamma)^2 + L_{a1}\omega(1+\gamma)$$
$$+ L_a\omega = A p_a$$

L_{an} は小麦を生産するのに要するn年前の労働量である。$L_{an}\omega(1+\gamma)^n$をn年前の労働項と呼ぶことにする。（第46節）

ところが、［大掴み］23°で見たように、γとωの間には次のような関係が成立する。

　　$\gamma = R(1-\omega)$　→　$\omega = 1 - (\gamma/R)$

ωをこれによってあらわすと、n年前の労働項は

　　$L_{an}\omega(1+\gamma)^n = L_{an}[1-(\gamma/R)](1+\gamma)^n$

となる。極大利潤率（R）と各年の労働量（L_{an}）は生産体系によって決定されているから、労働項の値は利潤率（γ）によって変化することになる。スラッファはγの変動によって、労働項の値がどのように変化するかを詳

細に観察している（変化の形については［計算付録］47を参照）。（第47節）

　ここで問題になるのは、労働項の値の変化そのものではない。労働量の総和（$L_{an}+L_{an-1}+……+L_{a2}+L_{a1}+L_a$）が同じであっても、各々の年の労働量が異なれば、労働項の値の総和は利潤率（r）によって異なってくるということである。したがって、仮に2つの商品の労働量の総和と遡りを繰り返した生産期間（n）が同じであっても、各年の労働量が異なれば、2つの商品の価格とその相対的関係は利潤率（r）によって変化する（具体的事例については［計算付録］48を参照）。

　またこのことから、利潤率が決まらない限り生産手段としての商品の価格も決まらないことがわかる。本項冒頭の生産方程式の左辺の生産手段を「資本」と呼ぶのであれば、資本量は利潤率とは独立に決定されないということである。（第48節）

34°（第49節）

　賃金の下落にともない、商品のなかにはその価格が下落するものもある。しかし価格の下落率は賃金の下落率を超えることはない。このことは、次の2つの方法によって確認される（計算過程については［計算付録］49を参照）。

　　ア　「日付のある労働項への還元」を用いる方法
　　イ　生産方程式を用いる方法

第2部　多生産物産業と固定資本

《第7章　結合生産》

第50節　2コの結合生産物に対する2つの生産方法、あるいはそれらの結合生産物を生産するための1つの方法とそれらを第3の商品の生産に使用するための2つの方法　　第51節　普遍的な結合生産物の体系　　第52節　標準体系構成上の複雑さ

35°（第50節）

第1部では、次のような簡単なモデルを想定した。

1．1つの生産過程では、ただ1つの商品しか生産されない
2．生産に必要な期間は、すべての商品で1年間である
3．生産のために投じられた商品（生産手段）は、この生産期間ですべて消費される（固定資本は存在しない）
4．地代はない

第2部では、1と3と4の制約が外される。『商品の生産』では固定資本（耐久的生産用具）は、1生産期間の終了時点で、ある種の生産物＝商品として捉えられる。たとえば耐用年数が4年の機械を用いて1種類の商品（たとえば綿糸）を生産したとする。1生産期間の終了時点では、この綿糸と、減価した機械の2つが商品とされる。つまり、固定資本を用いる生産過程は、必ず2以上の商品を「生産」することになる。

しかし、1つの生産過程で2以上の商品を生産するとなると、生産方程式よりも未知数（商品の価格）が多くなるという状態が生じる。これを回避するためには、商品と同じ数だけの複数の独立した生産過程が存在すると考えればいい（このことに関しては、［計算付録］50を参照）。

地代もまた、耕作物に関して複数の生産方法が併存すると考えることで処理できる。

極論すれば、結合生産物体系とは、固定資本（耐久的生産用具）と地代の問題の処理を目的としたものといっていい。ただ、そのことから結合生産物体系は単一生産物体系と比べて複雑になる。スラッファはこのため、第7章から第9章の3章をも割いて、「準備」を行っている。しかし、あく

まで「準備」であるから、「大掴みにしてみる」ことが目的のときは、第7章～第9章は読み飛ばしても差し支えないことになる。

36°（第51節、第52節）

第1部（単一生産物体系）では、以下のような生産体系（現実体系）を考えた（［大掴み］9°を参照）。

小麦の生産方程式　　　　$(200x + 12y + 16z)(1+\gamma) + 0.2\omega = 480x$
鉄の生産方程式　　　　　$(80x + 8y + 12z)(1+\gamma) + 0.4\omega = 32y$
豚の生産方程式　　　　　$(120x + 4y + 24z)(1+\gamma) + 0.4\omega = 72z$

　　x：小麦1クォーターの価格、y：鉄1トンの価格、z：豚1頭の価格
　　ω：賃金、γ：利潤率

ここでは、それぞれの生産過程はただ1種類の生産物しか生産しない。

第2部（結合生産物体系）では、この3つの過程（の少なくとも1つ）が、小麦、鉄、豚の3種類の商品のうちの2個以上を生産すると考える。たとえば次のような生産体系である。（第51節：一般式については［計算付録］51を参照）

$(200x + 12y + 16z)(1+\gamma) + 0.2\omega = 250x + 11y + 20z$
$(80x + 8y + 12z)(1+\gamma) + 0.4\omega = 110x + 8y + 15z$
$(120x + 4y + 24z)(1+\gamma) + 0.4\omega = 120x + 5y + 40z$

結合生産物体系にあっても、こうした現実体系から標準体系を構成することができる。しかしこの場合、単一生産物体系には存在しなかった、結合生産物体系固有の問題が生じる。そのことを第8章、第9章で見る。（第52節）

《第8章　結合生産物を含む標準体系》

第53節　負の乗数　1．使用の割合と両立できない生産の割合　第54節　負の乗数　2．結合的に生産された基礎財と非基礎財　第55節　負の乗数　3．特殊な原料　第56節　標準商品の負の構成要素の解釈　第57節　基礎財と非基礎財、新定義の必要　第58節　非基礎財の3つの型　第59節　第3の型の例　第60節　一般的な定

義　　第61節　非基礎財の消去　　第62節　基礎的方程式の体系　　第63節　標準体系の構成　　第64節　Rの最低の値だけが経済的に意味がある　　第65節　非基礎的生産物に対する租税は利潤率と他の生産物の価格とを無影響のままに残す

37°（第53節～第55節）

　第８章では、結合生産物体系の標準体系を作成するにあたっての「準備」として、負の乗数と非基礎的生産物の扱いなどを検討する。
　単一生産物体系の標準体系では、現実体系から標準体系を導くときに現実体系に乗じる係数はすべて正の値をとった。しかし、結合生産物体系では、この乗数は不の値をとる可能性がある。次の３つの場合が考えられる。
(1) 結合して生産される商品の割合が、生産手段として使用される割合と両立できない
　たとえば、「a」、「b」の２つの商品が、それぞれ次のような割合で生産され、使用されていたとする。

	「a」	「b」
第１の生産過程	7	3
第２の生産過程	6	4
第１の使用過程	9	1
第２の使用過程	8	2

この場合、使用割合を固定し、生産割合を調整しようとすれば、
　　　　第１の生産過程の乗数を　5、第２の生産過程の乗数を－3
また、生産割合を固定し、使用割合を調整しようとすれば
　　　　第１の使用過程の乗数を－3、第２の生産過程の乗数を　5
としなければならない（詳しい計算過程は［計算付録］53を参照）。
(2) 基礎的生産物と非基礎的生産物が結合して生産される
　たとえば、「a」と「b」の２つの商品が、次のような比率で生産されていたとする。このとき「a」は基礎的生産物であり、標準体系に組み込む必要があるが、「b」は非基礎的生産物であり、標準体系からは排除しなければならないものとする。

	「a」	「b」
第1の生産過程での生産量	7	3
第2の生産過程での生産量	6	4

　第1の生産過程に正の乗数、4を与え、第2の生産過程に負の乗数、－3を与えて、2つの生産過程を足し合わせれば、「a」は10となり、「b」は相殺されてゼロとなる。
(3) 特殊な原料である
　(1)ないし(2)の理由から負の乗数を与えられる生産過程でのみ生産手段として使用される商品があるとすれば、その商品を生産する過程にも負の乗数を与える必要がある。

38°（第56節）
　［大掴み］37°で見たように、結合生産物体系での標準体系には負の乗数を持つ生産方程式がある。したがって、この標準体系の生産物から生産手段を控除したあとに残る純生産物（標準純生産物）を構成する商品のなかにも係数が負となるものが存在することになる。結合生産物体系においては、この負の係数を含む標準純生産物が賃金や商品価格の標準（＝尺度）となる[注]。
　　注　この節でスラッファは負の係数を含む標準純生産物をどう解釈するかを論じている。これについては［謎］7(5)ウを参照のこと。

39°（第57節～第61節）
　単一生産物体系にあっては、基礎的生産物を「直接間接にすべての商品の生産手段となる」ものとし、それ以外を非基礎的生産物とした（［大掴み］5°を参照）。しかし、結合生産物体系にあっては、商品は複数の生産過程で生産されている。ある商品（「a」）が3つの生産過程で生産されるとき、このうちの1つの生産過程でだけ用いられる生産手段は、はたして「a」の生産手段といえるかという問題が生じる。かくして基礎的生産物についての再定義が必要になる。（第57節）
　単一生産物体系で非基礎的生産物とされたものは次の3つである。
　　ア　他の商品の生産手段とならないもの

イ　それ自身の再生産だけに使われるもの
　　　ウ　他の奢侈品の生産だけに使われるもの
この分類は結合生産物体系にもあてはまる。ただイとウの型のものは、このような理由から非基礎的生産物とされるとしても、結合生産物体系ではそれらは複数の生産過程で生産に用いられているため、(イ、ウに該当するかどうかの) 判別は簡単にはいかない[注]。

　そこでスラッファは、次のような極めて形式的な定義によって、非基礎的生産物を定義する (ここでは、スラッファの叙述をほぼそのまま掲げる。なお、…は省略を、[ ] 内は補足を示す)。これ以外は基礎的生産物ということになる。この定義は、単一生産物体系と結合生産物体系の双方において適用できる。(第60節)

　　「ｋコの生産過程とｋコの商品 (単独で生産されるか結合的に生産されるかは問わない) とをもつ体系において、……ｎコの繋がりあった商品群 (ここで、ｎはｋより小さくなければならず、1に等しくてもよい) は、(各 [生産] 過程において、それらの商品があらわれてくる2ｎコの数量によって組み立てられた [すなわち、生産手段としてのｎコと生産物としてのｎコの合計を各行の構成要素とする]) ｋ行 [2ｎ列の行列] ……で、独立な行がｎコをこえず、他の行はこれらの行の一次結合であるというばあいに、非基礎的である、といわれる」。

　このような定義で非基礎的生産物を定義できれば、あとはそれを排除する作業が残るだけである。これを除去する方法についてはすでに見ている ([大掴み] 37°で見た基礎的生産物と非基礎的生産物が結合生産される場合を参照のこと)。(第61節)

　　注　スラッファは第58節〜第60節で結合生産物体系における非基礎的生産物の特定を詳細に論じている。その結果を受けて、第60節で形式的な定義が述べられている。第58節〜第60節については [計算付録] 58〜同60を参照。

40°（第62節、第63節）

　単一生産物体系にあっては、現実体系は最初から非基礎的生産物を排除したもので構成することができた。結合生産物体系では基礎的生産物と非

基礎的生産物が結合的に生産される可能性があり、標準体系を求める前に非基礎的生産物を排除した体系（これを基礎的方程式の体系と呼ぶ）を構成したほうが便利である。基礎的方程式の体系は以下のような特徴を持つ。（第62節：基礎的方程式の一般式については［計算付録］62を参照）

　ア　非基礎的生産物を排除している
　イ　各方程式は、一般に1つの生産過程を示すものではなく、いくつかの生産過程にかかる方程式（生産方程式）を結合した結果を示すものにすぎない
　ウ　各方程式に現れる各商品の純量は正の値をとることもあれば、負の値をとることもありうる

　この基礎的方程式の体系から結合生産物体系の標準体系を求める方法は、単一生産物体系の場合と変わるところはない。（第63節：結合生産物体系における標準体系の一般式については［計算付録］63を参照）

41°（第64節、第65節）

　単一生産物体系の場合は、現実体系の生産方程式から標準体系の生産方程式を導くための乗数がすべて正になる場合を標準体系とすればよかった。それはR（極大利潤率）が最低の値をとるときだった（［大掴み］30°および［計算付録］38〜42を参照）。しかし、結合生産物体系の基礎的方程式の体系では、各商品の純量が負の値をとる可能性がある。その基礎的方程式から得られる標準純生産物もまた、その構成要素のなかに負の数量をふくむ可能性がある。それは、基礎的方程式から標準体系を導く乗数の一部は負の値をとる可能性があるということを意味する。したがって、各商品の価格や各生産方程式の乗数がすべて正の値をとるかどうかで、Rと乗数の組み合わせが標準体系に適するものかどうかを決めることはできない。

　ただ実際には結合生産物体系においても、経済的に意味があるのは、Rが最低の値をとるときだけである。したがって単一生産物体系のときと同じことが結合生産物体系についてもいえる（証明は［計算付録］64を参照）。（第64節）

　なお第65節では、ある商品にたいする課税の影響は、基礎的生産物の場

合はすべての商品の価格に影響を与えるが、非基礎的生産物の場合は限定的になることが説かれる。これにより、結合生産物体系における基礎的生産物と非基礎的生産物の区別の意義が補強される。

《第9章　結合生産の他の効果》

第66節　2つの過程によって結合的に生産された2商品に投ぜられた労働量　第67節　ただ1つの過程によって結合的に生産された2商品に投ぜられた労働量　第68節　日付のある労働量への還元は一般的に可能ではない　第69節　賃金の変化にさいしてあらゆる価格が正に止まる確実性はない　第70節　負の労働量　第71節　価格の下落率はもはや賃金の下落率によって制限されない　第72節　これが意味するもの

42°（第66節、第67節）

　第9章では第8章に続いて、結合生産物体系の標準体系を作成するにあたっての「準備」として、労働量への還元と賃金の変化にともなう価格変化とに関して、単一生産物体系との違いが論じられる。

　単一生産物体系にあっては、国民所得がすべて賃金となるとき、すなわち利潤率がゼロとなるとき、各商品の価格は各商品に体現された労働量に比例していた（［大掴み］13°を参照）。まず、このことが結合生産物体系でもいえるかどうかを検討する。

　結合生産物体系にあっては、特定の商品に投入される労働量の測定は簡単にはいかないが、一定の操作を行えばこれは可能である。

　ひとつは、結合的に生産が行なわれている複数の生産過程の生産規模を操作して、その相対的関係を変化させて、他のすべての商品の純生産量を変えることなく、ある特定の商品（「a」としよう）の生産量だけが増加するようにすることである。この過程で増加した労働量は結果としてすべて「a」の増産に向けられたことになる。（第66節）

　もう1つは、「a」が使用される生産過程に着目する方法である。複数の生産過程を操作して、「a」以外のすべての商品の純生産量を変えることな

く、「a」の使用量だけが減るようにできれば、結果として「a」の純生産量だけが増加する。この過程で増加する労働量もまた結果としては「a」の増産に向けられたことになる。（第67節）

いずれの方法によっても、「a」の純生産量の増加のために必要な追加労働量が特定される。その結果、結合生産物体系においては、「追加された商品の価値は、利潤率ゼロに対応する価格において、明らかに追加労働量にひとしい」ことを確認できる[注]。

> 注　第66節、第67節のスラッファの叙述に関しては疑問がある。［謎］6（2）、（3）を参照。

43°（第68節）

単一生産物体系では、生産手段を日付のある労働量へ還元することができた（［大掴み］33°を参照）。しかし、結合生産物体系ではこの還元は不可能である。2種類の商品（「a」と「b」）が結合的に生産されている場合、「a」だけを切り離そうとすると、生産方程式を結合させて「b」を除去する必要が出てくる（その手法は［大掴み］37°ですでに見た）。このとき、一方の生産方程式の乗数はマイナスとなる。すると生産手段のいくつかはマイナスの符号を持つことになる。単一生産物体系の場合は、日付の労働量への還元によって、還元のたびごとに生産手段は単調に減少し、労働量は単調に増加したが、生産手段のいくつがマイナスの符号をもつということは、還元によって労働量が減少する可能性があるということを意味する。これでは労働量への還元はできない。これは単一生産物体系と結合生産物体系との大きな違いである。

44°（第69節）

第39節で、「単一生産物体系にあっては、賃金水準が1とゼロの間にある限りにおいて、どの商品の価格も負とはなりえない」ことが述べられている（［計算付録］39を参照）。この命題が成立する根拠は、次の通りである。

　　ア　単一生産物体系では、ある商品の価格は、その生産に用いられた他の商品の価格が負とならない限り、負となりえない
　　イ　またこのことは、その生産手段として用いられる他のすべての商

品についてもいえる
　ウ　したがって、どの商品も最初に負となることはない

結合生産物体系にあっては、そもそもこのアが成り立たない。賃金が変化すると、利潤率もそれに対応して変化するが、この利潤率を前提とすると、賃金の変化によって、結合生産されている商品の1つの価格が著しく上昇するならば、他の商品の価格が計算上は負の値をとる可能性は排除できない。したがって、「賃金水準が1とゼロの間にある限りにおいて、どの商品の価格も負とはなりえない」という命題は結合生産物体系には拡張できない。

45°（第70節）

　結合生産物体系においては、賃金の変化にともないある商品の価格が負となりうることは、次のように考えれば、現実の問題としては驚くようなことではない。賃金の変化にともなって、一定の生産方法のもとでは（結合生産される）ある商品の価格が論理的には負にならなければならないような状態が生まれることになる。しかし、そのような条件は現実には受け容れられないから、この生産方法は放棄され、新しい生産方法、すなわち新しい賃金のもとで（結合生産される）すべての生産物の価格が正となるような生産方法がこれに代わる。――このように考えればいい。

　一方、［大掴み］42°で、結合生産物体系においても「追加された商品の価値は、利潤率ゼロに対応する価格において、明らかに追加労働量にひとしい」ことを見た。このこととある商品の価格が負となるということを関連させたときは、注意を要する問題が残る。

　「追加された商品の価値は、利潤率ゼロに対応する価格において、明らかに追加労働量にひとしい」のであれば、ある商品の価格が負となるということは、その商品の生産に投ぜられた労働量もまた負となるということを意味する。また、「追加された商品の価値は、利潤率ゼロに対応する価格において、明らかに追加労働量にひとしい」ということがいえるのは、たしかに「利潤率がゼロのとき」に限られていたが、利潤率がゼロ以外の、たとえば6％という率になったとしても、価格と労働量の比例関係こそ変化するが、価格が負で労働量が正となることはありえない。したがってこの

ときでも、やはり、「ある商品の価格が負となるということは、その商品の生産に投ぜられた労働量もまた負となる」ということになる。

「その商品の生産に投ぜられた労働量が負となる」ということは、一見、現実的な意味を何ら持たない純粋に抽象的な推論のようにみえる。しかし決してそうではない。［大掴み］42°において、複数の生産過程の相対的割合を変更することによって、他の構成要素は不変のままで、商品「a」だけを増産させることを見た。そこではこの過程で労働は増加するとし、結合生産物体系では「追加された商品の価値は、利潤率ゼロに対応する価格において、明らかに追加労働量にひとしい」ことを確認した。しかし実際には、この増産の過程で、生産体系全体で雇用される総労働量は増加する場合もあれば、減少する場合もある。減少する場合は、「a」の追加生産には負の労働量が投じられたということになる。

「a」以外の構成要素が不変のままならば、「a」の増産にともなって総労働量が減少するとしても、与えられた利潤率（たとえば6％）を変えることなく、そしてこの利潤率に対応する賃金と価格体系のままで、生産は継続されるであろう。このとき、「a」を増産する複数の生産方程式を足し合わせると、増産前に比べて、右辺は「a」の追加生産（増産）分だけ増大する。しかし、左辺では、労働量が減少し、これによって労働に対する支出（賃金）も減少する。この結果、従前のバランスが崩れてしまうことになる。生産手段を追加することによって、初めてこの変化分をバランスさせることが可能となる。

このことは現実には次のようにして行われる。商品「a」が2つの過程で生産されるものとする。このとき、「a」の生産のために必要な生産手段と労働量を比較すると、第1の過程は第2の過程よりも労働量（賃金）は少ないが、生産手段（の価格）は大きいとする。ここで第1の生産過程を拡張し、第2の生産過程を縮小する。「a」の増加にともなって、追加労働量が負となるというケースにあっては、第1の生産過程での増産分による労働量の追加よりも、第2の生産過程の減産分による労働量の縮小のほうが大きいということであり、そして逆に、生産手段に関しては、第2の生産過程の減産分による生産手段の縮小よりも、第1の生産過程での増産分による生産手段の増大のほうが大きいということになる。

また、商品「a」の生産量が不変で、その使用量が減少することによって純生産量が増加するというケースについても、負の労働量の発生を見ることができる。商品「a」と商品「b」をともに生産手段として用いる商品（「c」とする）の生産過程が2つあったとして、第1の過程は「a」をより多く用い、第2の過程は「b」をより多く用いるとする。そして「c」の生産量の総量を変えることなく、第1の過程を縮小し、第2の過程を拡大したとする。このとき、生産手段として用いられる「a」の量が減少し、結果的に「a」の純生産は増大する。そして第67節で見たのと同様な方法で「a」以外のすべての純生産物がもとのままであるような、新しい自己補填状態に達したとき、総労働量が減少していたとすれば、負の労働量が発生することになる注。

　　注　ここでは、極力スラッファの叙述に従ったが、負の追加労働量を巡るスラッファの叙述には疑問がある。[謎] 6(2)を参照。

46°（第71節、第72節）

　単一生産物体系の場合は、価格の下落率は賃金の下落率を超えることはない（[大掴み] 34°を参照）。このことは結合生産物体系ではいえない。理由はすでに明らかである。[大掴み] 44°で見たように、結合生産体系では、賃金が1とゼロの間で変化しても、商品の価格はマイナスとなることがありうるからだ。この場合は価格の下落率は明らかに賃金の下落率を超える。また仮にマイナスとはならないとしても、価格の下落率は賃金の下落率を超えることはないとはもはやいえない。（第71節）

　単一生産物体系の場合は、どんな商品もその価格の下落率は賃金の下落率を上回ることはない。したがってある商品を標準（＝尺度）として賃金が下落したとすれば、どの商品を標準にしても賃金は下落する（どの商品を標準とするかによって、賃金の下落の程度は違ってくるだろうが）。そして逆に利潤率は上昇するということができる。

　しかし、結合生産物体系の場合はこのことはいえない。結合生産物体系にあっては、価格の下落率はもはや賃金の下落率によって制限されないことから、次のようなことが生じる（具体的事例については [計算付録] 72を参照）。

ア どの商品を標準（＝尺度）にするかによって、賃金は上昇することもあれば下落することもある。したがって、賃金の下落はただちに利潤率の上昇を意味するとはいえなくなる
イ 価格の下落率が賃金のそれよりも大きくなる可能性のある商品を標準（＝尺度）としたときには、異なった利潤率のもとで賃金が同じになる可能性がある

《第10章　固定資本》

第73節　一種の結合生産物としての固定資本　第74節　異なった生産物とみなされる異なった経過年数をもつ機械　第75節　年金の方法によって計算された耐久的生産用具に対する年々の費用　第76節　結合生産方程式の方法によって計算された同じ費用　第77節　方程式の方法はより一般的である　第78節　異なった用途における同じ用具の異なった減価　第79節　日付のある労働量への還元は固定資本については一般的に不可能である　第80節　$\gamma=0$ ならば、機械の帳簿価値は経過年数につれていかに変化するか　第81節　一部消耗した機械に「含まれた」労働量　第82節　$\gamma>0$ ならば、帳簿価値（価格）は経過年数につれていかに変化するか　第83節　あらゆる経過年数の機械の完全な組み合わせの帳簿価値のγの変化に応じる変動　第84節　標準体系における固定資本

47°（第73節、第74節）

結合生産物が現実の問題となるのは、これまで見てきたような、1つの生産過程で複数の商品（たとえば、羊毛と羊肉、あるいは、小麦と麦わら）を生産するという場合よりは、むしろ耐久的生産用具を用いて生産を行う場合にある。

耐久的生産用具を、
ア 一方で、生産過程の年々の生産手段と見る（この限りでは、1年間で完全に使い果たされる生産手段、たとえば燃料や原料と同じになる）

　　　　　イ　他方で、この耐久的生産用具のうち、1生産年度の終了時点で、まだ使用可能な状態にあるものは、年々の生産物の1つとみなすことにする。つまりこの生産過程の主要な生産物は、もちろん販売を目的とした商品としての生産物であるが、引き続き使用可能な耐久的生産用具も、結合して生産されたものと見なすわけである。（第73節）

　たとえば耐用年数が3年の生産用具を用いて生産が行われるとすれば、3つの生産方程式が作られる。最初の生産方程式の左辺では未使用の生産用具が生産手段となり、1年間使用したこの生産用具が、右辺の生産物の1つとなる。このとき生産手段としての（未使用の）生産用具の価格は購入価格となるが、生産物とされた（1年使用の）生産用具の価格（これを第1年度の帳簿価格という）は、現実に取引される価格ではなく、あくまで帳簿上の価格に過ぎない。そして第1年度の帳簿価格が2本目の生産方程式の左辺の生産手段としての生産用具の価格となり、その右辺の生産物としての（2年使用した）生産用具の価格は、第2年度の帳簿価格とされる。3本目の（最後の）生産方程式では、第2年度の帳簿価格が左辺の生産手段としての生産用具の価格となり、右辺の生産物には廃棄される生産用具が「廃材」として計上される（ただし「廃材」としては無価値ならば、廃棄される生産用具は生産物とはみなされない）。こうすることによって、生産用具の各年の帳簿価格を他の商品の価格の決定に先立って特定することなく（それを未知数として）、生産用具を含んだ生産方程式を解くことができる。（第74節）

48°（第75節～第78節）

　耐久的生産用具の年々の費用は、各々の年の帳簿価格（初年度は購入価格）に対する利潤とその年の減価の合計である。耐用年数と同数の生産方程式を解くことによって、この年々の費用を計算することができるが、それを検討する前に、「年金法」によって年々の費用を求める方法を見ておく。これは耐久的生産用具の年々の費用としてその購入価格に対する「元利金等償還額」をあてる方法のことである。元利金等償還額は次の公式で示される（この公式の算出方法については［計算付録］75を参照）。（第75節）

$$p_{m0} \times [\gamma(1+\gamma)^n] / [(1+\gamma)^n - 1]$$

p_{m0}…購入価格、γ…利潤率、n…耐用年数

　［大掴み］47°で見た結合生産物の生産方程式を用いて計算しても、耐久的生産用具がその耐用期間を通じて同じ効率で機能し、またその生産物（販売を目的とする生産物）の単位価格がこの耐用期間を通じ均一であるとするならば、年金法と同じ結果が得られる（計算過程については［計算付録］76を参照）。(第76節)

　ただし、年金法においては、「耐久的生産用具がその耐用期間を通じて同じ効率で機能し、またその生産物（販売を目的とする生産物）の単位価格がこの耐用期間を通じ均一である」ことが前提となるが、生産方程式を用いる場合はこの前提は不可欠のものではない。連立方程式を解くことによって、各年の生産手段、生産物としての耐久的生産用具の価格が求められるからである。その意味では生産方程式を使うほうが、より一般的であるといえる注。(第77節)

　　注　第77節の叙述については［謎］7 (5)エを参照。

　同じ耐久的生産用具でも、その耐用年数や効率の低減度合いは生産目的により差が生じるから、産業が異なればその扱いも異なる。(第78節)

49°（第79節）

　結合生産物体系では生産手段を日付のある労働量に還元することは不可能であることをすでに見た（［大掴み］43°を参照）。耐久的生産用具に関しても、生産方程式においてはそれが結合生産物とみなされることから、やはり日付のある労働量に還元することはできない（証明は［計算付録］79を参照）。

50°（第80節、第81節）

　利潤率が変化するに従い、耐久的生産用具の帳簿価格はどのように変化するかを見る。簡略化のために、耐久的生産用具の効率は各年一定であるとする。したがって、耐久的生産用具にかかる年々の費用も一定となるから、年金法を使用することもできる。

　はじめは $\gamma = 0$ のときである。年金法によれば、耐久的生産用具の購入価

格を p_{m0}、年々の費用を B、利潤率を γ、とするとき、n 年後の帳簿価格は次のようになる（[計算付録] 75を参照）。

$$p_{m0}(1+\gamma)^n - B[(1+\gamma)^{n-1} + (1+\gamma)^{n-2} + \ldots + (1+\gamma) + 1]$$

ここで、$\gamma = 0$ とおけば、n 年後の帳簿価格は、$p_{m0} - B \times n$

n 年後の帳簿価格はゼロだから、$p_{m0} - B \times n = 0$ から $B = p_{m0}/n$

また利潤率がゼロであるから、この年々の費用がそのまま各年の減価分になる。

利潤率がゼロであるときは、「当初の価値がその機械 [耐久的生産用具] を生産するに要した労働量」をあらわす[注]。利潤率がゼロの状態で、耐久的生産用具の価格が購入価格の 1/n だけ毎年減価するということは、耐久的生産用具に体現されている労働量が、毎年、当初の 1/n だけ減少するということを意味する。この 1/n の労働量は、この耐久的生産用具を用いて生産される生産物に移ったのである。（第80節）

これを具体的事例で確認してみる（第81節：計算過程は [計算付録] 81 を参照）。

注　スラッファは結合生産物体系の場合、利潤率がゼロであるとき、商品の価格がその生産に要した労働量に比例することは第66節で証明されているとする。しかしこれには疑問がある。第66節で見ているのは、「追加された商品の価値は、利潤率ゼロに対応する価格において、明らかに追加労働量にひとしい」ことにすぎない。この問題に関しては、[謎] 6 (2)、(3) を参照。

51°（第82節、第83節）

次に、$\gamma \neq 0$ のときを考える。このときの耐久的生産用具にかかる年々の費用（[大掴み] 48°で見たケースでは $p_{m0} \times [\gamma(1+\gamma)^n]/[(1+\gamma)^n - 1]$）はそのなかに、当該生産年度の開始時点での耐久的生産用具の帳簿価格に対する利潤も含んでいる。使用開始直後の（減価償却が進んでいない）生産年度における帳簿価格は、償却完了直前の生産年度のそれに比べて著しく高いから、この帳簿価格に対する利潤も、使用開始直後の年度のほうが償却完了直前の年度に比べて著しく高くなる。その一方で、上記の式で計算される年々の費用は一定である。年々の費用から利潤を控除したものが耐

久的生産用具の帳簿価格の減少分になるから、この帳簿価格の減少分は、逆に使用開始直後の年度の方が償却完了直前の年度に比べて著しく低額となる。

そして各年の帳簿価格の減少分の総和は耐久的生産用具の当初価格（p_{m0}）に等しくなければならない。これは、使用中の耐久的生産用具の帳簿価格は、経過年数が同じ場合は、$\gamma \neq 0$ のときのほうが $\gamma = 0$ のときと比べて、高くなることを意味する（このことは［計算付録］82で確認できる）。（第82節）

使用開始から t 年度末の帳簿価格は、次のようになる。

$$\frac{(1+\gamma)^n - (1+\gamma)^t}{(1+\gamma)^t - 1}$$

そしてこの帳簿価格は利潤率の変化にともなって、$\frac{n-t}{n}$ と 1 の範囲内で変動する（証明は［計算付録］83-1を参照）。

$\gamma \neq 0$ のときのほうが、各年の帳簿価格は、$\gamma = 0$ のときと比べて高くなるから、各生産年度当初の帳簿価格の総和も、$\gamma = 0$ のときと比べて、高くなる。

また購入価格と帳簿価格の差額は減価償却による回収額と理解することができる。利潤率が低いほど早期の回収額は多くなる（帳簿価格は早い年度で低くなる）。したがって、同じプラントを長期にわたって連続して建設する場合には、利潤率が低いほど純投資額は小額で済むことになる（証明は［計算付録］83-2を参照）。（第83節）

52° （第84節）

結合生産物体系の標準体系における耐久的生産用具の処理方法を見る。

［大掴み］47°で見たように、耐久的生産用具は、ある生産年度末に生産物とみなされたものが、その帳簿価格でもって次の生産年度の生産手段となる。そしてこの生産手段は、この年度の生産過程で $(1+R)$（Rは極大利潤率）という増加率を与えられる。したがって、当該年度の生産過程にかかる乗数を1とすれば、前年度の生産過程に $(1+R)$ という乗数を与えることによって、前年度の生産物とみなされた耐久的生産用具の価格と、当該年度の生産手段とされる耐久的生産用具の価格とは等しくなる。この2

つの生産年度の生産方程式を足し合わせれば、両者（生産物としての耐久的生産用具と生産手段としての耐久的生産用具）は相殺することができる。

耐用年数が長くなっても同じことである。この相殺処理によって耐久的生産用具の帳簿価格はすべて消去される（［計算付録］84で具体的計算例を示した）。

《第11章　土地》
　　第85節　地代を獲得する自然資源の非基礎的生産物に対する類似性
　　第86節　差額地代　　第87節　単一の品質の土地に対する地代　　第88節　「外延的」ならびに「内包的」収穫逓減に対する地代の関係　　第89節　農産物の多数性　　第90節　「単一生産物体系」と「多生産物体系」の区別の改訂　　第91節　準地代

53°（第85節）
　生産手段にまったく入らない生産物は非基礎的生産物として、標準体系から排除される。これは単一生産物体系であるか結合生産物体系であるかを問わない（［大掴み］26°および同39°を参照）。逆に生産手段ではあるが、決して生産物とはならないものもある。土地がその典型例である。標準体系では生産物を構成する各商品は生産手段として用いられるのと同じ比率になる必要がある。したがって土地のように生産手段としてしか現れないものは標準体系に組み込むことはできない。［大掴み］39°で見た非基礎的生産物の形式的定義からも、土地は非基礎的生産物となる。

　しかし一方で、すべての生産は土地を使って行なわれるのであり、土地の使用の対価としての地代は、僅かな例外を除き、現実体系のすべての生産方程式に現れるといっていい。この地代の処理について検討する。これが第11章の目的である。

54° (第86節～第89節)

　地代は2つの理由から発生する。1つは異なった品質の土地で生産が行われる場合である。品質が異なれば生産方法も異なるし、単位面積あたり収穫量も異なる。しかしその生産物の価格は同じである。このような条件下で利潤率が一定になるのは地代が存在するからである。生産物を同一の価格で販売し、同率の賃金を支払い、同率の利潤率を確保したあとの残余を地代とすることによって、異なった品質の土地のもとでの複数の生産方法が併存することになる。

　このときの地代を外延的地代という。ただ、ある土地には上述の残余が生ぜず、地代が発生しない。標準体系には地代が発生しない土地の生産方程式だけを組み込めば、標準体系から地代は排除できる（外延的地代の処理は［計算付録］86を参照）。（第86節）

　地代発生のもう1つの原因は、同一の品質の土地に対する追加的投資が収穫逓減となることにある。同じ量の生産手段（たとえば肥料）を2倍投じても、一般的に収穫量は2倍にはならない。それでも増産のためにこの追加的投資が必要となる場合は、追加的投資をする場合としない場合の利潤率を均等にするための地代が必要となる。もちろん同じ品質の土地であるから、地代も同一とならなければならないが、地代は、それによって収穫物の1単位あたりの費用（生産手段＋利潤＋地代）が追加投資がある場合とない場合で同じになるような額とならなければならない（具体的事例は［計算付録］87を参照）。これを内包的地代という。標準体系を構成するにあたっては、双方の生産方程式に適当な乗数を与えた上で足し合わせれば、地代は消去できる（第87節）

　外延的地代も内包的地代も、その発生の背後には、同一の投資でも収穫が次第に減じるということがある。もしこういうことがないならば（外延的地代に関していえば、条件の同じ土地が無尽蔵に広がっていること、内包的地代に関していえば、追加投資は収穫逓減とならないこと）、地代は発生しない。しかし実際には収穫は逓減する。そのために一定の生産量を確保するために2種類以上の生産方法が並存することになる。ここに地代が発生する原因があるし、地代の存在が、生産量の拡大に対応した新たな生産方法の開発を導くともいえる（外延的収穫逓減は新しい土地の開拓を想

起すればいい。内包的収穫逓減に関しては［計算付録］88を参照）。（第88節）

　現実には地代は、外延的地代と内包的地代が複雑に絡み合った形で発生する。生産される商品も多数に上る。しかし、生産方程式によって、生産された商品の価格と地代が特定できれば十分である[注]。そして特定された地代は、各生産方程式に一定の乗数を与えた上で、それらを足し合わせることによって排除可能になる（［計算付録］89を参照）。（第89節）

　　注　地代の特定については［謎］6(4)を参照のこと。

55°（第90節）

　内包的地代を排除する場合、生産方程式には負の乗数が与えられることになる。この土地の生産物が単一であっても事情は変わらない。このことから結合生産物体系というものの定義を見直す必要がでてくる。

　すなわち生産体系というものを、以前のように、生産物が単一か複数かで区分するのではなく、生産物と生産方法（生産過程）の対応関係の視点から捉え直さなければならない。この新しい視点からは、結合生産物体系とは、少なくとも商品の1つが複数の生産方法（生産過程）を持つ生産体系のことをいい、単一生産物体系とは、すべての商品がそれぞれ唯一つの生産方法（生産過程）しか持たない生産体系のことを指すことになる。したがって、結合生産物体系でもすべての産業（生産過程）で単一の商品しか生産されないということがありうる。

　これは、土地のようなそれ自身が生産物でないものが生産手段となるために、複数の生産手段が並存することによって初めて生じる現象である。

56°（第91節）

　製造が中止された耐久的生産用具は、生産手段には入るが、生産はされないという意味で、土地と同じ性質をもつ。そしてその理由から、非基礎的生産物として標準体系からは排除される。

第3部　生産方法の切換え

《第12章　生産方法の切換え》

　　第92節　簡単な場合、非基礎的生産物　　第93節　基礎的生産物——方法と体系の双方の切換え　　第94節　利潤率の上昇が常により高い標準比率への切換えに導くための条件　　第95節　体系から体系への一系列の切換えを通じて（それらが単一生産物体系だと仮定すれば）より高い利潤率には賃金の下落が対応する　　第96節　多生産物体系における方法の切換え

57°（第92節、第93節）

　第1部、第2部では生産方法は所与のものとしてきたが、生産方法が複数あり、利潤率の変化にともなってそれが切換えられるケースを検討する。

　まず簡単なケースとして、非基礎的生産物の生産方法の切換えについて検討する。任意の基礎的生産物または標準商品を賃金と価格の標準（＝尺度）とすれば、非基礎的生産物の生産方法の切換えはこの標準に何の影響もあたえない。非基礎的生産物が2つの代替的な方法で生産されるとしたら、所与の利潤率（または賃金）のもとでより有利になる（低価格で生産が可能な）方法が選択され、切換えられることになる。

　注意しなければならないのは、この切換えがただ1回に限定されるわけではないということである。利潤率（賃金）の変化のなかで、商品によっては切換えが生じないこともあれば、この切換えが2回以上生じることもありうる。

　第7図は利潤率の変化にともない、2つの生産方法での商品の価格がどのように変化するかを示したものである。商品の価格の標準（＝尺度）は任意の基礎的生産物または標準商品とする。図では、利潤率が4％と12％のとき、2つの生産方法の価格曲線は交差している。これは、この点（4％と12％の時点）が生産方法の切換え点であることを示している。つまり、利潤率がゼロから4％までのときは、方法Ⅱがとられ、4％から12％の間は方法Ⅰがとられ、12％を超えるとまた方法Ⅱに戻る。（第92節）

基礎的生産物の場合は少し複雑になる。生産方法が切換えられれば、当該基礎的生産物を含む生産体系自体が変化し、価格の標準（＝尺度）も影響を受ける。したがって、２つの生産方法での価格を比較できるものがなくなってしまう。

　そこでスラッファは、生産方法を２つ持つ商品は、基礎的生産物であると同時に、非基礎的生産物としては異なった用途をもった別個の生産物でもあるとする。そして利潤率のいかんにかかわらず、この商品は２つの方法で生産される非基礎的生産物として存在し、利潤率の変化は基礎的生産物としての生産がいずれの方法によってなされるかの違いにすぎないものとする。詳細は［計算付録］93で見ることにするが、結論からすれば、基礎的生産物の生産方法も利潤率の変化によって切換えられ、またそれも１回だけとは限らないということになる。（第93節）

58°（第94節～第96節）

　生産方法の切換えに関しては次のようなことがいえる。

　切換えが１回だけだとしたら、利潤率が上昇する場合は、極大利潤率の低い生産方法から極大利潤率の高い生産法への切換えになる。

　いま、「銅」の生産方法が２つあるとする。生産方法Ⅰによって生産される「銅」を「銅Ⅰ」と呼び、生産方法Ⅱによって生産される「銅」を「銅Ⅱ」と呼ぶ。［大掴み］57°で見たように、「銅Ⅰ」と「銅Ⅱ」は基礎的生産物としてはまったく同じものであるが、同時に非基礎的生産物でもあり、非基礎的生産物としては代替不可能であるとする。

　生産方法Ⅰの極大利潤率を$R_Ⅰ$とし、生産方法Ⅱのそれを$R_Ⅱ$とし、$R_Ⅰ<R_Ⅱ$とすると、利潤率が$R_Ⅰ$と$R_Ⅱ$の間では、価格曲線は交差することはない。このとき、生産体系Ⅱの賃金（ω）は引き続き正であろうが、生産体系Ⅰでは、利潤率が$R_Ⅰ$のときに賃金（ω）はすでにゼロとなり、利潤率が$R_Ⅰ$を超えるときは、生産体系Ⅰは存立し得ない。したがって、生産体系Ⅱが唯一存立可能な生産体系である。ここで基礎的用途に用いられる銅は、「銅Ⅱ」以外にはないということになる。

　利潤率が極めて高い領域（$R_Ⅰ$と$R_Ⅱ$の間）では、相対的により高い極大利潤率をもつ生産体系（生産体系Ⅱ）をとるしかない。だから、２つの生

産方法が単一の交点をもつとすれば、利潤率が上がるばあいの唯一の可能な切換えは、極大利潤率のより低い方法からより高い方法への(このばあいは、生産方法Ⅰから生産方法Ⅱへの)切換えである。(第94節)

単一生産物体系の場合は、生産方法の切換えにかかわらず、利潤率が高くなれば賃金は低下する。理由は次の通りである。

利潤率が上昇していく場合、最も有利な生産体系に次々と切換えられるが、この切換えと切換えの間では、利潤率の変化は特定の(その利潤率において最も有利な)生産体系の内部での変化ということになる。変化が1つの生産体系の内部で生じる限りにおいて、単一生産物体系にあっては、利潤率が上昇すれば賃金は必ず下落する。

利潤率がさらに上昇して、生産方法が切換えられ、そしてそれにともない生産体系が切換えられる点に到達したとする。しかし、生産体系の切換えそれ自体は利潤率及び賃金を変化させることにはならない。生産体系の切換えは、新旧の両生産体系の価格曲線が交差することによって生じるが、この交点においては利潤率と賃金は両体系で同一のものとなっているからである。切換えられた新しい生産体系の内部でまた、利潤率が連続的に変化していくと、上述のように、その変化が1つの生産体系の内部で生じる限りにおいて、利潤率が上昇すれば賃金は必ず下落する。

生産方法の切換えにもかかわらず利潤率の上昇にともなって賃金が下落することを単一生産物体系に限定しなければならないのは、以下の理由による。単一生産物体系においては、価格の下落率は賃金の下落率を超過できない(このことについては[大掴み]34°および[計算付録]49を参照)。したがって、利潤率が上昇すれば、単一生産物体系にあってはどのような商品を標準にしても必ず賃金は下落する。しかし、結合生産物体系においては生産物の価格の下落率が賃金の下落率を上回る可能性がある(このことについては[大掴み]46°を参照)。そのために、同一の生産体系を前提にしても、結合生産物体系では「賃金は、利潤率の上昇にともない、商品価格と賃金の標準となる商品のいかんを問わず、常に下落する」とはいえない。(第95節)

結合生産物体系で、利潤率の上昇にともない賃金が下落するとすれば、新しい生産方法に取って替わられる古い生産方法を特定するには、古い生

Ⅱ 大掴みにしてみる

産方法の1つを除外した複数の生産体系のうちで、下落した賃金のもとで最も高い利潤率を示す生産体系を特定すればいい。その生産体系に含まれていない古い生産方法が、新しい生産方法に取って替わられる生産方法である。（第96節：詳細は［計算付録］96を参照）

付　録

　　付録A　「小体系」　　付録B　自己再生産的な非基礎財に関する注
　　付録C　「基礎的体系」の工夫　　付録D　文献引証

　　　　付録A、B、Cはそれぞれ第14節（タイトルは、「国民所得全体が賃金にあてられるばあいの価値」）、第39節（同じく、「あらゆる賃金水準における正の価格」）、第63節（同じく、「（結合生産物体系における）標準体系の構成」）の説明を補足するものである。
　　　　付録Aは［計算付録］14のなかで、第14節までの方法と比較しながら見る。
　　　　付録Bは［計算付録］39に続けて見る。
　　　　付録Cは結合生産物体系における標準体系を作成する目的との関係から、［計算付録］64のあとで見る。

59°（付録D　文献引証）

　　『商品の生産』で展開された概念の相当数は、ケネー、アダム・スミス、リカード、マルサス、マルクスらの理論（主張）に拠っているものであるとして、以下の項目に関連する学説が簡単に紹介されている。

　　　1　重農主義者とリカードにおける循環的過程としての生産
　　　2　標準的価値尺度と「支配労働」
　　　3　極大利潤率
　　　4　結合生産物としての残余の固定資本

Ⅲ 謎のいくつかについて考えてみる

1.『商品による商品の生産』はなぜひどく難しいのか
　［Ⅰ　なぜ『商品の生産』を読むか］でも触れたように、『商品の生産』の最初の謎は、その難しさにある。『商品の生産』はどうしてこんなに難しいのかを考えることはそれを読むヒントを与えてくれるともいえる。
（1）スラッファの寡黙さ
　スラッファは元来寡黙な人であった。それを物語る事件がある。スラッファは、イタリア共産党の創設者の一人でその理論的指導者であったアントニオ・グラムシの生涯にわたる友人であった。ムッソリーニの獄中の「囚われ人」となったグラムシを、スラッファはグラムシの妻の姉タチャーナ・シュフトと共に物心両面において支援し続けた（これについては、ナトーリ［1995］が詳しい。以下のタチャーナとスラッファの手紙に関しては同書による）。
　グラムシの入獄（1926年）の前後から、グラムシを親トロッキー派として、スターリンやその意を受けたイタリア共産党の指導部はグラムシと距離をおき始めた感がある。こうしたなかで、1928年2月に、「グリエーコ」という差出人名で獄中のグラムシに一通の奇妙な手紙が届けられた。グラムシは「彼らにやられた」と感じ、自分はこの手紙のために牢獄から出ることが不可能になったと思った。そういう手紙である。この手紙を出させたのが本当は誰なのか、そして何のために出させたのか、グラムシは最後までそれにこだわっていた。タチャーナ・シュフトは、グラムシの死のあと（1937年9月）、スラッファはそのことを知っているのではないと考え、彼に問いただす。

> 私は例の悪名高い手紙にそれとなく触れ、私の採るべき行動についてあなたから何かお聞きしたいと思っておりました。さもなければ、私はジューリャ［グラムシの妻：当時ロシアにいた］に対してさえどのように行動したらよいのか分かりません。……人は最も重要な問題を往々にして放置するものだ、ということはよく知っています。そうすることができるのは、怠慢とか、無関心とか、安穏な生活への愛着と

か、ご都合、等々といういろいろな理由からです。私は単にニーノ［グラムシのこと——引用者］に対するばかりでなく、さらにまた裏切ってはならない彼の生涯の目的だったすべてのものに対する、私のもっと厳粛な義務を絶対にゆるがせにしたくないのです。

これほど、人間の勇気というものを想い出させる手紙も珍しい。しかし、スラッファの返事は素っ気ないものだった。それはタチャーナ・シュフトを——スラッファを最も信頼できる友人と信じてきたタチャーナを——激怒させ、スラッファとの絶交を決意させる程のものであった。スラッファは、グラムシもタチャーナもこの手紙を勘ぐり過ぎているとする。しかし、グラムシがそう思いこむに至った背景（イタリア共産党と共産主義インターナショナルの戦略方針に対するグラムシの不同意）に対してはまったく沈黙する。グラムシの死後30年経てから出された手紙においても、曖昧に、「グリエーコ」の指示がどういうものであったか明確にすることなく、それは「私を激怒させた」と答えているだけである（しかも、それさえ秘密を条件に！）。そしてスラッファはそれ以外に何も語らずに世を去った。

1937年当時のスラッファの「沈黙は恐らく、死ぬまでの辛抱強い黙秘として、彼があえて越えようとしなかった１つの世界の悲劇的な限界だった」とされる（ナトーリ、同上、234頁）。スラッファは彼の最良の友人をむざむざと死に至らしめた政治の世界の論理に底知れぬ絶望感を抱き、生涯の沈黙を決意したのかもしれない。

ともかく、寡黙に対するこれほどの辛抱強さを持ったスラッファが、経済学の叙述において突然饒舌になるはずがない。ケンブリッジでスラッファに接した経済学者たちによれば、スラッファは、「１ヶ月に１頁以上の論文を書くのは道徳的に間違っている（immoral）」とし（Sen [1974] p. 331)、『商品の生産』については「私は書くのが好きではない。それでできるだけ少ない言葉でこの本を書いた」と語ったという（Harcourt [1982b] p. 272)。

スラッファが、若き日の友人の悲劇的な死に際しても沈黙を貫いた人間であったことを考えれば、『商品の生産』はどうしてもいっておかなければならないものだけを最低限の言葉で伝えようとしたものだと考えたほうがいいのかもしれない。またスラッファは『商品の生産』が惹き起こした論

争にも一切参加しなかった。そこでも沈黙を貫いた。遠い昔、グラムシの死を巡って、スラッファは沈黙することによって、戦友ともいうべきタチャーナ・シュフトの誤解と怒りを招いた。それでもなお何も語ろうとしなかった。それを思えば、『商品の生産』もスラッファにとっては「自分がいいたいことだけをいっておけばいいのであって、あとはいかに理解されようと、あるいはどう誤解されようと、知ったことではない」ことだったのかもしれない。

「言いたいことの半ばを言わない。だからしぜんわかりやすくなる」といわれることもあるが（山本［2003］51頁）、「普通の人間が理解するためにはいわなければならないこと」の半ばもいわなかったら、逆に当然にわかりにくくなるのである。

ただ、全般的に極端に簡潔なものとなっているなかで、ひどく回りくどい、あるいは、書かれた意味が理解できないようなものがあちこちにある。スラッファの本来の寡黙さを考えると、このほうがよほど気になる。

（2）回りくどい叙述と理解困難な表現——あるいは真意の隠蔽

『商品の生産』の序文は、短い本文に比較するとかなり長いものになっている。しかも、奇妙な序文である。一般的には、序文や前書きでは、その本の目的とそれを書くに至った動機や理由がまず述べられ、次いで課題の設定と研究方法、場合によっては本文の概括などが順を追って語られる。ところが、『商品の生産』の序文はいきなり、この本では収益不変という暗黙の仮定に立っているわけではないという説明から始まる。そして収穫不変という問題を巡る話が序文の大半を占める。これはスラッファが、「収益不変」を前提にして分析を行っているのではないかと読者に誤解されることを極端に恐れたことを意味しているように思われる。

そしてこの序文の最後でスラッファは「非数理的な読者にも容易にフォローできるように、そのような記号法を保持することを固執した」とする。これは実際には、行列（Matrix）、とりわけ投入係数行列を使わないということである。スラッファを除くほとんどすべてのスラッフィアンが行列を——ときとして過剰なまでに——使用していることを思えば、まったく奇異なことである。『商品の生産』には、線型代数についてのある程度の知識さえあれば、投入係数行列を使ったほうが理解はずっと容易になるので

III 謎のいくつかについて考えてみる

ないかと思われる個所がいくつもある。そのような個所でもスラッファはあくまで投入係数行列を排除している。この結果、クォントの指摘する扱いにくい記号法で回りくどい計算式が展開されることになった。

『商品の生産』は、1つの生産過程がただ1種類の生産物を算出すると仮定した単一生産物体系を扱った第1部、1つの生産過程が複数の生産物を生産すると想定する結合生産物体系を対象とする第2部、それに技術体系の切換えを論じる第3部に分かれる。スラッファはこの第1部では行列を徹底的に排除する。

ハーコートなどは、スラッファが投入係数行列の使用を回避した理由として、これが有効な手法となるのは単一生産物体系のときだけであり、結合生産物体系では投入係数行列は使えないことをあげている（Harcourt [1982a] p. 189）。しかしそうであれば、単一生産物体系に限定して投入係数行列を用いればよかったはずである。しかし、スラッファはそこでも投入係数行列を使わなかった。

逆にスラッファは、結合生産物体系において非基礎的生産物を検討する段階で突然、行列を使い出す（[計算付録] 58〜60を参照）。ただし、このときの行列は投入係数行列ではない。つまり、スラッファは行列それ自体の使用を回避するのではなく、投入係数行列の使用を避けているである。このことから、投入係数行列の使用を回避した理由が本当にスラッファのいうように「非数理的な読者にも容易にフォローできる記号法に固執した」ことにあるのかという疑問が出てくる。

投入と産出の物的関係を明示的に確立し、生産量の分析に焦点を与えたという点で、スラッファ体系はレオンティエフの産業連関論に外面的には類似している。これに対して、クォントは、「レオンティエフ体系とスラッファ体系の1つの著しい相違」として、スラッファ体系には生産諸手段や投入労働量を生産量で割って算出される投入係数が定義されていないことを指摘している（Quandt [1961]）。『商品の生産』のなかでも、叙述がとりわけ難解になっているものの1つに、第5章で展開される「標準体系の一意性」がある。「標準体系の一意性」は実はフロベニウスの定理とよばれるものを用いて比較的容易に解くことができるが、その過程で投入係数行列を必要とする（[計算付録] の末尾に添付した [行列（Matrix）を用いる

計算］を参照）。

　しかし投入係数行列を導入するということは、所与の生産技術のもとでは、どんな生産規模でも、投入量と産出量の比率を変えずに生産を行うことが可能であるとする前提に立つことを想定しかねない。つまり、「収穫不変」を前提としているという印象をもたらす。スラッファはこれを危惧したように思える。

　一方、結合生産物体系における非基礎的生産物の検討で行列を用いるときには、投入係数を求める必要や契機は一切生じない。このこともまた、スラッファが行列の使用を回避した理由が、実は、投入係数を定義することから「収穫不変」を前提することにつながりかねないという危惧にあったことを示唆しているようにみえる。

　ともあれ、投入係数行列の使用を回避した結果、演算はひどく回りくどくなるが、その一方で「私は書くのが好きではない。それでできるだけ少ない言葉でこの本を書いた」というスラッファの姿勢のせいで、演算過程の大半が省略されてしまっている。「計算は自分でやれ」というのであろうが、これは「非数理的な読者」には大きな重荷である。

　そういう人物が、「非数理的な読者」のことを考慮して投入係数行列を使わないというのは、まったく奇妙な話である。「計算は自分でやれ」というのであれば、「非数理的な読者」のことなど無視して投入係数行列を使えばよかったのである。投入係数行列の使用を回避したスラッファの真意は隠されているとしかいいようがない。

　真意が読み取れないもう１つの事例をあげよう。［大掴み］7°で見た、賃金の扱いである。詳しくは［謎］3を参照して欲しいが、スラッファは序文では「アダム・スミスからリカードにいたる古い古典派経済学者の立場」に立つと宣言していながら、第8節では、「伝統的な賃金概念をみだりに変更することを差し控える」という理由から「賃金全体を変数として取り扱う慣例的な手法に従う」とし、これを受けて第9節では賃金にかかる「古典派経済学者の着想を放棄する」とする。

　「伝統的な賃金概念をみだりに変更することを差し控える」ことが「古典派経済学者の着想を放棄する」理由になるというのは理解できるものではない。実際、スラッファのこの処理を巡っては多くの批判がある。そうし

た批判が出てくることをスラッファは知っていたはずだ。しかしスラッファは、ただ「伝統的な賃金概念をみだりに変更することを差し控える」としかいわない。スラッファは、賃金に関しては「古典派経済学者の着想を放棄する」ことにした本当の理由を語っているとは思えない。

『商品の生産』にはこのようなものがいくつもある。それが、理解を一層困難にする。しかしそういう箇所こそ「書き手がいく度も反復して立ちとまり、また戻り、また歩きだし、そして思い患った場所なのだ」（吉本［1994］99頁）と考えることもできる。その意味では、回りくどい叙述と理解困難な表現は、たしかに『商品の生産』を難解なものするものであるが、同時に、スラッファが読者に与えた謎解きのヒントでもあるといえそうだ。

（3）「ケンブリッジ資本論争」の陰

『商品の生産』の長い序文もそろそろ終わろうかという頃になって、やっと（本書は）「価値ならびに分配の限界理論の……批判のための基礎として役立つように企画された」という文章が出てくる。ただ、本当にそうなのかという疑問がある。行列を使用しないことが本当に「非数理的な読者にも容易にフォローできる記号法に固執した」ことにあるのかという疑問と同じである。

先に森嶋［1990］が、『商品の生産』はケンブリッジ資本論争におけるジョーン・ロビンソン支援を目的にしたものだといったことを紹介した。ロビンソンはスラッファがケンブリッジにやってきたとき以来のスラッファの親密な友人であった。ロビンソンを支援する目的をもって本書を書いた可能性は否定しきれない。

『商品の生産』は「価値ならびに分配の限界理論の……批判のための基礎として役立つように企画された」とされながら、一方で、資本の計量可能性や、生産技術の切換え（リスィッチング）の問題が独立の章でもって論じられている（第6章、第12章）。この2つの章は、他の章との関係がよくわからない。このこともまた『商品の生産』をわかりにくいものにしているが、同時に『商品の生産』が書かれた背景をも示唆するように思われる。

第6章は第1部の最後の章として書かれているが、第1部のそれまでの

展開との連続性がハッキリしない。むしろ関係がねじれているといったほうがいい。第6章の最初の節（第45節）の冒頭で「この章では価格はその生産費の側面から考察される」というだけで、前章までの展開との関係はほとんど示されない。僅かに「直接間接に1つの生産物にはいる労働量に言及したさいに、予見されていた」とするだけである。

　第3章では「生産手段に対する労働の割合」を見たが、その最後の段階（第22節）で、分析の視角が「生産手段と労働の割合」の異なった概念の比較から、「生産手段と純生産物の価格比率」という同質のものの「純粋な」割合による比較に切換えられている。このとき、同質のものの「純粋な」割合としては、「生産手段と純生産物の価格比率」のほかに「間接雇用労働に対する直接雇用労働の数量比率」をあげていたことをスラッファは指すのであろう。しかし実際は、第22節では後者は事実上無視された。この結果、第3章では、「生産手段に対する労働の割合」というタイトルにもかかわらず、労働は最後で視野から外れてしまう。しかも分析視角の切換えの理由については、ただ「便利だから」とされているだけである（このことについては、［謎］7（4）イを参照）。

　スラッファは、ほとんど理由らしい理由も示さずに分析視角を切換えて、労働を視野の外に置いてしまった。ところが、第4～5章で標準商品と標準体系を見たあと、もう一度この第5章で労働に焦点をあてる。その理由がハッキリしない。商品の価格はその生産に必要な労働によって強く規定されるということを再確認しようとしているようにもみえる。しかし、それならば、第21節で分析視角を切換えるときに、何のためにそうするのか、そして切換えの結果、視野から外れることになる労働の問題はこのあとどう扱うのかをキチンと説明しておくべきではなかったか。しかしそういう説明は一切ない。これは「徹底的に無駄を削ぎ落とした」結果だとして済ませるものではないのではないか。この説明がないために、第3章の最後でも、第6章の冒頭でも読者は戸惑うことになる。

　スラッファは第6章も終わりに近い第48節の末尾に次の長い文章を置いている（ただ、どういうわけか、スラッファはこの長い文章全体をカッコに入れている。まるでこれがこの節の主題ではないかのように、である）。

　　日付のある労働項への還元は、循環論に陥ることなく価格と分配分の

決定に用いうるような資本量の独立的尺度を、「生産期間」のなかに発見しようとする試みに、ある種の関係を持つ。だが、いましがた考察された場合が決定的な根拠となって、いくつかの労働量に属する「期間」を集計して、資本量を表すものとみなしうる単一の大きさにすることができない点が明らかにされるように思われる。不変の生産方法の前で、相対価格の運動方向が逆転することは、分配と価格とから独立した測定可能の数量としての、資本のいかなる観念とも相容れない。

[傍点は原著]

　第６章の位置付けがハッキリしないままここまで読んできた読者は、ここでようやくスラッファの意図に気づくことになるのではないか。つまりスラッファは、「資本は、分配と価格とから独立した測定可能の数量として把握することはできない」ことをいいたいがために、第６章を書いたのではないかということだ。

　資本量の計測の不可能性は、第７節ですでに述べられている。そのことをスラッファは改めてここで繰り返している。「書くことが好きでない」スラッファが、なぜか同じことを別の観点から繰り返しているのである。その理由については、スラッファは何も語ろうとしないが、歴史的背景からその理由を憶測することはできる。

　つまり、「ケンブリッジ資本論争」でジョーン・ロビンソンが主張したことの１つが資本量の計測不可能性であったということである。スラッファは上述の引用文で、彼女の主張を強く支持しているといえる。先に第６章が設けられた理由がはっきりしないと書いたが、「ケンブリッジ資本論争」が背景にあったことを考えるならば、『商品の生産』の第６章が書かれた意味はスッキリと理解できる。

　もう１つは第３部（第12章）である。『商品の生産』の課題が価格決定理論に関する限界理論批判の基礎を提供するものであるとすれば、それは第２部までで終わっている。しかし、スラッファは本書の最後に第３部を設け、「生産方法の切換え」という章を置いた。なぜ最後に第３部（第12章）が必要だったのか。第１部、第２部とはどのような関連性があるのか（生産方法の切換えそのものは、第２部までの叙述のなかから必然的に要請さ

れるものではない)。こういったことに関しては、例によってスラッファは何も語っていない。この章の叙述にもいくつかのわかりづらい個所が見られるが、それにもまして、『商品の生産』におけるこの章の位置付けが理解しがたい。この章も第6章と同様に、価格決定理論との関連性に関しては疑問が残る。

　一方、「生産方法の切換え」は「ケンブリッジ資本論争」に大きな波紋を呼んだ。利潤率の変化にともない生産方法が複数回変換するとしたスラッファに対して、そのようなことは起こらないとして批判したサミュエルソンは、最後は誤りを認めて自己批判したという^注。「生産方法の切換え」は「ケンブリッジ資本論争」を考えることによって初めてその意味が理解できるといっても過言ではない。

　　注　福岡は次のようなエピソードを紹介している。

> 　資本論争〔ケンブリッジ資本論争――引用者〕では、リスイッチングという問題がもう1つの議論の種になった。新古典派の資本理論では、通則として利子率が下がれば資本をより多く使う生産方法にスイッチが切り替わると考えられている。ところが、複数種類の資本財を含むある種の生産構造の下では、利子率の下落が生産方法を機械化させずに、かえって労働をより多く使うもとの生産方法に逆戻りさせてしまう可能性を排除し得ない。イギリス・ケンブリッジ側による新古典派批判の第2波はまさにこの点を衝くものであり、これを受けて立ったアメリカ側のレブハリの論文は間違っていたから、この主題に関する限りはケンブリッジUK側に軍配が上がったわけである。私〔福岡――引用者〕がいた1966年の英ケンブリッジは鬼の首でもとったかのような勝利感に湧いていた。
>
> 　ある朝のティーの席で、スラッファがニヤニヤしながら私〔福岡――引用者〕の前に座り、「けさ君のお師匠さんから全面降伏の手紙が来たよ」と、サムエルソンの手紙をひらひらさせた折のことが、つい昨日のことのように思い出される。

福岡〔2001〕224-5頁

『商品の生産』の全体がそうであったかどうかはともかく、少なくとも第6章と第12章は「ケンブリッジ資本論争」を巡るロビンソン支援のために書かれた章だったと理解されてもおかしくはない。それにそう考えれば、

III 謎のいくつかについて考えてみる

『商品の生産』が1960年という年に出版されたのも素直に理解できる。スラッファは序文で本書の準備には長い時間がかかったとしているが、「1920年代の終わりころに、中心的な命題は形をととのえていた」とされる論文が30年も経った1960年に出版され、しかもそれが当時たまたま展開されていたケンブリッジ資本論争でジョーン・ロビンソンを強力に援護することになったというのでは、あまりに都合がよすぎる。逆に、森嶋がいうように『商品の生産』はそもそもロビンソン支援が真の目的だったと考えれば、つじつまは合う。

そうであれば、スラッファは『商品の生産』の目的をそう明示すべきであった。ところがスラッファは、どういう理由からか、本書を「価値ならびに分配の限界理論の……批判のための基礎として役立つように企画された」とする。基本的には（再）生産体系を維持するという観点からの価格理論と分配理論が展開されている。そしてそのなかに、ロビンソン支援を念頭に置いたような章が散在する。

「限界理論批判序説」のなかにロビンソン支援を潜り込ませたとも考えられるし、ロビンソン支援を「限界理論批判」のオブラートに包んだともいえる。いずれにしろ、単純な「限界理論批判序説」とはいえないものになっていると考えたほうがよさそうだ。それが全体の構造をわかりにくくしている。

限界理論の際立った特徴の1つは、その単純明快さである。「経済の分野では、分別ある素人が理解できないような議論はどこか欠陥があるに違いない」（赤羽［1997］284頁）とすれば、限界理論ほど理解が容易でその限りで「欠陥」から免れている理論はない。それが、様々な批判にもかかわらず、限界理論を基礎とする新古典派経済学が圧倒的地位を確立した大きな理由だといえる[注]。

注　赤羽は市場原理について次のようにいう。市場原理を限界主義と読み替えても同じであろう。

市場原理は突き詰めれば「需要と供給の交点で価格が決まる」という極めて単純な原理である。サムエルソンは「鸚鵡だってエコノミストになれる。需要と供給、この二語さえ覚えればよいのだから」という。それくらい原理が単純であるから、そこから演繹された命

> 題も一般的にいって単純である。ニュートンは「自然は単純を喜ぶ」といい、アインシュタインも「すべての真理は単純で美しい」と述べているが、いずれの言葉も経済分析に妥当すると思う。
>
> 赤羽［1997］39頁

　したがって、もし限界理論批判の基礎として役立つことを目的とするのであれば、この限界理論の単純明快さを意識した上で、その目的にそった平明な叙述をこそ行うべきであった。ところが『商品の生産』はそうはなっていない。元来が寡黙で読者に配慮しないというスラッファのスタイルが叙述を難解なものにしている。そこに、ケンブリッジ資本論争でのロビンソン支援という目的が入り込んで、論争の参加者だけが理解できればいいという思いが、叙述を専門家にしか理解できないようなものしてしまった可能性がある。これでは単純明快な限界理論を批判することは困難である。

　先に、以下のように書いた。

> 半世紀近くも前に致命的な批判を受けたとされる理論を基礎とする考えが「圧倒的地位」を占め続けている理由を考えることもまた興味深いことである。

『商品の生産』の難解さ、限界理論の単純明快さは、これを考えるヒントを与える。ハーコートによれば、ブローグ（Blaug）は、『商品の生産』を「終わりまで読んでも、どうしてこれが経済理論（限界理論）批判の序説になるのか理解できない」と評したという（Harcourt［1982a］p. 197）。専門家でさえそうなのである。その意味では『商品の生産』の難解さは、学説史的興味を呼び起こす問題でもあるともいえる。

（４）方法としての反人間主義

　『商品の生産』を難しくしている理由がもう１つある。『商品の生産』の方法論ともいえる方法論的反人間主義（全体主義）がそれである。この方法論自体は多くのスラッフィアンが次のように肯定的に指摘しているものである。

> ……生産価格（市場価格ではなく古典学派の「自然価格」に相当する）のベクトルを決定する仕組みを対象とするスラッファの分析は、新古

典派と違い、経済主体の合理的行動に依存しない、いや主体のいかなる行動（非合理的行動を含む）にも依存しない、という意味で、非行動的モデルだ、といってよいと思います。

菱山［1990］226頁

スラッファの構成のなかで、一貫して動きまわっているのは、「主体」ではなくて「物」である…。…この本［『商品の生産』――引用者］は、主体（生産者であり同時に消費者でもある）と客体（生産物であり同時に有用な財でもある）との関係で使われる、主体という言葉を削除しているのである。

ナポレオーニ［1980］181頁

たしかに『商品の生産』には「人間」が基本的には登場しない。第92節に唯一の例外はあるが、この例外を設けた理由がまたよく理解できない（［謎］7 (5) キを参照）。スラッファは、人間の欲望（不快なものを忌避したいという欲望を含む）や期待を基礎にした限界理論を批判するという目的から、人間の欲望や期待を一切排除してしまうという方法をとった。新古典派を特徴付ける方法論的個人主義とは対極の方法をとったということである。経済学の目的が経済行動の理解ではなく、再生産構造の解明にあるとする立場からは、人間を排除することは、あらゆる経済行動を検討対象から排除し、焦点を再生産構造の解明に絞り込むための最も有効な方法であろうし、またそうしなければならないともいえる。

しかし人間が登場しないことは、経済学の著作として『商品の生産』を読もうとする読者の興味を著しく削ぐことになる。経済学が社会科学の一分野であり、人間社会の基礎的関係を支配するものとしての経済構造を分析することが経済学の包括的課題であることを考えれば、「人間不在」ということは極めて奇異な印象を与える。

丸谷が「新聞記事というのはニュースとヒューマン・インタレストとの組み合わせでできています」といったことがある（丸谷・山崎［2001］124頁）。丸谷は、新聞記事もそこに記事を書く記者のヒューマン・インタレストが加味されて初めて興味深いものになるといったのであろうが、より正確にいえば、読者のヒューマン・インタレストが引きおこされるようなものでなければ、新聞記事は誰も興味を持って読まないということである。

このことは、一般的に学術書がなぜつまらないか（無論、例外はある）ということのヒントを与える。つまり、学術書にはアカデミック・インタレストはあっても、ヒューマン・インタレストを呼び起こすものが欠如したり、希薄だったりするケースが多い。だから学術書はつまらなくなるのである。

　「経済学は陰気な学問である」といったのはトーマス・カーライルだというが、アメリカ財務省にいたチャールズ・E・ウォーカーはこれを否定して、「問題はそれが陰うつに教えられてきた（もしそれが教えられたとすれば）ということだ」と指摘したと伝えられる（マラブル［1978］3頁）。そのとおりではないかと思う。

　『商品の生産』はある意味で経済学がどうして陰うつに教えられるかの見本を示している。『商品の生産』には、その方法論的反人間主義（全体主義）という枠組みからして、個人の欲望とか節制とかいう人間の心の動きに対する関心が入り込む余地がなくなっている。ヒューマン・インタレストを引きおこすものが少ないとか希薄だとかいう以前に、そもそもヒューマン・インタレストを意図的に抑え込んでしまっているのである。

　この結果、『商品の生産』は難解であると同時に陰うつなものになる。こういうものが読んでいて楽しい本になるはずがない。しばらく読んでいるうちに、読み続けようという意欲が萎えるのは当然であろう。

　スラッファはファシスト・ムッソリーニにイタリアを追われてケンブリッジに行ったが、スペインではアナキストがファシスト・フランコと戦った。アナキストが指導していたスペイン最大の労組、CNTの機関誌『労働者の連帯』（ソリダリダッド・オブレラ）紙の編集部は1937年に、「くだらぬ統計などやめにしよう！」として、「統計はわれわれの脳髄から熱を奪い、われわれの血液を渋滞させる」と断じた（エンツェンスベルガー［1973］277頁）。

　この言葉は、ほとんど「統計フェテシズム」に汚染されているとしかいいようのない一部の新古典派経済学の教科書に対する鋭い警告として理解できるが、同時にまた、「統計」を「ヒューマン・インタレストの欠如」と置き換えたときの警告にもなる。ヒューマン・インタレストの欠如は、多くの場合、「統計」と同様に「われわれの脳髄から熱を奪い、われわれの

血液を渋滞させる」。

ヒューマン・インタレストの欠如は、方法論的反人間主義（全体主義）によって方法論的個人主義を批判しようとする場合、大きなハンデキャップを負うことを意味する。またそれは、スラッファによる限界理論批判が拡がらなかったもう1つの原因だったともいえる。方法論的反人間主義（全体主義）がヒューマン・インタレストの欠如から来る陰うつさを克服しない限り、新古典派経済学の圧倒的地位が揺らぐことはないであろう。この陰うつさが方法論に由来するものであるだけに、その克服は容易ではない注。

注　私は『商品の生産』の難解さに辟易して、「謎を楽しめばいい」と開き直ったが、それは図らずも、同時にこの陰うつさを和らげる効果もあった気がする。もちろん、これが唯一の方法だとは思わない。

2．「剰余が出てくると、その体系は自己矛盾をはらむ」とはどういう意味か

（1）第4節冒頭の奇妙な文章

第4節は以下の文章で始まっている。

経済が補塡に必要な最低額以上を生産し、**分配さるべき剰余が出てくると、その体系は自己矛盾をはらむ**ことになる。

［傍点は引用者］

しかし、なぜ剰余が生じると「体系は自己矛盾をはらむ」のか。スラッファはこの節でも、第5節以降でも、このことに関しては何も説明していない。したがってスラッファが、何を「自己矛盾」と考えていたかはハッキリしない。

私が知る限りにおいて、この文章がこれまで問題になったことはない。しかし、それはスラッファのいう「自己矛盾」が何の疑問もなく理解できるということではない。スラッファが「自己矛盾」に関して何の言及もしなかったために、彼の指摘した「自己矛盾」ということがほとんど看過されてきたといったほうが正確であろう。長い間、私はこの「自己矛盾」が何を指すのか、特定できなかった。

商品の交換比率は、剰余が出ないときには商品の再生産を可能にすると

いう純粋に技術的な関係で決定された。これに対して剰余が生じるときはもはやこの技術的な関係だけでは交換比率を決定することはできなくなる。交換比率を決定するためには、各商品生産で利潤率が均一になるという社会的関係を持ち込まざるを得ない。つまり、生産方程式だけでは再生産を可能にする商品価格を決めることができなくなる。それをスラッファは「自己矛盾」としたのであろうか。

ゲールケとクルツによれば、剰余が発生すると「社会的、制度的要因が重要になり」、スラッファのノートには、「商品の交換比率は再生産を可能にするということだけでは決定できず」、その比率を確定するためには「その範疇に従って剰余を各産業に分配する新しい仮定が必要となる」という趣旨のことが書いてあるという（Gehrke and Kurz［2006］p. 106）。この「新しい仮定」が各産業に共通の均一の利潤率を意味するのであろう。

しかし、これは均一の利潤率という新しい概念の必要性を説くことにはなっても、「剰余が生じると体系は自己矛盾をはらむ」ことを説明したことにはならない。その意味では第4節の「自己矛盾」は私には長い間、謎のままであった。

（２）森嶋のヒント――剰余と商品価格の同時決定という「自己矛盾」

ヒントはいつも意外なところに転がっている。

スラッファの体系はその形式においてレオンティエフの産業連関論に似たところがあるということについては既に触れた（［謎］1（2）を参照）。産業連関論について森嶋が半世紀以上も前に書いた本に次のような文章がある。

> …産業連関論による価格分析は生産物一単位当りの利潤を所与とみなさなければならない。ところで利潤はなによりも生産物価格の高さに依存する。したがって利潤の大きさを確定するためには、われわれはそれに先立った価格の高さを確定しなければならない。かくて利潤を所与として価格を分析するということは価格を所与として価格を分析するということになり、自己矛盾を持っている。
>
> 森嶋［1956］100頁

森嶋のいう「利潤」とはスラッファの「剰余」に相当するものであるが、森嶋はこの利潤（＝剰余）と商品価格の同時決定を「自己矛盾」と考えて

いたということである。

一方、スラッファは剰余と商品の価格に関して、第4節で次のようなことをいっている。

　ア　各商品の価格が決定されるまえに（それぞれの産業に対して）剰余を分配することはできない。なぜなら、剰余は各産業が生産に要した額に比例して配分されなければならないが、生産に要した額と剰余の総額の割合は商品の価格がわからない限り、決まらないからである

　イ　だが一方、価格が決まるまで剰余の割り当てを延期することもできない。なぜなら、商品の価格は利潤率（生産に要した額に対する剰余の配分割合）を知る以前には決定できないからだ

この2つを比較すれば、スラッファのいう「自己矛盾」とは、森嶋と同じように、剰余と商品価格の同時決定のことをいうと考えていいように思える。確かに、剰余と商品価格は相互を前提とするものであり、それを再生産表式（レオンティエフ）や生産体系（スラッファ）で同時に解くということは一見すると「自己矛盾」としかいえない。

森嶋の著作は『商品の生産』よりも数年前に出されているが、邦文であり、仮に英訳のものがあったとしても、当時の森嶋の著作をスラッファが読んでいたかどうかは疑わしい。多分スラッファは森嶋とは独立に、剰余と商品価格の「自己矛盾」という考えに達したのであろう。

ただ、寡黙なスラッファは、この剰余と商品価格の同時決定が「自己矛盾」だということを明記しなかった。それさえしておけば、第4節の持つ意味、そしてこの「自己矛盾」を解く意義は明らかになったはずである。しかしスラッファはそうしなかった。そんなことは『商品の生産』を読めばわかるはずだと考えていたのであろうか。

後述するが、この「自己矛盾」は、一般均衡理論批判に通じる問題を内包している。『商品の生産』が「経済理論（限界理論）批判序説」であるというのであれば、少なくとも、この「自己矛盾」については、その意義を明確にしておくべきであった。そうしなかったから、「終わりまで読んでも、どうしてこれが経済理論（限界理論）批判の序説になるのか理解できない」（ブローグ）という批判が現れるのである。「自己矛盾」に関して一

切語ろうとしないスラッファの書きぶりは、『商品の生産』を不必要なまでに難解にしている事例の1つであろう。

（3）剰余と価格の同時決定のもつ意味

剰余と商品価格の関係を「自己矛盾」と捉えることの含意はきわめて大きい。森嶋は上の引用文に続いて以下のようにいう。

> それ故、このような難点を取り除くことが出来ない限り、われわれは産業連関分析による価格分析を承認することは出来ないであろう。かように価格決定の理論としての産業連関分析論は今なお未完成である。…われわれは産出量決定の理論としての産業連関論を補完するような価格理論を完成しなければならないであろう。
>
> 森嶋［1956］100-101頁

つまり、森嶋はこの「自己矛盾」を理由として「産業連関論を補完するような価格理論」が必要だという結論を導く。森嶋にとっては、それは一般均衡理論であった。剰余と商品価格の「自己矛盾」はその意味では一般均衡理論を導入する契機といえる。「自己矛盾」の検討はこの契機の妥当性を検証することにつながる。

一方、マルクスは剰余と商品価格を同時に解くのではなく、価格に先行して利潤率を決定する方法で処理した。すなわち、マルクスは『資本論』第3部の再生産表式論において、商品の価格を決定するに先立って、体現労働によって決定した商品の価値をベースに利潤率を求めてしまっている（Kurz and Salvadori［2000］p. 165）。そしてマルクスはこの利潤率を与件として、商品の「生産価格」を計算する。

しかし少し考えればわかるように、平均利潤率は価値ではなく生産価格の次元で求めるしかない。スラッファがいうように、「剰余の分配は商品の価格が決定されるのと同じ機構を通じて、しかもそれと同時に決定され」なければならない。価値による利潤率の先行的決定という方法はとられてはならないのである。

マルクスのこの方法が、『資本論』における価値の生産価格の転形の処理に対する批判を招き、「転形論争」を惹き起こした。したがって剰余と商品価格の同時決定を「自己矛盾」としてこれを検討することはマルクス経済学に対しても大きな問題を提起する。

（4）「自己矛盾」を解決するためのスラッファの方法

スラッファは第 4 章において、「剰余の配分は商品の価格が決定されるのと同じ機構を通じて、しかもそれと同時に決定され」る方法を示し、「自己矛盾」を解いている。

スラッファはこの「自己矛盾」を解くにあたって投入係数行列を使っていない。しかし「剰余の配分は商品の価格が決定されるのと同じ機構を通じて、しかもそれと同時に決定され」ることを確認するためには、投入係数行列を使うほうが簡単である。投入係数行列を使って、スラッファの解法をまとめれば次のようになる（簡略化のために、1つの生産過程は唯一つの商品を生産するものとし、固定資本は考慮しない）。

（1）直接または間接的に、すべての商品（生産物）の生産に用いられる商品（＝基礎的生産物）だけからなる生産体系を考える。今、n コの商品で生産体系が形成されるとする。これを現実体系と呼ぶ。a_{ij} を商品 j を 1 単位生産するのに必要な商品 i の量、すなわち投入係数とする。すべての商品が 1 単位ずつ生産されるとすれば、各商品の投入量と生産量の関係は次の通りになる。

$$\frac{1}{\sum_{j=1}^{n} a_{ij}} \quad i=1, 2, \cdots, n$$

ただし、再生産が維持されるためには、$\sum_{j=1}^{n} a_{ij} \leqq 1$ とならなければならない。

（2）各商品の生産量（したがって投入量も）変化させて、生産量に対する投入量の割合がすべての商品で同じになるようにする。すなわち、商品 i の生産に対しては乗数 q_i をかけ、

$$\frac{q_1}{\sum_{j=1}^{n} a_{1j} q_j} = \frac{q_2}{\sum_{j=1}^{n} a_{2j} q_j} = \cdots = \frac{q_n}{\sum_{j=1}^{n} a_{nj} q_j} = 1+R$$

ただし $R \geqq 0$

となるようにする。すると、

$$\sum_{j=1}^{n} a_{ij} q_j = \frac{1}{1+R} q_i \quad i=1, 2, \cdots, n$$

という n コの方程式ができる。

（3）これを行列で表現すると、次のようになる。

$$\begin{bmatrix} a_{11} & a_{12} & \cdots & a_{1n} \\ a_{21} & a_{22} & \cdots & a_{2n} \\ \cdots & \cdots & \cdots & \cdots \\ a_{n1} & a_{n2} & \cdots & a_{nn} \end{bmatrix} \begin{bmatrix} q_1 \\ q_2 \\ \cdots \\ q_n \end{bmatrix} = \frac{1}{1+R} \begin{bmatrix} q_1 \\ q_2 \\ \cdots \\ q_n \end{bmatrix}$$

生産体系は基礎的生産物だけで構成されるという前提から、左辺の投入係数行列はn次の非負の分解不能行列である（分解不能行列である意味についてはこの項の末尾の〈補足1〉を参照のこと）。

（4）非負の分解不能行列に関するフロベニウスの定理により、左辺の投入係数行列の固有値が実数の最大値をとるとき、そしてそのときにのみ、成分のすべてが正の値となる固有ベクトルを持つことがわかっている。固有値をλとし、固有ベクトルを**q**（列ベクトル）とすると、これは次の式を解くことで得られる。

$\mathbf{Aq} = \lambda \mathbf{q}$ $\mathbf{A} = \{a_{ij}\}$　i, j＝1, 2, …, n　$\mathbf{q} = \{q_i\}$　i＝1, 2, …, n

Iをn次の単位行列とすると、$[\lambda \mathbf{I} - \mathbf{A}]\mathbf{q} = 0$

ここで、$\mathbf{q} \neq 0$とすれば　$|\lambda \mathbf{I} - \mathbf{A}| = 0$

（もし、$|\lambda \mathbf{I} - \mathbf{A}| \neq 0$ならば、$[\lambda \mathbf{I} - \mathbf{A}]$には逆行列が存在し、この逆行列を$[\lambda \mathbf{I} - \mathbf{A}]\mathbf{q} = 0$の両辺に左からかけることによって、$\mathbf{q} = 0$となってしまう）

$|\lambda \mathbf{I} - \mathbf{A}| = 0$を固有方程式と呼ぶ。**I**はn次の単位行列であり、λはn次の方程式（固有方程式）を解くことによって得られるが、このうちの実数で最大の値となるものがフロベニウス根と呼ばれるものである。これをλ'とすれば、（3）から$\lambda' = \frac{1}{R+1}$であるから、$R = \frac{1}{\lambda'} - 1$となる。これは$\lambda$が最大値をとるとき、Rは最小値となることを意味する。

（5）フロベニウス根に属する固有ベクトル**q**は成分のすべてが正の値をとる列ベクトルとなる。この固有ベクトル**q**はそれを定数倍しても数学的意味は変わらない。したがって現実体系での各商品の生産に直接必要とされる労働量を$L_1, L_2, \cdots, L_n$として、$\sum_{i=1}^{n} q_i L_i = 1$となるように**q**を定めればいい。そしてこのときのq_i（i＝1, 2, …, n）を現実体系の各生産方程式に乗ずれば、標準体系（あるいはスラッファの用語ではq体系）ができる。

（6）標準体系においては純生産物（標準商品）を構成する各商品の割合も各商品の産出（投入）に占める割合と同じになることから、標準商品を1として、この一定割合を賃金（ω）とし、残りを利潤とすれば、賃金と利潤率（γ）の関係は次のようになる。

$\gamma = R(1-\omega)$

つまり、（4）によってRが得られれば、賃金を1からゼロの間で与えることによって、利潤率は確定する。

（7）また、標準体系は現実の各生産方程式に一定の乗数を与えて構成したものであるから、標準商品を標準（＝尺度）として賃金を与えれば、（6）で見た関係式は現実体系にもそのまま適用できる。

（8）現実体系の価格決定方程式は次の通りである。

$\mathbf{A'p}(1+\gamma) + \mathbf{L}\omega = \mathbf{p}$ 　　A'はAの転置行列

　　　　　　　　　　pは各商品の単位価格（列ベクトル）

　　　　　　　　　　Lは各商品の1単位あたり生産に要する労働量

（9）ここで未知数はnコの商品価格と賃金ω、利潤率γのn＋2コであるが、標準体系の純生産物を1とした賃金ω（または、利潤率γ）が与えられれば、（6）によって、利潤率（または賃金）が確定するから、結局未知数はnコの商品価格だけになる。方程式もnコあるから一意的に解くことができる。

（10）こうして「剰余（森嶋のいう利潤）の分配は商品の価格が決定されるのと同じ機構を通じて、しかもそれと同時に決定され」ることになる。

〈補足1：投入係数行列を分解不能行列とすることについて〉

ここで生産体系の行列表現としての投入係数行列を分解不能行列とする意味について簡単に触れておきたい。

後述するように（［謎］3を参照）、スラッファは労働力を商品とはしなかった。そしてその瞬間に、労働力を再生産することだけを目的とした商品（最終消費財）は非基礎的生産物として生産体系から排除される。これがマルクス派の批判を呼ぶことになり、また理論としての「現実性」を欠くという批判を招く原因にもなったと考えられるが、生産体系で剰余と商品価格を同時に決定するためには、どのような商品であれ、直接・間接にすべての商品の生産に入る商品以外は、非基礎的生産物として生産体系か

ら除外する必要があった。そうしない限り、生産体系は分解可能行列となってしまうからである。

　分解不能行列であるということは、行列の固有値の最大なものに対応する固有ベクトルの成分のすべてが正の値をとるということを意味し、逆に分解可能行列であることはこの固有ベクトルの成分の少なくとも1つはゼロになることを意味する（二階堂［1961］85頁を参照）。

　生産体系を投入係数行列として考えるとき、この違いは大きい。分解不能行列の場合は、フロベニウスの定理を利用して、剰余と商品価格を同時に決定することができる。しかし分解可能行列である場合は、固有ベクトルのうち値がゼロとなるものが生じるが、これは現実体系の生産方程式に対する乗数がゼロとなることを意味する。乗数がゼロとなる生産方程式は生産体系から排除されるから、この生産方程式を包摂した標準体系は作れなくなる。したがって、生産体系は投入係数行列としてはどうしても分解不能行列でなければならない。生産体系は基礎的生産物だけで構成されなければならない。逆にいえば、非基礎的生産物は生産体系から排除する必要がある。

　もし、最終消費財を生産体系に組み入れるとすれば、その最終消費財が基礎的生産物になる必要がある。それは、最終消費財によって「生産」される労働力も、他の基礎的生産物と同様に、売ることを目的とした「商品」として生産体系に組み入れることを意味する。しかし、スラッファは労働力をそのような意味での「商品」とはしなかった。労働力を基礎的「生産物」とみなさない以上、その「生産」にあてられる最終消費財も生産体系から排除しなければならない。

　一見これは極めて現実からかけ離れた手法のようにみえるが、実際には非基礎的生産物には基礎的生産物と同一の利潤率が適用されるはずであるから、基礎的生産物の剰余と商品価格が決まれば、非基礎的生産物の価格は一意的に解くことができる。

　スラッファは剰余と商品価格の同時決定のために非基礎的生産物をモデルから排除したこと、非基礎的生産物の価格はスラッファの方法によって容易に解くことができること、に一言も触れなかった。その一方で、スラッファは『商品の生産』で非基礎的生産物にひどくこだわっている印象

を受ける。労働者の生活資料は再生産を維持するための不可欠の生産物であることを知っていながら、上述の理由によって最終消費財を生産体系から排除せざるを得なかったことが、このこだわりを生んだのかもしれない。しかし、なぜこだわるのかはまったく説明されない。

この二重の寡黙さが、一方で労働者の生活資料のような最終消費財までも奢侈品と無差別に非基礎的生産物として扱うという非現実的な印象を与え、他方で、頻繁に非基礎的生産物に対する言及が紛れ込むために、基礎的生産物に限定しておけば生じなかったであろう、回りくどい叙述を産み出すことになった。

最終消費財の処理を巡る批判はスラッファの寡黙さが無用な誤解と批判を産む一例のように思われる（なお、スラッファの非基礎的生産物へのこだわりについては、次の〈補足2〉を参照のこと）。

〈補足2：非基礎的生産物へのこだわり〉
スラッファの非基礎的生産物へのこだわりの例を見てみる。

第39節（第5章）では、非基礎的生産物の価格変動については、基礎的生産物にはみられない特質として、「商品価格（p）が無限に大きくなっていって、ある時点で一転して（無限に大きな）負の値をとること」がありうることを触れ、付録Bでこのことを詳しく検証している。非基礎的生産物の価格変動にそこまでこだわる理由は理解しがたい。既に第35節で、現実体系から標準体系を導くためには非基礎的生産物を最初から除外する必要があることが論じられている。第5章は、現実体系に対応した標準体系は1つしか存在しないことを論証することを主たる目的としたものである。そのような場所で、非基礎的生産物の価格変動と基礎的生産物のそれとの違いを指摘する意味は一体何なのか。

第57節〜第61節（第8章）では、結合生産物体系における非基礎的生産物の識別方法（定義）と標準体系の作成に当たってのその排除に関することが論じられる。記述は煩瑣である。記述がこれほど煩瑣なのは、スラッファが結合生産物体系における非基礎的生産物の特定を厳密に行った結果である。他の部分では過剰なまでに簡潔な叙述を行っているスラッファが非基礎的生産物にこれほどまでこだわる理由は判然としないが、このこだわりの結果、非基礎的生産物にかかる文章は長く、そして煩瑣になる。

第8章での非基礎的生産物に関するこだわりはこれで終わるわけではない。スラッファは、第8章の最後の節である第65節でもう一度非基礎的生産物に立ち返る。そして課税された場合を例示して、結合生産物体系における基礎的生産物と非基礎的生産物の意味の違いを論じている。しかし生産物課税のことまで持ち出してこの違いを論じることにいかなる意味があるのか、釈然としない。

　第8章は、結合生産物体系の特性（負の乗数の必要性、非基礎的生産物と結びついた生産過程の存在）を考慮した上での標準体系の構成方法について論じる章である。そして第64節で、経済的に意味のある標準比率（R）を特定することによって、その課題は達成されたといってよい。その意味で、第65節全体が第8章の「補足」のようなものである。しかもその内容からすれば、「過剰な補足」という感がある。

　『商品の生産』が難解になっている理由については、［謎］1で何点かあげた。本当は、この非基礎的生産物へのこだわりもその理由の1つではないかという気さえする。非基礎的生産物へのスラッファのこだわりは、議論の展開の流れを頻繁にとめることによって、『商品の生産』の理解を妨げていると思われるからだ。ニューマンは、スラッファが非基礎的生産物を重視することを「見当違いのように思われる」と批判しているが（Newman［1961］p. 67）、実際、標準体系から排除されることになる非基礎的生産物にスラッファが異常なまでにこだわっているのを見ると、ニューマンの指摘にうなずきたくなる。

（5）スラッファの方法の意味するもの

　森嶋は、剰余と商品価格の同時決定を自己矛盾としてとらえた。しかし、「剰余の配分は商品の価格が決定されるのと同じ機構を通じて、しかもそれと同時に決定され」るということになれば、この「自己矛盾」は解消されることになる。スラッファは、レオンティエフの産業連関モデルとよく似た生産方程式を作って、「剰余の配分は商品の価格が決定されるのと同じ機構を通じて、しかもそれと同時に決定され」ることを証明した。

　このことは、「価格決定の理論としての産業連関分析論は今なお未完成である」としてその解決を一般均衡理論に求めた森嶋の主張に大きな疑問を投げることになる。スラッファの方法が森嶋のいう「自己矛盾」を解く

方法だとしたならば、そして森嶋がそれを知っていたならば、それでも森嶋は「かように価格決定の理論としての産業連関分析論は今なお未完成である」と主張し続けたであろうか。

また、スラッファの方法を産業連関論のなかの「自己矛盾」を解決する方法だと理解すれば、クォントが『商品の生産』に対する書評で次のように批判していることの妥当性も疑わしいものになる。クォントはこのように批判することによって、スラッファの試みを完全に見逃すことになるからである。

> 投入産出分析や企業アクティビティ分析に関する近年の膨大な文献に照らすと、本書（『商品の生産』）の存在理由は希薄になる。

もっとも、これは第4節で「自己矛盾」についてなんら説明しようとしなかったスラッファにも責任の一端があろう。文章は不必要なほど難解だとするクォントの批判はその意味では正鵠を射ているといわなければならない。

ところで塩沢は、『商品の生産』は一般均衡理論を批判するものであるとして、次のようにいう。

> スラッファの批判の当面の（したがってまた主要な）目標は「価値と価格の限界理論」にあった。しかし、このことは批判の究極の目標も同じであることを意味しない。
>
> 塩沢［1998］111頁

> 『商品による商品の生産』は、限界理論批判の書であると同時に、一般均衡理論批判の書でもある…。
>
> 塩沢［1998］117頁

森嶋が剰余と商品価格の「自己矛盾」を一般均衡理論導入の契機としていたことと、スラッファがこの「自己矛盾」を『商品の生産』で解いたことを考えるならば、塩沢の主張にはうなずけるものがある。そして第4節冒頭の不思議な文章（「体系は自己矛盾をはらむ」）は、この究極の目標へ向けての暗号のようにもとれる。

また、「剰余の配分は商品の価格が決定されるのと同じ機構を通じて、しかもそれと同時に決定され」なければならない以上、マルクスのやったように、商品の価格の決定に先立って、価値によって利潤率を決めるという

Ⅲ　謎のいくつかについて考えてみる

ことは意味を持たなくなる。マルクスのこの方法が転形問題の底にあることを考えるならば、この指摘はスラッファによるマルクス批判であると同時に、転形問題に対する批判でもあったといえる。

　スラッファは、マルクス経済学の大問題であった（価値から生産価格への）転形問題に沈黙したとされる。そしてその理由として、スラッファはマルクスの「価値」を棄てているのだから、スラッファにとってはそもそも「転形問題は存在しない」からだとされることがある（藤田［2001］79頁）。しかし剰余と商品価格の同時決定にかかる上述の指摘はスラッファが転形問題に沈黙していることを意味しない。「沈黙した」と受けとめられたのは、寡黙なスラッファが、剰余と商品価格の同時決定の持つ意味を明示しなかったからではないのか。

　なお、剰余と商品価格の同時決定にあっては、マルクスの「価値」は意味を持たないのは事実であるが、このことからスラッファがマルクスの「価値」を棄てたかどうかは、断言できない。価値論は別の角度からの検討が必要になる（このことは項を改めて、［謎］４で検討することとしたい）。

　繰り返すことになるが、スラッファは「剰余が生じると体系は自己矛盾をはらむ」ということの意味を明らかにしていない。自己矛盾とは剰余と商品価格の決定を巡るものであるというのは私の勝手な解釈（謎解き）に過ぎない。ただ、第２章（第４節）でスラッファが剰余と商品価格の同時決定という問題を提起し、第４章でそれを解いていることは事実である。そして、剰余と商品価格の同時決定の問題を考えることによって、これまでの経済学の再検討（一般均衡理論批判、マルクス経済学における転形問題の批判）の大きな手がかりを得ることになる。したがって、剰余と商品価格の同時決定の問題はより強調されてしかるべきだと思う。スラッファの寡黙さは読者にこの問題を素通りさせることになってしまっている。

３．労働力を商品とすることの意味
（１）スラッファの奇妙な宣言

　スラッファは第８節で賃金の全額を剰余から分配されるものとして扱うことの理由として「伝統的な賃金概念をみだりに変更することを差し控え

る」ことだけをあげる。そして続く第9節で、賃金については「古典派経済学者の着想を放棄する」と宣言する。スラッファは『商品の生産』序文では「アダム・スミスからリカードにいたる古い古典派経済学者の立場」に立つとしている。それにもかかわらず、賃金に関してはこの立場を放棄するとしているのである。

　第9節は極めて短い節であり、「古典派経済学者の着想を放棄する」という宣言のためだけに設けられたといって過言ではない。このことを明示しなければならないという思いがスラッファにはあったのであろう。古典派経済学者の立場にたつとしたスラッファにとっては、「古典派経済学者の着想を放棄する」ことはそれほどの重要な問題であった。それがこの短い文章を単独の節とした理由のように思われる。

　賃金全体を剰余から分配される変数と見ることはそのような重大な意味をもつ選択であった。ところがスラッファはその理由としては「伝統的な賃金概念をみだりに変更することを差し控える」ことしかあげていない。これはとても理由とはいえない。なぜスラッファが「古典派経済学者の着想を放棄する」ことにしたのかは「謎」として考える必要がある。

（2）古典派の着想を放棄することに対する批判

　スラッファは第8節で労働者の生活に必要な資料は「本質的に基礎財」であるとしている。また賃金を、

　　　ア　生存に必要な資料と、
　　　イ　「剰余」の労働者への分割分、

の2つに分け、アだけを変数とする解釈を示し、このほうが適切であると考えているようにとれる文章もある。

　したがって、スラッファは、賃金全体を変数とする「慣例的な手法」は、不適切であり、そうすることによって問題が生じることを認識していて、その上で、あえて賃金全体を（剰余から分配されるものとしての）変数とすることにしたように思われる。「慣例的な手法」と同じになったのはその結果であって、理由ではないといわなければならない。

　理由はともかく、この結果スラッファは「古典派経済学者の着想を放棄する」ことになる。これは大きな問題を生む。こうした処理を行うと、まず本来は労働者の生存（労働力の再生産）に必要な資料までもが、形の上

では奢侈財と同様に、基礎的生産物の「剰余」でもって購入するものとなる。したがって、労働者の生活資料としてのみ用いられる生産物（消費財）は「非基礎的生産物」と見なされる（このことについては［謎］2(4)を参照）。そして「非基礎的生産物」とされる以上、消費財にかかる生産方法の改善は、もはや直接には利潤率と他の生産物の価格に影響を与えることはなくなってしまう。スラッファは、この問題は「迂遠な方法」（たとえば、賃金下落の限界の設定）で是正されるだろうとする。しかし、問題は「迂遠な方法」で技術的に解決されるようなものではない。賃金全体が剰余から配分されるものと考えることそのものが問題なのである。

『商品の生産』は、経済学の主流派である新古典派の基礎となる限界理論を批判したものであったから、異端派であるマルクス経済学に拠る者は、新古典派よりははるかに好意的に『商品の生産』を受け止めたといわれる。しかし、賃金全体を剰余から配分されるものとみなすことは彼らには断じて受け容れられなかった。これを受け容れたら、「賃金は労働力の再生産に必要な水準で決定され、残余が資本家によって搾取される」というマルクスの主張の根底が覆されると考えたからであろう。

マルクス経済学者である高須賀はスラッフィアンとしての塩沢との対論で、スラッファによる新古典派批判を高く評価しつつ、次のようにスラッファを批判している。

> 第一に、彼［スラッファ――引用者］はリカードゥならびにマルクスとならんで剰余理論の立場に立つとされていますが、スラッファとマルクスでは剰余の概念がまるでちがいます。前者では国民所得＝付加価値全体が剰余とみなされ、賃金も剰余に含まれているのに対して、後者では剰余価値は国民所得から賃金を控除したものの価値です。
>
> 第二に、そのためにスラッファ理論では賃金にあてられるものは資本とはみなされません。マルクスの可変資本が消去されてしまいます。スラッファ理論で搾取が定義できないのはこのためです。
>
> 第三に、スラッファにおいて賃金はすべて剰余賃金ですので、賃金と利潤の背反関係を定式化したものの、それによって明らかにされるのはボーナス闘争型の階級対立であって、労働者にとっては生活の元

本であり、資本家にとっては費用となる賃金をめぐる階級対立ではありません。

　第四に、賃金は全部剰余賃金として処理されますので、賃金財は奢侈財と同じものとみなされて非基礎セクターで生産されることになり、彼の理論モデルからは脱落します。資本制経済の動態過程を分析する場合には生産財生産部門と賃金財生産部門の相克的関係（これはやや不正確ですがマルクスが「生産と消費の矛盾」とよんだものです）を重視しなければならないのですが、スラッファ理論は資本蓄積論へ適用可能な枠組みに初めからなっていません。

　以上はすべて賃金を剰余賃金とみなしたことに由来します。この点を指摘するのは決して「ないものねだり」ではなくて、そういう想定を採用する時その背後にある彼の資本主義観を問いつめているのです。この間違った想定が修正されないかぎりマルキストとの対話は不可能だということはまず言っておかねばなりません。

高須賀［1988］160-1頁

「すべて賃金を剰余賃金とみなしたことに由来します」という高須賀の指摘は間違っていない。賃金のすべてを剰余から分配されるものとすることはそれほどの問題を持っている。

　スラッファによる賃金の処理についてはスラッフィアンからの批判もある。高須賀との討論では自説を積極的に展開することのなかった塩沢は、別の機会に、スラッファとマルクスの「相同性」を指摘した上で、スラッファが賃金をすべて利潤から分配される変数としたのはミスリーディングであり、賃金は2分割し労働力の再生産に必要な部分は「前払い」されるべきだとして、以下のように主張している。

　　スラッファは、かれの「本」（『商品の生産』——引用者）の第8節において、賃金を必要部分と剰余の分配分とに分離することが適当であると述べたあとで、慣用にしたがって、賃金総額を変数とみなすとしている。しかし、その節の後半におけるかれの弁明にもかかわらず、ωを賃金の総額にかんする変数とみなすことには論理的に無理がある。……賃金をふたつの部分に分割して分配問題を考えることは、スラッファの理論構成にとって本質的である。したがって、「本」の第8

節は miss-leading であるといわなければならない。

塩沢［1998］137-8頁

(3) 賃金を2分割し、必要労働を「前払い」する方法

　賃金全体を「後払い」の対象として「古典派の着想を放棄する」ことに対する高須賀や塩沢の批判は、賃金を2分割し、必要労働に対する賃金だけを「前払い」し、残りを剰余から後払いすれば回避される問題であった。

　スラッファは利潤率と賃金の関係を、$r = R(1-\omega)$ で示した（［大摑み］23°および同24°を参照）。この場合、R は超過生産比率（純産出量の投入量に対する比率）を意味する。

　スラッファがとった手法では、投入量には生産手段（原材料、補助材料、生産装置等）しかカウントされない。このことから、労働に対する対価たる賃金は全額が超過生産物から分配されることとなる。労働の再生産に必要な資料もすべて超過生産物から分配されるということである。

　しかし賃金を労働者の生存のための必要労働に対するものと剰余を資本家に対する利潤と分割したものとの2つから構成されるものとし、上述の関係式における R を、総生産から生産に必要な生産手段と必要労働に対する支払いを控除したあとの剰余と看做しても、その後の議論になんら影響を与えない。このことはロンカッリア（［1977］93頁以下）が示すとおりである注。そして賃金をこのように分割することによって、これまで非基礎的生産物として排除されてきた多くの消費財は商品としての労働力の再生産に必要であるという意味での「生産手段」として基礎的生産物になる。このように処理することによって、マルクス派の批判の大部分は解決されるはずである。塩沢が指摘する「ミスリーディング」（前述）の危惧を考えれば、むしろそうすべきであったといえる。

　しかしスラッファはそうしなかった。スラッファは労働者の生存のための必要労働は労働力商品の再生産のための労働であるという考えをとらなかった。問題はスラッファがなぜ賃金の2分割を回避したのかということにある。

　　注　ただし、ロンカッリアが示した下記の労働力の価格決定式では労働力の再生産に対しても他の商品と同様の利潤が配布されることになる。
　　　　$(A_l p_a + B_l p_b + \cdots + K_l p_k)(1+r) + L_l(p_l + \omega) = L_{pl}$

L は生産される労働力の量
$A_l, B_l, \cdots, K_l$ は労働力の生産のために必要な商品の量
L_l は労働力の生産に必要な労働力の量
$p_a, p_b, \cdots, p_k$ はそれぞれの商品の価格
p_l は労働力の価格
ω は剰余（必要労働に対する賃金を除く）からの労働者への分配分
r は利潤率

　労働力の生産に対しては利潤は認められないとするならば、シュバルツ［1961］が示したように、労働力を他の商品（労働力の再生産に必要な商品）に還元し、これを労働力を除く各生産方程式に組み込めばいい（シュバルツの還元式については、次の［謎］3（4）を参照）。

（4）賃金を2分割しないことの意味
〈賃金は生産体系の外部から与えられるものと考えたのか〉

　賃金を2分割しなかった理由としてまず考えられるのは、労働者の生存に必要な資料は生産体系の内部では決まらないということであろう。つまり、労働者の生存（労働力の再生産）に必要な資材なるものは、技術的に決まるものではなく、歴史的社会的な要因に左右される。したがってその生活資料を購入するためのものとしての賃金（必要労働に対する賃金）も生産体系の内部で確定できるものではない。これは生産体系の外から与えらなければならない。この点では必要労働に対する賃金は、「剰余」の分割分としての賃金と質的に差異がない。したがって、賃金全体を生産体系の外から与えられたものと考えてさしつかえないことになる。こうした理解から賃金全体を変数としたと考えることは十分に可能である。

　換言すれば、スラッファが賃金全体を変数とすることの無理を承知の上であえてそうしたのは、生産体系の内部で生産体系自身によって決められるものと、生産体系の外から与えられるものとを峻別し、賃金は生産体系の内部ではなくその外から社会的歴史的な要因によって決められるものと考えたからではないか、ということである。菱山は次のようにいう。

　　新古典派の限界生産力説と違い、分配が、この体系の内では決定しえない、すなわち内生的には決定しえない、ことを明示する点にこそ、スラッファ・モデルの著しい特色があるといえよう。逆説的な表現に

なるけれども、分配の決定様式を明確な言葉で語りえない、いいかえれば、それを定式化しえないというのが、まさにスラッファによる分配理論の基礎なのである。すなわち、分配の決定をば価値と分配のモデルの外に追いやること、これがスラッファの分配理論の眼目である。

菱山［1993］、203頁

〈労働力は本来商品ではないとしたのか〉

　賃金が生産体系の外部から与えられるということからは、必要労働に対する賃金は労働力商品の価格であるとする理解は退けられることになる。それはスラッファが、労働力は商品として生産されるものではないと考えたことを意味する。

　マルクスも「労働力は本来、商品ではない」という点ではスラッファと同じ出発点に立っていた。ただ実際にはマルクスは再生産表式論では、必要労働分の対価としてのの賃金は、労働力の再生産に必要な商品（生活資料）の価値によって決定されるということを前提にしている。これは労働力に関する生産方程式が書けるということ意味する。

　スラッファは、マルクスのこうした理解を問題にして、「古典派経済学者の着想を放棄する」という決断をしたように思われる。以下に引用するのはゲールケとクルツが紹介したスラッファのノートからのものである[注]。

　　マルクスがやっていることは、一方で（1）賃金を生存のための商品（の目録）で与えられたものとすることであり、他方で（2）利潤の量を労働生産物の所与の割合とみなすことである。この2つの観点は整合性がないし、矛盾に行き着かざるを得ない。しかしボルトキビッチは、（2）を（1）にすり合わせることでこの矛盾を解決しようとしている。逆なのだ。正しい解決は、（1）を（2）に合わせることだ。なぜなら、（1）の見方は、出発点としてはそのままで役立つが、賃金をたんに生活資料の側面からしか見ていないからだ。この見方は依然として商品物神主義に汚染されている。必要なことは、賃金の収入としての側面を明らかにすることなのだ。だから（1）が（2）に組み込まれるのであり、資本はすべて利潤率に対して考慮に入れられなければならないという結論が正当なものとなるのだ。

Gehrke and Kurz [2006] p. 141

　この文章からは、「古典派経済学者の着想を放棄する」理由が、決して「伝統的な賃金概念をみだりに変更することを差し控える」ことにあったのではないことがわかる。そして、賃金を労働者の生活資料に還元するのは、商品の物神化にとらわれていることになるという考えこそが「古典派経済学者の着想を放棄する」理由ではないかということが示唆される。

　　注　ゲールケとクルツによれば、スラッファは、最初は必要労働ということを考えていながら、途中でその考えを変更して、賃金全体を剰余から分割される変数としたという。つまりスラッファは当初、マルクスと同様に賃金を資本から前払いされると考えていたが、「基礎的生産物」と「非基礎的生産物」を区分する過程で、この考えを放棄したのである（Gehrke and Kurz [2006] p. 107）。賃金全体を剰余から分割される変数とした場合、基礎的生産物の規定が大きく変わることは、［謎］2（4）で見たとおりである（なおゲールケとクルツは、この2つのことの因果関係を示していないが、論理的には、賃金を生産体系の内部で決定できるものではないと考えた結果、賃金財（最終消費財）が「非基礎的生産物」として、生産体系から排除されたと理解すべきではないか）。

（5）労働力の価値あるいは価格を生産体系の内部で決めることの問題性

　賃金を生活資料に還元するのは商品物神化にとらわれているというスラッファの批判は、必要労働の対価としての賃金は労働力の再生産に必要な商品（生活資料）の価値によって決められるという理解に再検討を迫ることになる。

〈労働力は価値によって計測することは可能か〉

　賃金に関する上述のマルクスの理解の根底には、労働力は価値どおりに売買されるという考えがある。これは、「労働力商品には生産価格はない」ということにほかならない。最初にこの考えを検討しておく必要がある。

　労働力が価値どおりに売買されるということは、労働者は必要労働分の対価たる賃金でもって、その生活資料（労働力の再生産のための投入要素）を価値どおりに購入することが出来ることを前提としなければならない。そうでなければ、労働力はその再生産に必要な商品（生活資料）の価値（その生産に必要な労働時間）によって決まるとする労働力の価値規定の前提

が維持できないからである。

　しかし労働者が生活資料を価値どおりに（すなわちその生産に必要な労働時間に比例した価格で）購入できるという保証はない。利潤の存在を考えれば、むしろ、商品の生産に必要な労働時間の相対的比率と商品の相対的価格とは食い違うのが一般的だ（［大摑み］13°を参照）。それを考えれば、仮に労働力がその生産に必要な生活資料の購入価格によって決まるとしても、これによって決まる賃金は生活資料の価値をあらわすことにはならない。つまり、生活資料もまた生産価格で購入せざるを得ない以上、労働力の価格は生活資料を媒介として計算される再生産に必要な労働時間（価値）ではなく、生活資料の生産価格で表記する以外にはない[注]。

　たしかに労働力の生産には利潤は認められないかもしれない。その限りにおいては、労働力には一般商品と同じ意味での生産価格はないといえる。しかし、そのことは、労働力が価値どおりに売買されることを意味しないのである。

　　注　このことについては、東が次のような主張を紹介している。

　　　　　従来、労働力の価値は、労働者の再生産に必要な商品の価値で表されてきた。そして賃金はこの価値を貨幣で表現したものである。しかし、これらの商品も、実際には生産価格によって交換されている。したがってそこにも（他の商品と同じように）不等労働量交換が存在するとなると、労働力の価値は再生産に必要な商品の価値である、という規定が根本から揺らぐことになってしまうのである。周知のように、剰余労働や搾取を含むすべてのことは等価交換を前提に説明されるからである。そのためFoleyは労働力の価値を労働者の再生産に必要な商品の価値によって表現することを放棄すべきだ、と主張している。労働者は賃金を貨幣形態で受け取る以上、それによってのみ労働力の価値は表現される、と主張しているのである。

　　　　　　　　　　　　　　　　　　　　　　　東［2000］61頁

〈労働者商品の価格を技術的に決定することの意味〉

　さて、労働力の価格（賃金）をその再生産に必要な生活資材の生産価格によってあらわすとしても、まだ問題が残る。シュバルツ［1961］の用いた数式によって、労働力の価格を労働力の再生産に必要な資料の価格の総

和として示せば次のようになる。

労働力の価格（p_0）の決定式

$$p_0 = \sum_{j=1}^{n} \pi_{0j} p_j = \pi_{00} p_0 + \sum_{j=1}^{n} \pi_{0j} p_j$$

$$p_0 = (1-\pi_{00})^{-1} \sum_{j=1}^{n} \pi_{0j} p_j$$

ここで π_{0j} は労働力 1 単位を生産するのに必要な商品 j の量（π_{00} は労働力の再生産に必要な労働力の自己補填量）、p_j は商品 j の単価

この労働力の価格決定方程式からわかるように、シュバルツは労働力の生産に利潤を認めていない。ただ労働力と他の商品の価格の決定とにおける利潤の有無の違いを識別したとしても、労働力の価格をこのように表記して生産体系に組み込むことは、2つの問題を内包する。1つは、労働者の消費選好が客観的に把握出来るという前提に立ってしまうことである（Schwartz [1961] p. 26）。これは、労働力の再生産のためにどういう資料が必要かということを客観的に、即ち生産体系の内部で技術的に決定することができるとするということでもある（同上、p. 13-4）。そんなことが可能であろうか。

「労働力の再生産のために必要な資料は個々の労働者では違っているとしても、労働者総体の平均としてはそれは客観的に決めることができる」という反論が返ってくるかもしれない。上述したように、スラッファの方法は方法論的全体主義、理論的反人間主義と呼ばれるものであった。個々の人間の主観や欲望を徹底的に排除するものである。そうした姿勢からすれば、この反論こそ本来スラッファがとるべき考えであったといえるかもしれない。

しかし、先に引用したスラッファのノートからは、スラッファが「賃金を労働者の生活資材（の購入代金）に還元する」ことに同意していなかったことがわかる。これは、消費選好（労働力の再生産のための最終消費財の購入）に関しては、消費者の主観や欲望を排除できないという考えがスラッファにあったからではないか。方法論的全体主義、反人間主義の立場に立つからこそ、個人の主観や欲望を排除できないものを平均値として処理することはスラッファにはできなかったといえる。方法論的個人主義に

拠る新古典派経済学が消費選好をあたかも数値化できるかのような処理をしていることを考えれば、これは実に興味深いことである。

シュバルツの指摘とは別に更に大きな問題がある。労働力商品の価格を生産体系内で技術的に決定できると考えることによって、労働力と他の商品が同列に置かれてしまうことである。労働力の商品化は資本主義社会で初めてみられるものであり、その意味で歴史的、社会的な規定を受けている。しかし労働力を他の商品と無差別に扱うことは、労働力商品のこの特殊性を看過することにつながる。換言すれば、必要労働に対する賃金は生産体系のなかで決定できるという考えは、資本主義理解の根本的視角としての「労働力の商品化の無理」を無視する危険性をもっている。

賃金に関して「古典派経済学者の着想を放棄する」としたスラッファの発言の背後には、必要労働の対価としての賃金を生活資料に還元してしまうことからくるこうした問題性についての認識があったように思えてならない。したがってまた、賃金を必要労働に対するものと剰余からの分割分とに分けて考えるべきだとする、スラッファに対する批判もこの点から再検討されるべきではないだろうか。

しかし、スラッファはどうしてこうした考えを明確に示したうえで「古典派経済学者の着想を放棄する」としなかったのだろうか。スラッファのノートからは、彼がマルクスを含む古典派の考えを批判していたことも伺える。こうしたことを一切示さず、「伝統的な賃金概念をみだりに変更することを差し控える」という、ほとんど何も理由を示さないような文言で片付けてしまったスラッファのやり方は、やはり疑問というしかない。すべて「寡黙」だからということで説明されるべきものであろうか。

4．否定されたのは労働価格論か労働価値論か
（1）スラッファは労働価値論を放棄したという主張

一般に、スラッファの理論はマルクスの労働価値論を否定したとされる。『商品の生産』のなかには、マルクスの労働価値論に触れた文章はまったくない。したがって、スラッファ自身がマルクスの労働価値論をどう考えていたかは直接には理解できない。スラッファの理論はマルクスの労働価値論を否定するという理解は、スティードマン[1977]が、スラッファ

の方法によって、技術体系と利潤の分配が与えられれば、商品の価格は直ちに得られるのだから、価値概念を考える必要はないと主張したことによる。また多くのスラッファンも、スラッファの方法はマルクスの労働価値論を放棄することになるとした。

たとえばガレニャーニは次のようにいう。

> 彼［スラッファ――引用者］の提起した価値問題の解法というのは、商品がそこに体現されている労働量に従って交換されるというものよりも、より一般的な仮説に基づいていたわけです。この問題の解決と労働価値説の放棄とは、実際、メダルの両面をなすものです。生命力を持つ理論的アプローチであるかぎり、修正を受け、またそれ自身の命題を修正しながら発展しなければなりません。
>
> ガレニャーニ［1980］180頁

スラッファの方法論に着目した以下のような発言もある。

> スラッファが主体－客体関係と絶縁したことは、全ての価値論と絶縁したことであった。…/
>
> もちろん、スラッファが価値論を拒絶することで失ったものは大きい。より正確にいえば、経済学が失われたのである。しかし、スラッファ以前の経済学が占めた位置を考えるならば、この損失はあったほうがよいのである。…彼［スラッファ］は我々に全てを初めから考え直させる。
>
> ナポレオーニ［1980］183頁

マルクス派の経済学者のなかにはもっと直裁に、スラッファの理論は「価値概念なしの均衡価格（生産価格）論」（山内［1999］16頁）だと批判するものもいる。

寡黙なスラッファは、『商品の生産』で価値概念について声高に語ることはない。しかしそれは直ちに価値概念やその背後にあるマルクスの労働価値論を否定していることを意味していない。スラッファがマルクスの労働価値論をどう考えていたのかは、スラッファの謎めいた語り口のなかから探り出すしかない。

（2）労働価格論と労働価値論

　最初に、ガレニャーニの発言のなかにある「商品がそこに体現されている労働量に従って交換される」ことをもって労働価値論とする理解について検討する必要がある。もしこの考えが正しければ、後述するように『商品の生産』はそれを否定しているのであるから、スラッファの理論はマルクスの労働価値論を否定することになるといわなければならない。しかし、労働価値論をこのように理解することには疑問がある。

　関根は、労働価値論は労働価格論と峻別されなければならないとして、次のようにいう。

> 労働価値説というのは「社会的必要労働が商品価値の実態をなす」という主張であって、よく誤解されるように「商品の均衡価格が投下労働量に比例する」というものではない。後者は労働価値説ではなしに、「労働価格説」とでもいうべきもので、一般的には正しくない。たとえば「全ての部門で資本の価値構成が等しい」とか、「剰余労働がゼロである」とかの特別の場合にしか成り立たない。「商品の価値が社会的必要労働で決まる」という労働価値説が成立する時には、全ての商品が均衡量だけ生産されているのであって、均衡価格は同時に決定されている。だがこの均衡価格と社会的必要労働が比例的でなければならないという理由はない。問題は、市場における一般均衡という資本主義的商品経済に特有な現象が成立するとき、どんな社会も負担しなければならない実質的なコストが最適に決まる、ということなのである。
>
> 　　　　　　　　　　　関根［2005］95-6頁：傍点は引用者

労働価格説とは聞きなれない言葉だが、ガーシュタインも価格の労働理論という言葉を用いて、こういっている。

> 「マルクスの価値論は価格形態の理論であって、直接に価格理論となるわけではない。これに対してリカードの価値論は価格理論である。これは彼が、具体的労働と抽象的労働を同一視していることによる。リカードにあっては、価値の実体は生産過程で計測することができ、したがって、（諸商品の）相対的価格は直接に決定されうるのである。逆説めくが、かくしてリカードは価値の概念を完全に見失うのである。彼の理論は価格の労働理論であって、価値の労働理論ではない。」

Gerstein [1986] p. 52：傍点は引用者

　関根とガーシュタインの発言からいえることは、「商品がそこに体現されている労働量に従って交換される」という主張は労働価値論ではなく、労働価格論（あるいは価格の労働理論）に過ぎないということである。ガーシュタインによれば、それはリカードの主張したことであり、マルクスの労働価値論（価値の労働理論）ではない。マルクスの労働価値論に特徴的なのは、関根のいうように「社会的必要労働」への着眼であった。ルービンの次の一文がそれを端的に示している。

> 　労働を価値の源泉と認識することはスミスとリカードにも見ることができる。しかし、この両者に「社会的労働の形態としての価値」の理論を求めることは虚しい。　　　　　　　　　　Rubin [1973] p. 120

「商品がそこに体現されている労働量に従って交換される」という主張には、社会的（必要）労働という観点はない。労働価値論は「社会的必要労働」という観点から検討しなければならない。

　ただ、マルクス自身がリカード流の労働価格論を完全に払拭していたかについては疑問がある。再生産表式論でマルクスは労働力は価値どおりに売買されるとして、賃金を労働力の再生産に必要な資料の価値に還元している。つまり、労働力の価格たる必要労働に対する賃金を、労働力の再生産に必要な資料に体現されている労働時間に還元するのである。これではリカードの労働価格論と差はない。マルクスはリカードの労働価格論を批判するために社会的必要労働という視点を導入したはずなのに、労働力に関してはその視点が貫徹しているとはいいがたい。このことから、マルクスの価値論をリカードのそれと同様に「商品がそこに体現されている労働量に従って交換される」とするものだという理解が生じるのである。マルクスの賃金論にはリカード流の労働価格論の残滓が残っている。

　スラッファの理論はマルクスの労働価値論を否定することになるというのは、賃金を巡るマルクスの混乱あるいは不徹底性にも原因がある。

（3）労働価値論の論証を巡る森嶋の方法とスラッファの方法

　では社会的必要労働という視点をもったマルクスの労働価値論はどう理解すべきなのか。ここでもヒントは森嶋が与えてくれる。森嶋は次のようにいう。

価値は、価格とは異なって、観察可能でなく、いかなる機構によっても決定されない、という理由で、労働価値論は批判されるかもしれない。そして、科学はそんな形而上学的概念は忌避すべきであると思われるかもしれない。しかしながら、価値の2つの定義［体現労働と社会的必要労働——引用者］の同一性によって、われわれはこの批判をしりぞけることができるのだ。価値は神秘的な概念ではなく、現代の厳密な経済科学で市民権を持ちうる概念である。価値の第2の定義［社会的必要労働——引用者］から、価値とは、カーンが、さらにのちになってケインズが論じ、そしてレオンティエフの投入－算出表から計算できるようになった雇用乗数にほかならぬことは明白であり、他方、第1の定義［体現労働——引用者］のほうは、産出量の増加によって生じた総雇用増を、その生産に用いられた生産諸要素に帰着せしめているのである。このようにみてくれば、古典的な労働価値論の背後には現代的概念、すなわち「実物的相互依存性」と「評価（valuation）」があることがわかるのであり、この両者の間に経済の2側面の同一性を立証する双対定理が成立するのである。

森嶋［1974］22-23頁

　森嶋のこの主張は、すべての商品が均衡量だけ生産されているとき「商品の価値が社会的必要労働で決まる」という関根の主張（前述）を、そのときは体現労働と社会的必要労働は一致していると言い換えたものといえる。

　そして実は、スラッファは『商品の生産』でこのことを証明している。それを指摘したのはイタリアの経済学者ロンカッリアである。ロンカッリアは、森嶋はマルクスの価値体系を論じるにあたって、スラッファの分析装置を（それと明示することなく）使っているとして、次のようにいう。

> 森嶋は、一度もスラッファを引用していないが、スラッファの小体系の方法（森嶋［1974］14頁以下）と基礎財、非基礎財の区別（同上17頁以下）をとりあげている。

ロンカッリア［1977］172頁（脚注30）

たしかに、森嶋［1974］は、『商品の生産』に言及することなく、体現労働と社会的必要労働の同一性の証明にあたって、『商品の生産』の付録Aの

小体系で示された方法を用いている。

　ただし、すべての商品が均衡量だけ生産されているとき体現労働と社会的必要労働が一致することをスラッファが『商品の生産』で証明していることを読み取ることは簡単ではない。

　スラッファは14節では、「国民所得の全体が賃金に当てられるとき、商品の相対価値は直接間接に商品生産に貢献した労働量に比例する」とする。「直接間接に商品生産に貢献した労働量」を各商品に体現された労働量とすれば、このことは第13節までの生産方程式から容易に確認できる。

　一方、14節の注で参照するように指示された、付録Ａの「小体系」では、これとはまったく異なった方法で「国民所得の全体が賃金に当てられるとき」の労働量と各商品の相対価値の関係が論じられる。付録Ａの「小体系」で算出された労働量は、各商品の純生産物の生産のための、社会的必要労働量を示している。したがってここでは各商品の相対価値は、国民所得＝純生産物のすべてが賃金にあてられるときは、この社会的必要労働量によって決定されるということになる。

　読者は、体現労働量と社会的必要労働量の２つを自分で計算しなければならない（これについては［計算付録］14を参照）。その上で、「すべての商品が均衡量だけ生産されているとき体現労働と社会的必要労働が一致する」ということ、そしてスラッファの方法は森嶋が労働価値論を証明した方法と同じものであること、がようやく理解できる注。

　　注　スラッファと森嶋の方法が本質的には同じものであることは、松本［1989］による小体系の解説からも明確に伺える（なお、体現労働と社会的必要労働の一致に関しては松本［1989］から多くを得た）。

　　　　ロンカッリアのいうとおり、森嶋はスラッファの方法と同じ方法で、体現労働と社会的必要労働の同一性を証明しているといえる。しかしこれをもって森嶋がスラッファの方法を簒奪したとは直ちにはいえないであろう。学問的営為に関しては極めて厳格であった森嶋が、他人の着想を断りもなしに利用するということは考えられないからだ。森嶋は『商品の生産』を読んでいたはずであるが、スラッファの極端に簡略化された、あるいは韜晦な叙述のために（以下に触れるように、スラッファは体現労働量と社会的必要労働量の関係についてはまったく語っていない）、森嶋がスラッファの着想に気がつかなかった可能性も否定できな

その意味では、これは「森嶋によるスラッファの着想の簒奪」というよりは、森嶋でさえスラッファの主張を読み取れなかった事例と理解すべきではないかという気がする。少なくとも、謎解きを楽しむものとしては、あの慧眼の森嶋さえ、『商品の生産』に仕掛けられた謎をすべては読み取れなかったと考えたほうが、森嶋を批判するよりは、気持ちが豊かになるのではないか。

　また14節で、「国民所得の全体が賃金に当てられるとき、商品の相対価値は直接間接に商品生産に貢献した労働量に比例する」ことが確認できるが、逆に国民所得のごく一部でも、それが利潤とされたならば、各商品の体現労働（したがって社会的必要労働）の量と商品の相対的価格の間の比例関係は失われる。国民所得の一部は利潤となることが一般的であるから、関根のいう、「均衡価格と社会的必要労働が比例的でなければならないという理由はない」ということが証明されることになる。ただ、スラッファはこのことについても明示はしていない。

　スラッファは、14節で見た方法と付録Aで採られた方法との関係については、第14節の注でも、付録Aでも、何も語っていない。また商品価格と労働量の関係を2つの側面から見るということ自体をスラッファは一言も触れていない。ここから次のような疑問が生じる。つまり、そもそもスラッファは商品価格と労働量の関係を2つの側面から見るということに気が付いていなかったのか。それとも気が付いていながら、そしてその意味の重要性を認識していながら、敢えて無視したのか。もし、気がついていながらこの違いを無視したとしたらば、その理由はなにか、といった疑問である。『商品の生産』のなかの数多い謎のなかでもこれは最も謎めいたものの1つのように思えてならない。

（4）スラッファが否定したのは労働価値論ではなく、労働価格論ではないのか

　以上のことからいえることは、スラッファが排撃しようとしたのはリカード流の「労働価格論」（マルクスはそれを払拭しきれなかった）であって、「労働価値論」ではないのではないかということである。体現労働量と社会的必要労働量の同一性の論証を見れば（この方法を準用した森嶋が主

張したように)、マルクス固有の理論としての労働価値論をスラッファは　むしろ擁護しようとしたとみるべきであろう。そして「労働価値論」の論証と同時に、通常は「均衡価格と社会的必要労働量が比例しない」ことを明らかにすることにより、「労働価格論」を明確に否定したというべきだと考える(マルクスがつまずいた賃金に関していうならば、スラッファは賃金を労働力の再生産のために必要な生活資料に還元すること自体を拒否した)。

　スラッファの理論はリカード理論の復活を試みた理論であるとして、「新リカード理論」と呼ばれることがある。ホランダーは、スラッファの理論はリカードをマルクスの観点から解釈しなおしたものだという(Hollander [2000])。労働価値論に関していえば、この理解には疑問がある。スラッファは、マルクスの社会的必要労働の観点からリカードの労働価値論(実際には労働価格論)を捉えかえし、それを退けたといえるからだ。

　このように見るならば、スラッファはマルクスの価値論を否定したのではなく、むしろ労働価値論の厳密な証明への途を示したと考えたほうがいいのではないだろうか。

5．説かれなかった貨幣形態論を巡って
(1) 森嶋の酷評

　森嶋 [1990] は「この書 [『商品の生産』——引用者] は、現実問題意識ゼロの観念論(純粋理論)の書物である」と酷評した。森嶋は「現実問題意識ゼロ」と評価した理由を明らかにしていないが、「現実問題意識ゼロ」という森嶋の批判は、確かにうなずける。それは「一貫して動きまわっているのは、「主体」ではなくて「物」である…」(ナポレオーニ [1980])という方法論的特殊性だけによるものではない。『商品の生産』は限界理論批判を目的とした純粋理論を展開したものである。純粋理論である以上、現実問題の抽象(捨象)はある程度は避けられない。目的が限界理論批判(の序説)という限定的なものであれば、その目的に関係のないものは捨て去られる。それでもなお、次の2点に関しては「現実問題意識」の点から疑問が残る。あまりにも経済の実態を無視したものであるからだ。

　　ア　社会的再生産は最終消費財なしでは現実には維持できない。それ

なのになぜ、最終消費財は非基礎的生産物として生産体系から排除されるのか
　イ　商品経済が支配する社会は貨幣が支配する社会でもある。それなのになぜ、貨幣が一切説かれないのか

（２）必要がないから説かれなかったといえるか

　このうち、最終消費財が生産体系から排除される理由については、すでに［謎］2（4）で見た。ここでは『商品の生産』で貨幣が説かれないことについて考えてみたい。

　『商品の生産』で貨幣が論じられないのは、それが価格と分配を巡る限界理論批判を目的したからであり、その目的のためには貨幣を論じる必要はなかったからだとする主張がある（たとえば、de Brunhoff［1990］およびSteedman［1990］）。限界理論には批判するに値する貨幣理論がないということかもしれない。

　しかしだからといって貨幣について論じる必要がないということにはならない。貨幣が現実の経済に不可欠のものであれば、貨幣理論にかかる限界理論貨批判が不要であることとは切り離して、本来貨幣論はいかにして説かれるべきかを論じるべきではなかったのか。『商品の生産』ではそれがなされていない。

　そもそも、生産体系を所与としたモデルでは貨幣の問題は解けないのではないかという疑問がある。リカードに代表される古典派の理解では体系はすでに均衡が実現しており、そこでは物々交換が可能になっている。貨幣は取引の便宜のための手段にすぎない。そのような状態では貨幣の生成は問題にならない。これはスラッファの生産体系も同じである。

　均衡状態を前提にしては、貨幣の出現を説明することが出来ない。したがってまた、なんでも買えるという特殊な形態にある貨幣を媒介にして初めて使用価値の異なった商品が共通の価値をもった物として交換され、その結果として、各商品に体現された労働が「社会的必要労働」として確認されるという資本主義に固有の価値形態を説くことも不可能になるのではないかという疑問がある（Heinrich［1988］S. 32を参照）。

　もっとも、ハインリッヒが指摘しているように（前掲 S. 34）、貨幣を媒介として社会的必要労働を確認するということは、マルクス自身にあって

も明確になされているわけではない。むしろマルクスは労働価値論をリカード的な（貨幣を媒介としない）手法で解こうとした。貨幣を検討の枠外に置いたスラッファはマルクスがとった方法の枠組みのなかで、それを純粋化したということも出来る（もちろん、このことはスラッファの対極にある新古典派が貨幣の問題を克服していることを意味しない。需要と供給、あるいは売り手と買い手を無差別に考える限界理論からは貨幣の必然性を解くことはより一層解決困難な問題となる）。

　古典派の経済学は「生産の経済学」であり、それに対してマルクスの経済学は、不徹底ではあれ、「貨幣（と生産）の経済学」を目指したものであったといえる（新古典派のそれは「消費の経済学」ということになろうか）。スラッファはマルクスの経済学から再び「貨幣」の視点を排除してしまった。この意味では、スラッファは（彼の狙いがどうであれ）「ネオ・リカーディアン」と呼ばれてしかるべきである。

（3）価値形態論を巡るアリストテレスの限界は何に起因するのか

　更に問題がある。スラッファはもっとも単純なモデルを鉄と小麦という生産手段同士の交換から始める。通常の貨幣形態論は最終消費財（たとえば上着とリンネル）の交換から始められるから、もし生産手段同士の交換から貨幣形態論を展開していたら、貨幣形態論に新たな成果が得られたかもしれない。しかし均衡状態を前提とし、商品があたかも貨幣の媒介抜きで交換されるかのように擬制したことによって、この可能性は失なわれた。

　マルクスは『資本論』で、アリストテレスが貨幣形態論、価値形態論を解き得なかった理由を古代ギリシャが奴隷労働に基づく社会であったことに求めた。このことに対して伊藤は、「マルクスに特有な価値の形態規定の展開による貨幣の謎の定式化と解明は、価値の実体としての労働の量的関係の究明とは相対的に独立に、したがってすでに古代ギリシャにもある程度発達していた市場経済の基本形態として、アリストテレスにおいても可能であったはずであるとはいえないであろうか。いえないとすれば、それはなぜなのか」と問う（伊藤［2006］54頁）。

　伊藤のこの問いは、自由で平等な労働者の存在と貨幣形態論の展開の可能性の関係にかかる疑問から由来するように思われる。伊藤は「近代資本

主義社会を基礎として労働価値説を解いていた古典派経済学も、価値形態論によって貨幣の謎を解くにはいたならかった」（同上、53頁）とする。このことは貨幣形態論の展開の根拠を自由で同等な労働の存在に求めることはできないということを示唆する。マルクスの貨幣形態論が、商品の背後に同等な労働を置くことによってむしろ混乱していることも、貨幣形態論を自由で同等な労働の存在に結び付けることの妥当性に疑問を投げることになる。

　伊藤自身はこの設問に対して答を記していないが、この問いは放置しておくにはあまりに惜しい設問である。アリストテレスは「交換は同等性なしにはありえないが、同等性は通約性なしにはありえない」とし、「諸商品の価値形態の背後の実体的通約性に分析をすすめようとしていた」（伊藤、前掲、53頁）。この実体的通約性を求めることはアリストテレスにはできなかった。これに対してマルクスは、「交換は同等性なしにはありえないが、同等性は通約性なしにはありえない」というアリストテレスの考え自体は認めたうえで、それができなかった原因を「自由で平等な労働者」の不在に求めた。しかし伊藤がいうように、「自由で平等な労働者」の存在は、貨幣の謎を解く鍵とはいえなかった。そうであれば、「交換は同等性なしにはありえないが、同等性は通約性なしにはありえない」としたアリストテレスの考え自体を問題にする必要がある。

（４）『商品の生産』をヒントに生産手段の交換から貨幣形態を考える

　スラッファが生産手段同士の交換を『商品の生産』の冒頭に置いたことはこの問題に対するヒントを与える。『商品の生産』の冒頭の商品（鉄と小麦）はいずれもそれぞれの商品の再生産のために交換されるのであって、消費のために交換されるのではない。

　この場合、交換比率は２つの商品の同等性や価値実体の通約性を背景にして決まるわけではない。ここでの交換比率の決定にはそういうものは不要である。それは２つの商品が生産手段であるからだ。つまり生産手段の交換比率は、買い手が交換によって入手しようとしている商品の使用価値に与える評価といった主観的なものではなく、その背後に擬制される共通の価値実体としての体現労働でもなく、「再生産を可能にする比率」という２つの商品の間の純粋な関係として現れるのである。

次いで、スラッファは鉄と小麦と豚の3つの商品からなる体系を提示する。ここでも交換比率は再生産を維持する比率として決定されるが、現実にはこの比率はもはや直接の交換によって決めることは出来ない(第2節を参照)。どのような交換比率が再生産を維持する比率になるかは市場での反復する取引のなかで決めるしかない。そしてこの反復する取引は交換手段及び度量標準としての貨幣を媒介にする以外にはないであろう。ここに貨幣の必然性が生じる。

ハインリッヒは、「商品の価値はそれ自身では決定できない。他の商品との関係においてのみ決定できる。そしてこれは、貨幣を媒介にすることによってのみ可能になる。それ故、マルクスの価値理論は本質的に『貨幣的価値理論』である」とする。そして、スラッファらのネオ・リカーディアンの仕事によって、貨幣によらない価値理論は貨幣によらない生産価格の決定に対しては余計なものであることが示されたとした上で、「貨幣的価値理論の本来的な対象は、価値量ではなく、価値形態およびそれが発展したものとしての貨幣形態である」とする(Heinrich [1988] S. 32および S. 34)。

価値の確定は貨幣を媒介にした交換を通じて始めて可能になるという考えは理解できる。商品の価値はあくまで他の商品との「関係」によって決まるのであり、この「関係」は貨幣を媒介にした市場での交換によって確定するしかないからだ。上に見た生産手段としての鉄と小麦の交換はそのことを如実に示している。ただこの事例からもわかるように、貨幣的価値理論の本来的な対象が価値形態、貨幣形態であるとしても、価値形態論、貨幣形態論の出発点としての商品交換がいかなる商品を巡っての交換なのかを考えないわけには行かない。

ハインリッヒがどのような商品の交換を想定していたかは明らかでないが、貨幣を媒介とした他の商品との交換を考える場合も、それが最終消費財であるとすると、買い手の個人的欲望からは他の商品との「関係」を安定的なものとして特定することができない。その結果、交換の対象となる商品に共通に含まれるものとして体現労働を持ち出すという、古典派やマルクスが抱え込んだのと同じ問題をかかえてしまい、そのことから、「商品の価値をそれ自身で決定する」ことになる危険性が出てくる。

生産手段の交換にあっては、再生産可能な交換比率という他の商品との客観的「関係」が特定できるからこの問題はクリアされている。しかも、交換によって受け取る商品の個別的な使用価値が意味を持つ可能性がある最終消費財の交換とは異なって、生産手段の交換は再生産のためのものにすぎない。あらゆる商品が直接すべての生産過程に入るわけではないことを考えれば、直接の交換によって再生産に必要なすべての生産手段を入手できる保証はないから、この交換を媒介するのはそれでもって何でも買えるものとしての貨幣以外にはありえない。これが生産手段の交換に着目した貨幣の必然性である注。

> 注　なお、ここで必要なのは価値物としての貨幣ではないことに注意する必要がある。価値物という概念には貨幣自体が一定の使用価値を持っていることが含意されるが、交換手段・度量標準としての貨幣はそれ自身が使用価値を持つ必要はない。
> 　貨幣は歴史的には金あるいは銀という貴金属としての使用価値をもつ生産物があてられたが、それは「商品による商品の生産」が確立するはるか以前から、存在したものである。そのようなものが資本主義社会でも貨幣として使われたのは歴史的事実であるが、その歴史的事実は、貨幣は貴金属でなければならないという論理的必然性を与えるものではない。「商品による商品の生産」が確立している社会で貨幣に求められるものは、「それによって何でも買うことができる」ということだけである。そして金銀といった貴金属がその要件を満たしていたというだけのことである。
> 　貨幣自体のなかに価値を認めたならば、結局は、「商品の価値をそれ自身で決定する」危険性に陥ることを忘れてはならない。

　最後の契機は利潤の発生である。生産体系が補填に必要な分を超える量を生産するようになると、個々の商品生産には剰余が発生する。生産体系を（中・長期的に）安定的に維持するためには、この剰余が各商品生産に均等な利潤率を実現するものとして分配される必要がある。剰余は（単一生産物体系にあっては、各商品の生産過程ではただ1種類の商品からなるとしても）社会的には多様な商品で構成される。そのなかで、利潤率が均等になるためには、すべての商品を共通の度量標準としての貨幣で計測する必要がある。こうして貨幣はあらゆる商品の価格（交換価値）を規定す

るものとなる。このことが、貨幣が全社会を支配し、貨幣が物神化する根拠を与える。

　上記のことをまとめれば次のようになろう。最終消費財の交換にあっては、消費者の主観的な評価（使用価値）を客観的な交換価値に変換するために価値実体として労働（最終消費財に体現された労働時間）が持ち込まれなければならない。それに対して生産手段の交換にあっては、交換価値は最初から「再生産を維持する比率」として客観的に与えられる。価値実体として労働時間を持ち込む必要はない（もちろん、消費者の主観的評価はまったく問題にならない）。さらに、「再生産を維持する比率」の確定のための市場における取引を介した貨幣の必然性と、一般利潤率の形成を通じた貨幣の物神化は容易に理解できる。したがって貨幣形態論は価値の実体としての労働とは無関係に展開される。伊藤のいう「貨幣の謎の定式化と解明［を］、価値の実体としての労働の量的関係の究明とは相対的に独立に」行なうことになる。

　しかしアリストテレスにはこの方法は使えなかった。それは、古代ギリシャ社会の市場が基本的には最終消費財に限定されたものであって、「商品による商品の生産」が貫徹した社会ではなかったからだ。そのような社会では、生産手段の交換から貨幣の謎を解くことは不可能である。マルクスは、アリストテレスが貨幣論を展開できなかったのは古代ギリシャ社会が奴隷制の社会だったからだとしたが、伊藤が指摘するようにそれが理由だとはいえないのである。

　そのことは、「商品による商品の生産」が貫徹した社会にいた古典派が（古典派流の）労働価値論から貨幣形態論を展開できなかったことを見れば、より明解に理解できる。自由で平等な労働者の存在が貨幣形態論を可能にするのであれば、古典派の失敗の理由は説明できない。古典派が貨幣の謎を解くことに失敗したのは、最終消費財の交換から始めたことにある。最終消費財の使用価値は消費者の主観的評価によって決まるから、これを客観的なものにするためには、価値の実体としての労働を想定する以外にはない。しかしこれでは、商品の価値を他の商品との「関係」から決めるのではなく、「商品の価値をそれ自身で決定する」ことになってしまう。この方法では貨幣が必然化する根拠は解けない。マルクスもまたこの

失敗の一部を引き継いだ。

　スラッファが『商品の生産』の冒頭に示した生産手段としての鉄と小麦の交換はこの隘路を突破するヒントを与えるものであった。繰り返すことになるが、この生産手段の交換からは、商品の交換価値を他の商品との関係のなかで「再生産を維持する比率」として捉え、市場での複数の商品の取引からこの比率を客観的に確定するときの、交換手段・度量標準として貨幣の必然性を解くということが考えられたはずなのである。しかしスラッファは貨幣形態論を素通りした。

（5）主体の存在しない世界で最終消費財から貨幣形態論が展開できるか

　スラッファは『商品の生産』では貨幣に関しては何も語っていない。したがって、上記のような議論はすべて私の勝手な思い込みである。スラッファもまた貨幣は最終消費財の交換から説かれるべきものであり、最終消費財を生産体系から除外してしまう『商品の生産』の世界では論じることはできないと判断したのかもしれない。しかし、もし最終消費財の交換から貨幣の生成を解こうとするならば、スラッファのように徹底的に人間を排除した体系に拠る限り、その展開は極めて困難になる。最終消費財に着目するならば、貨幣は単純な商品交換から生まれるものではなく、どのような商品とも交換できるという特性を貨幣商品に持たせた上で、それ自体は一切生産に入ることのない貨幣商品を獲得したいという人間の欲望を背景にする必要があるからである。「一貫して動きまわっているのは、『主体』ではなくて『物』である…」ような世界でこのような貨幣が出てくる根拠は解けない。

　また『商品の生産』の目的が限界理論批判に限定されていたとしても、限界理論の貨幣形態論（「そんなものはない」というのなら、その不在も含めて）は批判の対象とはならないというのは理解に苦しむ。いずれにせよ、『商品の生産』で貨幣が論じられていないのは、大きな謎である。

6．結合生産物体系における謎以前の疑問

　最初に、『商品の生産』は難解であり、わからないところは謎としてそれを考えることを楽しめばいいとした。上記の1〜5はその例示である。ただ、『商品の生産』のなかには、謎というよりは、どうにも納得のゆかない

III 謎のいくつかについて考えてみる

ものもまだある。いわば「謎以前の疑問」である。

いずれも結合生産物体系に関するものである。結合生産物体系は、負の乗数の存在、日付のある労働への還元の困難さ、商品価格の下落率が賃金のそれを下回る可能性があることなど、単一生産物体系には見られない複雑さを持つ。その一方で、負の乗数が存在することから単一生産物体系に対比して「限られた有用性しかもたない」（第90節）とされる。そのため、結合生産物体系の研究自体も、単一生産物体系の研究に比べて、限られたものとなっている感がある。

結合生産物体系は固定資本と地代の処理を巡る多くの興味深い問題を扱っている。単一生産物体系以上の謎が見つかる可能性もある。「謎を楽しむ」ことに関しては、単一生産物体系に劣るものではない。ただ、上に触れた複雑さのためにそれを理解することもまた厄介なものとなる。

私の理解力を超えている「謎以前の疑問」が生じたのはそのためだと勝手に考えている。しかし理解困難という意味では謎に通じるものがあり、これもまた謎探しの参考になるかもしれないと思うので、「謎以前の疑問」をいくつか以下に掲げる。

（1）結合生産物体系における非基礎的生産物の定義は妥当か（第60節〜第62節）

結合生産物体系において、nコの繋がりあった商品が非基礎的生産物であるとしても、「生産物としてのその数量に対する生産手段としてのその数量の比率」を決定するためには、nコの独立した行が必要である。たとえばnが3であったとする。このとき、商品「a」、「b」、「c」が現れる行が2つ以下であるとか、あるいはそれが3つ以上あっても、独立した行が2つ以下であるときは、そもそも「a」、「b」、「c」のそれぞれについて、「生産物としてのその数量に対する生産手段としてのその数量の比率」を求めることができない。このようなケースにおいては、「a」、「b」、「c」が非基礎的生産物であるか否かの判定は不可能になる。すなわち「生産される商品の数と独立した生産方程式の数が一致する」ことが第2部全体を通じての前提となる。

非基礎的生産物の場合にもこのような前提を置かなければならないということは、結合生産物体系の特殊性であるといわなければならない。単純

生産物体系ではいかなる現実体系からも標準体系を導くことができたが、結合生産物体系にあっては、非基礎的生産物を含めて生産過程の数と商品の数が等しいという厳しい前提が置かれる。もしこの前提がみたされなかったら、結合生産物体系では標準体系を作ることはできない。結合生産物体系はそういった限界を持ったものであることを確認しておく必要がある。

本来はこのことは第2部の最初の節（第50節）で明示しておくべきではないかと思うが、スラッファはこのことについては沈黙している。逆に、第60節ではそのような前提は不要だととれるような記述さえ見られる。第60節でスラッファは次のように結合生産物体系の非基礎的生産物を定義する。

　　　nコの繋がりあった商品群は、……、独立な行がnコをこえず、他の
　　　行はこれらの行の一次結合であるというばあいに、非基礎的である。

この定義では、nコの商品群は独立した行の数がn未満のときも非基礎的生産物ということになる。しかし上述のように、独立した行がnに満たないときは、当該生産物群を非基礎的生産物と断定することはできない。スラッファの定義はこの点で納得しがたいものが残る。

第61節では標準体系からの生産方程式の合成による非基礎的生産物の消去が述べられ、第62節では非基礎的生産物を消去したあとの結合生産物体系の基礎的方程式の体系が示される。仮に、nコの繋がりあった商品群が非基礎的で、独立した行の数がn未満であるとすると、以下のような疑問が生じる。

商品「a」、「b」、「c」が現れる独立した生産方程式が2コ以下のとき、生産方程式は、合成によっては、2コ以下しか減じない。仮に独立した生産方程式が2コだとすると、合成により、「a」、「b」、「c」という3つの商品が消去されるのに対して、生産方程式は2つしか減らないということになり、生産方程式は「過剰」になってしまう。

第62節の例で一般化すれば次のようになる。第62節では、もとの生産方程式がkコであるなかで、jコの基礎的生産物に対してjコの生産方程式が合成される。これは、合成によってk-jコの非基礎的生産物とk-jコの生産方程式が減少することを意味する。このことは、非基礎的生産物を含

む同数の独立した生産方程式が存在することを前提としている。独立した生産方程式が k-j コに満たないときは（たとえば、k-j-1 コのときは）、合成によって減少する方程式の数よりも合成によって消去される非基礎的生産物の数のほうが多くなるということになる。

　これはいずれも、n コの繋がりあった商品群は独立した行の数が n 未満のときも非基礎的生産物であるとした場合に生じる問題である。スラッファはどうしてこういう解釈が可能なような定義をしたのであろうか。それとも、「生産される商品の数と独立した生産方程式の数が一致する」ことが第 2 部全体を通じての前提となるのだから、独立した行の数が n 未満ということは最初から考えられないのであって、そのような解釈は問題にならないというのであろうか。

（2）「負の追加労働量」と「負の労働量」（第66節、第70節）

　第70節はもともと不思議な節である。この節を含む第 9 章は結合生産物体系の検討の「準備」の最後の章として、利潤率ゼロのときの労働量と価値の関係および賃金の下落と商品価格の下落の関係に関して単一生産物体系との異同が論じられている。その中でこの第70節だけは、単一生産物体系には現れることのなかった問題が論じられている。「負の労働量」がそれである。

　しかも節の構成もギクシャクしている。まず、2 つのことが主張される。1 つは、価格が負の値をとるような商品は現実には生産されないということである。もう 1 つは、価格が負となることは労働量が負となることを意味するが、このことをどう考えるかということである。

　価格が負となる商品は実際には生産されないにもかかわらず、価格が負となること（＝労働量が負となること）を想定して、そのことの意味を問うというのは、ひどくねじれた話である。スラッファはどうしてこういうことを考えようとしたのだろうか。

　実際、第68節ではスラッファは、結合生産物体系での日付のある労働量への還元が不可能な理由として、「還元における項目のいくつかは負の労働量をあらわすことになるであろうが、これに対しては合理的な解釈を示唆することはできない」としている。また第70節のなかでも、負の労働量で生産されるということに対しては、スラッファ自身が「現実に何の一致

することも持ちえない、抽象屋の気まぐれの結果であるようにみえる」といっているのである。そしてまた、「負の労働量」を考えるとしながら、第70節の後半で実際に検討しているのは、以前よりも少ない労働量で多くの生産物が生産されるケースをどう考えたらいいのかということであって、「負の労働量」そのものでの生産ではない。

　結果から見ればスラッファは第70節で、「負の労働量」による生産は「現実に何の一致することも持ちえない、抽象屋の気まぐれの結果」ではないということを説得力をもって展開したといえない。一体、何でこの節を書く必要があったのか、何度読んでもハッキリしない。

　「抽象屋の気まぐれの結果」という言葉のあとに、「66節において一般的なケースに用いた検証にこれをあてはめるならば」という文で出てくる。「負の労働量」による生産ということを66節で見たケースに適用したらどういうことになるかという設問である。これが、「負の労働量」というあまり意味のあることとも思えないことにわざわざ一節を設けた理由ではないだろうか。つまり、第66節での、「追加された商品の価値は、利潤率ゼロに対応する価格において、明らかに追加労働量にひとしい」という結論を、追加労働量が負になる場合についても論証しなければならないという思いがスラッファにはあったのではないか。

　複数の生産過程が併存するとき、生産過程の組み合わせ如何によっては、以前より少ない労働量で追加生産が行われる可能性がある。つまり「負の追加労働量」で追加生産が行われるのである。これをスラッファは、第66節での「追加された商品の価値は、利潤率ゼロに対応する価格において、明らかに追加労働量にひとしい」という結論に引きつけて、この場合は「負の労働量」によって負の価値をもった商品が追加生産されることになると理解した。そうなると、「負の労働量」による生産は、「抽象屋の気まぐれの結果」として放っておくわけにはいかない。キチンとこの意味を明らかにしておかなければならない。スラッファはそう考えて、「負の労働量」という節を設けたように思われる。

　しかしこれは、設問自体が間違っている。「負の追加労働量」で追加生産が行われることは、それによって負の価値をもった商品が生産されることを意味しない。だから、本来存在しない問題をスラッファは問題としてい

る。そういう問題に対して、説得力をもって答えられるわけがない。第70節の構成がきわめて捩れているのは、その意味では当然のことである。

設問が間違っているとする理由は次の通りである。上述したように、ある商品（商品「a」としよう）が追加生産されるとき、以前よりも労働量が減るということはあるうる。それを「負の労働量」による生産と呼ぶとしても、「負の労働量」は従前との比較におけるマイナスを意味するだけであり、増産された商品には（単位あたりでは従前よりも少なくなっているとしても）労働は投入されている。つまり「a」そのものは負の労働量によって生産されているわけではない。したがって追加労働量がマイナスであることは、利潤率がゼロであっても、この商品の価格が直ちにマイナスとなることを意味しない（そもそも価格が負になる商品を一体誰が追加生産しようというのだろうか）。

こうした混乱の原因は、第66節での追加労働量と増産された商品の価値の関係の捉え方にある。単一生産物体系にあっては、国民所得がすべて賃金とされるとき、すなわち利潤率がゼロのとき、各商品の価値は各商品に体現された労働量に比例しているが（［大掴み］13°を参照）、このことが結合生産物体系でもいえるかどうかを検討することが第66節の課題であった。ところが、スラッファは、結合生産物体系における「各商品の追加生産物の価値と各商品の追加生産のための追加労働の関係」の分析から、「追加生産物の価値は追加労働量にひとしい」として、これによって、結合生産物体系においても「一商品に『含まれた』労働量と、利潤率ゼロの場合の価値に対する比例性についての［単一生産物体系での——引用者］結論は、言葉の通常の意味を少しも曲げなくとも、結合的に生産された商品にも拡張できる」（第66節）とする。どう考えても問題がすりかえられている。問題になるのは、「各商品の価値と各商品に体現された労働量」の関係であって、「追加生産物の価値と追加労働量」の関係ではないのである。それは負の追加労働によって「増産された商品」に体現される労働量が負になるわけではないことを考えればすぐにわかることだ。

スラッファは第66節でスジ違いの回答を行っているといわざるを得ない。そしてこのスジ違いの回答に基づいて、追加労働がマイナスとなる増産では、「負の労働量＝負の商品価格」となるとして、このことをどう考え

るべきかという問題を提起するのである。

　スラッファが第66節で自らが設定した問題に対してスジ違いの回答をしなかったならば、「負の労働量」なるものは問題にならなかったのではないか。第66節で問題とされたのは「負の労働量」ではなく、あくまでも「負の追加労働量」である。繰り返すことになるが、「負の追加労働量」が生じるということは、直ちにこの商品が負の労働量によって生産されていることを意味するものでは決してない。

　それを考えればやはり、スラッファが第68節でいうように「負の労働量に…対しては合理的な解釈を示唆することはできない」というしかないのでないか。スラッファが第66節で問題をすりかえたために、「負の追加労働量」が「負の労働量」と無差別になってしまい、その影響で、無用の、それも極めてわかりづらい叙述が第70節で展開された、という印象を拭えない。極端に言えば、「負の労働量」による生産という「現実に何の一致することも持ちえない、抽象屋の気まぐれの結果」に関してわざわざ節を設けてまで論じる意味はなかったのではないかとさえ思う。

　このことと関係するのか、第70節での負の追加労働を巡るスラッファの叙述は極めて意が取りづらい。やや長くなるが、このことを述べた邦訳文を掲げる。

　　これ［商品は負の労働量によって生産されているということ——引用者］は一見したところでは、あたかも、現実に何の一致するところも持ちえない、抽象屋の気まぐれな結果であるかのようにみえる。しかし、66節において一般的なケースに用いた検証をこれにあてはめるならば、そうして、そこで述べた条件の下で、体系の純生産物に入るかかる商品の数量が増加する（他の構成要素は不変に保たれるとして）と仮定するならば、われわれはその１つの結果として、社会によって雇用される総労働量は、じじつ、減少したことを見出すであろう。

　　それにも拘らず、生産の変化が遂行されているし、一方では、支配的な利潤率は、上の例と同様、6％であり、かつ価格体系がこの率に適合しているものなのであるから、何ら異常な事情は認められないであろう。実際において、労働に対する支出の減少は、利潤に対する費用

の増加によって相殺されて余りがあるから、そこで純産出高への追加は、生産費に対する正の追加をともなうことになるのである。

　ここで生じる事態は、純生産物に必要な変化を生ぜしめるために、2つの結合生産過程のうちの1つが拡張され、他方が縮小されねばならぬということである。そして、現に考察しているばあいには、前者の過程の拡張は、(あるいは直接に、あるいはその過程が完全な補塡を保証するために、その系列のなかへとりこむ他の過程を通じて)後者の過程の(同様の条件の下での)縮小よりも、一層少ない労働量を雇用するけれども、与えられた利潤率に適合した価格において、いっそう大きい価値をもち、したがっていっそう大きい<u>利潤費用</u>をともなうような生産手段を用いるというわけである。

〔傍点は原著、下線は引用者〕

わからないのは、次の文章である。

　労働に対する支出の減少は、<u>利潤に対する費用</u>の増加によって相殺されて余りがあるから、そこで純生産高への追加は、生産費に対する正の追加をともなうことになるであろう。

「労働に対する支出の減少」は生産体系全体の労働量が減少するのだから理解できるとして、これが「<u>利潤に対する費用</u>の増加によって相殺されて余りがある」とは、一体何を意味するのか。「生産費の追加」はこの相殺分の不足を補うものとして考えられているのであるから、「利潤に対する費用の増加」とは生産費の追加そのものをいっているものとは考えがたい(実際、引用した最後のパラグラフにおいては、「<u>いっそう大きい利潤費用</u>をともなうような生産手段」——means of production which ...attract a heavier charge for profits——という表現がみられる。利潤費用は生産手段とは別のものとされている)。

　生産手段以外の「利潤に対する費用」とは一体何を指すのか。消去法でいえば、純生産物から生産手段に対する利潤として配分されるもの意外には考えられない(「利潤に対する費用」は英語の原著では charge for profits となっているが、ドイツ語訳ではこれは Profitzahlungen と訳されている)。そのことから charge for profits を「利潤の支払い」と理解するとしても、利潤率は所与のものであり、労働量の減少が直ちに利潤の増加を

引き起こすわけではないから、「利潤の支払いの増加」が生じる理由が見当たらない。結局「労働に対する支出の減少は、利潤の支払いの増加によって相殺されて余りがある」ということは理解できなかった。

［大掴み］45°では自分が理解しえた限りのことを記したが、それが正しいかどうか、自信はない。第70節は私にとって、まだ、「謎以前の疑問」である。

ただ「負の労働量」に関しては、そもそも、与えられた利潤率のもとで、生産過程の規模の相対的変更によって負の労働量が生じることになるような2つの生産過程がどうして併存できるのかという疑問がある。また、労働量が減少して、賃金が減少する一方で、純生産物が増加して、なお利潤率が同一となるということは、生産費（生産手段の価額）とそれに対する利潤の合計分が賃金の減少分だけ増額すると考えるしかないが、それはほとんど偶然というべきであって、通常は「労働量が減少する一方で、純生産物が増加する」場合は、極大利潤率もまた変化し、生産体系全体が変化することになるのではないかという疑問がある。

（3）結合生産物体系にあっては「労働をその個々の生産物のあいだに割当てる明白な基準がない」といえるか（第66節）

スラッファが第66節で、「追加された商品の価値は、利潤率ゼロに対応する価格において、明らかに追加労働量にひとしい」というほとんど意味のない考えを持ち出した背景には、結合生産物体系にあっては「労働をその個々の生産物のあいだに割当てる明白な基準がない」とするスラッファの理解があった。そうした理解のもとで、商品の価値を決める基準として、追加生産物と追加労働量の関係に着目したといえる。

しかし本当に、結合生産物体系にあっては「労働をその個々の生産物のあいだに割当てる明白な基準がない」といえるであろうか。単一生産物体系にあっては［計算付録］14で見たように、利潤率ゼロのときの価格決定方程式と直接間接に当該商品の生産の貢献した労働量の計算のための方程式の同一性から、「各商品の価格は各商品の体現労働量に比例している」ことが容易に確認できた。一方、結合生産物体系にあってはそれぞれの生産方程式は複数の生産物を持つから、単一生産物体系での議論を直接適用することはできない。しかしそのことは、「労働をその個々の生産物のあいだ

に割当てる明白な基準がない」ということをただちに意味するわけでない。

　［大掴み］36°で結合生産物体系の生産方程式として次のようなものを掲げた。

$$(200x+12y+16z)(1+\gamma)+0.2\omega=250x+11y+20z$$
$$(80x+8y+12z)(1+\gamma)+0.4\omega=110x+8y+15z$$
$$(120x+4y+24z)(1+\gamma)+0.4\omega=120x+5y+40z$$

　　　x：小麦1クォーターの価格、y：鉄1トンの価格、z：豚1頭の価格
　　　ω：賃金、γ：利潤率

ここで、小麦、鉄、豚のそれぞれの生産のために必要な労働を s、t、u とすると、s、t、u は次の方程式で決定されるはずである。

$$(200s+12t+16u)+0.2=250s+11t+20u$$
$$(80s+8t+12u)+0.4=110s+8t+15u$$
$$(120s+4t+24u)+0.4=120s+5t+40u$$

一方、利潤率がゼロのときの価格決定方程式は次のようになる。

$$(200x+12y+16z)+0.2=250x+11y+20z$$
$$(80x+8y+12z)+0.4=110x+8y+15z$$
$$(120x+4y+24z)+0.4=120x+5y+40z$$

　体現労働量の決定方程式と価格決定方程式はここでも同じものになる。したがってこのことから、結合生産物体系においても、単一生産物体系の場合と同様に、利潤率がゼロのときは「各商品の価格は各商品の体現労働量に比例している」ことが容易に確認できるといえるのではないか。

　逆にスラッファのように、「追加された商品の価値は、利潤率ゼロに対応する価格において、明らかに追加労働量にひとしい」といってみたところで、利潤率ゼロのときの商品の価値は「それを生産するに要した労働量をあらわす」（第80節）ことがそれによって証明されたとは決していえない。それはスラッファ自身が例示した、追加労働量が負になるケースを考えればすぐにわかることである。

　以上のことを考えると、スラッファが、結合生産物体系にあっては「労働をその個々の生産物のあいだに割当てる明白な基準がない」としたことは理解しがたいし、それを根拠に、「追加生産物の価値」という概念を持ち

Ⅲ　謎のいくつかについて考えてみる

出すという手法も疑問というしかない。

(4) 複数農産物が存在する場合、地代は必ず決定できるのか(第89節)

　第89節は、土地の稀少性に起因する2つの収穫逓減の結果としての地代についての総括の節といえる。古典派の経済理論を熟知していたスラッファは、地代の問題の複雑さもまた十分に理解していたはずである。しかしながら、原著ではこの節全体で1ページにも満たない分量でまとめられている。無内容な叙述をいたずらに展開すればいいというものではもちろんないが、それにしても余りにも簡潔な説明に思えてならない。

　とりわけ気になるのは、第89節で「外延的地代と内包的地代が複雑に絡み合った形」としてあげられた3つの形のなかの、地代の一般的形態ともいえる、「幾つかの品質の土地がそれぞれ幾つかの代替的な作物のために利用できる」というケースである。スラッファは一定の「仮定」を置いた上で、生産方程式で地代と農産物価格が決定されればいいとする。この「仮定」ひとつとっても納得できないものが残る。たとえば、土地の品質の数をm、農産物の種類をnとすれば──どの作物も、あらゆる品質の土地で栽培されることはないという条件から──可能性としては$(m-1) \times n$コの生産方程式が存在しうるが、スラッファの仮定では、土地の品質の数と農産物の数の和(この場合は$m+n$コ)に等しい独立した生産方程式が存在し、さらにこの$m+n$コの生産方程式において、土地と農産物の配列が、それらの地代と価格を決定できるようなものなっていなければならない。

　しかしそのような条件をみたす組み合わせが存在するという保証はない。そして、仮にそのような組み合わせが抽出できないとしたら、地代と農産物価格はもはや決定できないということになる。したがってまたこの場合は、生産方程式の合成という手法によって、土地(地代)を標準体系(基礎的方程式)から排除することもできなくなる。このようなときに、土地と農産物(地代と農産物価格)は、どのように処理すればいいのだろうか。

7．謎探しのために

　いくつかの謎(それに「謎以前の疑問」)について考えてきたが、これは

Ⅲ 謎のいくつかについて考えてみる

［Ⅰ 『商品による商品の生産』を読む意味］でも触れたように、『商品の生産』の謎解きを楽しむ事例を紹介したかったからであり、それ以上の意味はない。以上に掲げたものが主要な謎というわけでもなく、謎がこれに尽きるというわけでもない。『商品の生産』にはまだまだ多くの謎が潜んでいると思う。そういった謎を探すこともまた「スラッファの謎を楽しむ」ことだと思う。

以下に掲げたのは、私が『商品の生産』を読むなかで今もなお理解に苦しんでいるものの一部である。謎は理解し難い部分に潜んでいる可能性もある。いや、可能性が大きいといってもいい。謎探しのヒントになるかもしれないと考えて、紹介しておきたい。

（1）混乱を生じがちな言葉の使い方

スラッファにはわかり易い本を書くという考えはまったくなかったのではないか。それを象徴するのが、言葉の使用法である。気になるものをいくつかあげる。

ひとつは、交換価値、価値、交換比率、価格という言葉が無差別に使われていることだ。4つの単語に厳密な違いはない。4つの言葉はいずれも商品の交換比率としての価格を示すものである。

マルクス経済学では価値と価格とは厳密に区別された異なった内容を持った概念である。スラッファはそれを知りながらこれを無差別に使う。その意図は理解しがたい。スラッファはこの2つの言葉を区別する意味はないと考え、このことを間接的に示すためにあえて無差別に使ったのであろうか。

もっとも、スラッファに倣ったわけではないが、私の記述でも価値と価格はあまり厳密に使い分けられていない。そのほうが都合がよければ、交換価値も価値も交換比率もすべて価格と読み替えて差し支えない。

次は「標準」という単語である。『商品の生産』でスラッファが、標準商品、標準体系を「発見」したのは彼の大きな功績である。したがって、「標準」という言葉には標準商品や標準体系を連想させる響きがある。しかし「標準」という単語が単独で用いられた場合は、単に「価格（と賃金）の基準」を意味するに過ぎない。これを忘れてしまうと、「かくてわれわれは標準を、それが何からなるかを知ることなしに、使用することができる」（第

43節）というような文章に遭遇したときに、面食らってしまう。

　こうした不親切な言葉の使い方に接すると、「非数理的な読者のことを考慮した」という『商品の生産』序文の言葉は虚ろに響く。そして、こんな読者を困惑させるような言葉使いをしたのは何か理由があるのかと考え込んでしまう。私の記述では、基本的には「標準（＝尺度）」と書き、明らかにそのいみが理解できるときは、単に「標準」とした。

　3番目は、「自己補填的状態」という言葉である。「自己補填的状態」というのは、「剰余」がまったく生じない状態のことを想定させる言葉である。実際、第1章は「剰余」の生じない生産体系を論じた章であるが、そこでは「自己補填的状態」にあることは「剰余」が生じないことを意味している（たとえば第3節の注）。しかし、第11節では「自己補填的状態」とは「剰余」が生じるときであって、かつ、すべての商品が生産手段として用いられる量を補填できる状態で生産されるということを意味している。同じ言葉でありながら、その意味が変化している。

　更に「剰余」という言葉も章が異なると内容が変化する。スラッファは第16節の表題でも、第16節を含む第3章の各節の本文でも「剰余」という言葉を使用している。しかしここでいう「剰余」は、生産体系全体を通じた均一の利潤率が存在するとしたときに、その利潤率を適用した「計算上の値」を上回る利潤のことにすぎない。第2章では、「剰余」は粗生産物（粗国民所得）から生産手段を控除したものとしての、純生産物（国民所得）とされたが、第3章の「剰余」はそれとは異なる。

　「生産費」という用語にも戸惑う。第7節ではスラッファは、この用語は「資本」という用語と共に「本書では使用されない」と断言している。「生産費」も「資本」も生産物の価格と切り離されて、それに先立って決まるものではないというのが、「生産費」「資本」という用語を使わないとする理由であった。

　ところが第6章の冒頭（第45節）で突然「生産費」という用語が登場する。もっとも読み進むうちに、第7節でのスラッファの主張――商品の交換比率を示すものとしては「生産費」という用語を使わないとする主張――は実はこの章でも守られていることがわかる。だからこそ余計に、ここで「生産費」という用語を持ち出した理由が理解できない。

なお、「生産費」という用語は使わないとした第7節でのスラッファの発言を尊重して、[大掴み]では、第6章に関する項（32°～34°）でも原則として「生産費」という用語は使わないことにした。これでも何も不自由は感じない。

ただでさえ難解なのに、こういう混乱を生じがちな言葉の使い方がなされるために、叙述は一層晦渋になる。このような用語法に何か意味があるのだろうか。

（２）議論の先取り

議論の先取りは『商品の生産』でのスラッファの奇妙な癖ではないかと思う。それまでまったく議論されたことのないことが突然語られるものだから、読者は混乱してしまう。いくつかの節でこれが見られる。

ア　第3節

スラッファは第3節で、剰余のない生産体系では、kコの生産方程式のうち1コは他の式の和としてあらわされるとする（[計算付録]3を参照）。そしてこれに関連して、第3節の末尾に次のような注を書いている。

> この定式化は体系が自己補塡的状態にあることを前提にしている。しかし、考察されている型のどんな体系でも、個々の方程式がその体系に入る割合を変えるだけで、こういう状態に入ることが可能である。

これは、第2章以下で検討されることになる「剰余を含む生産」でもkコの生産方程式のうち1コは他の式の和としてあらすことが可能だとするものである。しかし、少し考えればわかるように、「剰余を含む生産」にあっては、一般にはkコの生産方程式のうち1コは他の式の和としてあらわされることはない。そのことは、第5節で例示される生産体系を見ればすぐにわかる。「剰余を含む生産」で「kコの生産方程式のうち1コは他の式の和としてあらわされる」のは、スラッファが指摘しているように、「個々の方程式がその体系に入る割合を変える」ことが前提となる。この割合の変更は実は「標準体系」を作ることに他ならない。しかし、「標準体系」は第4章になって検討される。そんな先のことをここで「先取り」する理由はまったくわからない。

スラッファは標準体系を見たあとで、第42節の注で「[標準体系を構成する——引用者]方程式のうちの1つは他の諸方程式のなかに陰伏されてい

る（第3節の最後のパラグラフをみよ）」と書いている。「剰余を含む生産」で「kコの生産方程式のうち1コは他の式の和としてあらわされる」ことは、ここでようやくわかるのである（「計算付録」42-注1を参照）。

　第3節の注に書いてあるようなことは第42節の注だけで十分なはずである。それなのに、はるかかなたの議論を先取りして、第3節に注を設ける必要がどうしてあったのであろうか。

イ　第10節

　第10節の末尾で、賃金は「価格と同様に、選ばれた標準のタームで表現されるだろう」とされている。しかし、価格が「選ばれた標準のタームで表現される」ということはまだ説かれていない。価格が何を標準（＝尺度）として表現されるかは第12節で初めて検討されるのであるから、第10節で、賃金を「価格と同様に、選ばれた標準のタームで表現されるだろう」とするのは先走りである。

ウ　第24節

　スラッファは、第24節の最後で次のようにいう。

　　こうした要件［「バランスを保つ」という要件——引用者］が厳密にみたされる、この型の完全な合成商品は、それ自身の生産手段の総量と（同じ割合で合成された）、同じ商品からなるものである——換言すれば、そのような商品は生産物と生産手段の双方が自己同一的な合成商品の数量である——ことを感じとるまでは、このような混合物をつくり上げる試みにあまり深入りすべきではない。／問題は、かような商品を構成することができるか、ということにある。

　奇妙な文章である。完全な合成商品であるためには、合成商品の「生産手段」を構成する諸商品が同じ割合をもって「生産物」のなかに現れることが条件となることは、実は第25節〜第28節において証明される。ここではそれが「（そのことを）感じとるまでは、このような混合物をつくり上げる試みにあまり深入りすべきではない」という文章のなかで事実上、「予告」されている。しかも、表面上は「注意」を喚起するという奇を衒（てら）った印象のある「予告」である。完全な合成商品をつくり上げる作業は次節以下でただちに展開されるのだから、こんな「注意」は不要である。スラッファは一体なぜこんな文章をここに書き加えたのか。

スラッファは第8節や第22節の重要な転換点においては論理的な説明を回避しているが、（第8節については［謎］3を、第22節については［謎］7（4）イを参照）ここでは逆に無意味としか思えない「注意」が書かれている。これはこれでまた謎である。

エ　第26節

スラッファは第26節で標準体系を定義したうえで、次のようにいう。

> 現実のどのような経済体系のなかにも縮尺的な標準体系が埋められており、不必要な部分を削り取ることによって、あかるみに出すことができるといって差し支えない。

しかし、このことはここではまだ証明されていない。ここでいえるのは、スラッファが第25節で例示としてあげた生産体系からは標準体系が作ることができるということだけである。現実の経済体系はいかなるものでも常に標準体系に変形できるということは、実は第5章（第37節）でようやく証明される。スラッファはそれを「先取り」している。しかし、なぜそんな「先取り」が必要なのかはわからない（むしろここでは必要ないからこそ、証明は第5章でなされるのであろう）。

（3）意味のわからない節の細分と冗長さ（第16節〜第20節）

第16節〜第20節の区分は読者を困惑させるようなものになっている。そしてまたこの第16節〜第20節では、実にこまごまとした説明がなされている。

たとえば第16節では、賃金の低下にともなって商品の価格が変化しないと、利潤に関して剰余を持つ産業（「プラス」の産業）と欠損を抱える産業（「マイナス」の産業）が出現することが論じられているが、第16節の末尾のカッコ書きで「いまのところでは、いかなる賃金引下げにいかなる利潤率が対応するかという点については何も仮定されていない。この段階において必要なのは、ただ体系を通じて均一の賃金と均一の利潤率とが存在しなければならないということだけである」とされている。

賃金が変化するなかで商品価格が変化しないとすると、利潤に関して「プラス」の産業と「マイナス」の産業が存在するということは、均一の利潤率は結果的には実現できないということを意味する。したがって、均一の利潤率が存在するためには、賃金の変動にともなって、各産業において

利潤の実現を巡って「プラス」や「マイナス」が生じないように、商品価格が（したがってまた利潤率が）変化しなければならないことが容易に想定されるが、この利潤率の変化に関することは本節の問題ではないとするものである。これは、賃金の変化にともなう商品価格と利潤率の変化にかかる問題（「賃金変動下の均一の利潤率の実現」という問題）を先送りするということを意味する。実際この問題は次節（第17節）ではなく、第18節以下で検討される。

　第17節は、賃金が変化するなかでも、利潤に関しては「マイナス」も「プラス」も出さない生産手段と労働の割合（臨界的割合）を検討することにあてられている。このほうが先決だと考えた結果であろう。しかし、そうであれば、臨界的割合についても第16節であわせて検討しておけばいい。そうすれば上述のカッコ書きは不要となり、問題の先送りということは生じなかったはずである。なぜこの問題（臨界的割合）について、節を変えなければならないのか。謎である。

　また、わざわざ独立させた第17節はきわめて短いもので、なぜこれだけの内容のものが独立の節になっているのかがわからない。スラッファは、第16節の最後で「生産手段に対する労働の割合が十分低い産業は欠損をだすのに反して、そのような割合が十分高い産業は剰余を出すであろう」としているが、第17節の最後では、「生産手段に対する労働の割合が最低の産業は「欠損」の産業であり、そのような割合が最高の産業は「剰余」の産業であろう」と書いている。ほとんど同じことの繰り返しである。

　本来この5節（第16節〜第20節）で確認しなければならないのは次のことだけである。一般的に生産手段に対する労働の割合が各商品によって異なるために、賃金が変化するなかで均一の利潤率を維持するためには、賃金の変化にともなって各商品の相対価格も変化する必要があるが、生産手段に対する労働の割合が「分水線を示す割合」（＝「臨界的割合」）となっている商品に関しては、賃金が変化しても利潤に関しては「プラス」も「マイナス」も出ないから、価格の変化は不要である。

　これだけのことを確認すればいいはずなのに、スラッファは各節で商品価格の変化について様々な側面からの検討を行っている。そしてこの様々な側面からの検討が、第16節〜第20節の主たる課題にとってどういう意味

があるのか良くわからない一方で、その結果、5つもの節に細分化され、叙述はひどく冗長になっている印象を受ける。簡潔を旨としたはずのスラッファがここでこのような構成で長い文章を書いたことには何か謎が隠されているのだろうか。

（4）簡潔さの犠牲にされた平明さ

すでに述べたように、『商品の生産』の書きぶりについては、その簡潔さが賞賛される一方で、難解さも指摘されている。この簡潔さが「無駄を省く」というものであるのか、それともわかり易さを犠牲にしたものなのかで、評価は分かれる。なかにはどう考えても、簡潔さを追求するあまり、平明さが損なわれたとしか思えないものもある。

ア　第19節

第19節で、生産手段を価格のターム（標準＝尺度）としたときの生産物価格の変化についてスラッファは次のようにいう。

> このようなばあい［ある商品を生産する産業と、その産業に用いられる生産手段を生産する産業とでは、後者の産業のほうが「生産手段に対する労働の割合」が低いとき——引用者］、「欠損」の産業によって生産されるとしても、その生産物の価格は、その生産手段のタームで下落するかも知れない。そしてそのような欠損は、労働に比べて特に激しい上昇によって償われねばならないだろう［英文では次の通り——and its deficiency would have to be made good through a particularly steep rise relative to labour.］。

［傍点は原著］

なぜ「そのような欠損は、労働に比べて特に激しい上昇によって償われねばならない」かを、この文章から理解することは容易ではない。第1に、「労働に比べて特に激しい上昇」とはどういうことを意味するのかが不明である。第2に、その「激しい上昇」によって償われねばならない「そのような欠損」とは何を意味するのかが示されていない。これが明確にされない限り、この文章の意味はわからない。私は、長い間この文章の意味が理解できなかった。おそらくこれは次のように理解するのであろう。

> 賃金が低下するとき、他の産業と比べて「生産手段に対する労働の割合」が低い産業（商品「a」を生産する産業としよう）は、商品の価格

が不変であると利潤率に関して「欠損」が生じるから、この「欠損」を埋めるためには生産物の価格が上昇する必要がある。ところが、「a」の生産手段（商品「b」としよう）の「生産手段に対する労働の割合」が「a」よりももっと低いときがある。賃金が下落するとき、利潤にかかる「欠損」を出さないためには「b」の価格は「a」よりももっと大きく上昇することになる（したがってこのとき、「b」を価格のタームとすると、「a」の価格は上昇ではなく、下落することになる）。この結果、各産業の利潤率が均一のものとなるためには、「b」を生産手段とする「a」の価格は、賃金が低下する以前の時点での、それ自身の「生産手段に対する労働の割合」から必要となる以上に大きく上昇しなければならない（つまりその労働の割合以上に激しく上昇する）。

　この解釈で正しいかどうかは確信が持てないが、仮に正しかったとしても、この解釈（説明）は冗長という批判を免れないかもしれない。しかし、平易な理解を阻んでしまうスラッファの簡潔さよりはまだましであろう。引用したスラッファの文章は簡潔さのあまり「叙述は不必要なほど晦渋である」（クヮント）ことになってしまった顕著な一例といえる。だが簡潔であることは決して理解を困難にしてかまわない理由にはならないであろう。

イ　第22節

　第21節までは、「バランスを保つ」ことを示す指標は、「生産手段と労働の割合」であった。それが第22節で「生産手段と純生産物の価格比率」に置き換えられることになる。スラッファはこの「視角」を変える理由について次のようにいう。

　　「バランスを保つ」割合を確認しようとするにあたっては、……生産手段の価値に対する労働の数量という雑種的な「割合」を、それに対応する同質的な数量間の「純粋な」割合の1つによって置き換えたほうが便利である。

　そして、同質的な数量間の「純粋な」割合として、「生産手段と純生産物の価格比率」と「間接雇用労働に対する直接雇用労働の数量比率」をあげる。ただし、後者は事実上無視される。この結果、「バランスを保つ割合」を見る視角は、生産手段と労働という生産の現実的な姿に着目したものか

ら、生産物と生産手段の価格という「純粋」な割合へと変化する。

この視角の変化によって、「バランスを保つ割合」ということから労働が消され、商品としての生産物と商品としての生産手段とだけで「バランスを保つ割合」が検討される。スラッファはこの検討のなかから、『商品の生産』全体の基幹概念の1つともいえる「極大利潤率」を定義する。「極大利潤率」の定義は労働を生産方程式から消去することによって初めて可能になるのである。

それを考えれば、この「視角」の変化は大きな意味を持つ。「視角」を変える理由とそれが意味することについては、本来は詳細な説明が必要であろう。しかし、スラッファは、この「視角」の変化を単に「便利」だからというだけで済ませている。これでは説明になっていない。

第9節ではスラッファは、自らが拠って立つとした「アダム・スミスからリカードにいたる古い古典派経済学者の立場」を賃金に関しては放棄するとしたときに、その理由としては「伝統的な賃金概念をみだりに変更することを差し控える」ことをあげただけである（［謎］3を参照）。

スラッファは、賃金と労働の扱いをめぐる大きな、そして重要な転換を説くにあたって、極めて短い、それもほとんど論理性を欠いた叙述（「みだりな変更をさける」とか「便利である」とかいうのがそれである）でもって片付けてしまう。これによって確かに叙述は簡潔になるであろうが、それは本来語るべきことを省いた簡潔さにすぎない。スラッファのこうした処理には一体どういう理由があるのだろうか。

ウ　第25節

第25節で、具体的事例を用いて縮小体系が展開される。しかし、これについてのスラッファの叙述は極めて素っ気無い。

（ア）縮小体系による不変の価値尺度の発見

合成商品が「バランスを保つ」商品であるための条件は、「生産手段に対する純生産物の価格比率が変化しない」ことであった。この条件をみたす合成商品は生産体系の縮小によって発見できるとするのは、まったくのスラッファの独創である。しかし、こうした独創的な発想がどうして生まれたのか、寡黙なスラッファは何もいわない。この作業によって経済学の長年の課題であった「不変の価値尺度」が発見されることになるにもかかわ

らず、である。

　「生産手段に対する純生産物の価格比率が変化しない」ことは縮小体系という考えに直接結びつくわけではない。それだけに、なぜ縮小体系の導入が必要になるかは、「エッセンス」として詳述されてしかるべきであろう。しかしスラッファはそのことも削ぎ落とした。

　縮小体系はどのようにして考え出されたか。そしてその理由がなぜ叙述されなかったのか。スラッファの未公刊のノートのなかにその理由は書かれているのであろうか。

（イ）生産方程式に縮小率を乗じることと「収穫不変」を前提としないことの関係

　スラッファは『商品の生産』の序文で、「収穫不変」を前提としないとしている。しかし、第25節でスラッファが行っている生産規模の縮小にかかる計算過程は、外見上は、生産規模が変化しても商品の産出量と生産手段の投入量の比率が変化しないと考えているという意味で、「収穫不変」を前提としているようにみえる。

　たしかにあとでわかるように、スラッファがここでやっていることは、あらゆる現実体系から標準体系を導くことができるということをいっているに過ぎず、それ以上のことをいおうとするものではない。言い換えれば、現実体系と標準体系に共通な極大利潤率を計算するための操作にすぎず、実際に収穫不変のもとで生産が行われるということを想定しているものではない。

　しかしスラッファが用いたモデルでも、少なくとも、総労働量を1にするために生産規模を拡大するプロセスは、「収穫不変」を前提としているかのような印象を拭えない。そうした印象が間違いであるというのであれば、スラッファはそれをあらかじめ注記しておき、その印象が生じる理由とそれがいかなる意味で誤った印象であるかを説明しておく必要があったように思う。しかし、それも不要だというのであろうか、寡黙なスラッファはここでも沈黙する。

エ　第31節

　現実体系に対し、標準商品を1とした賃金を与えれば、$r=R(1-\omega)$ という関係が現実体系にも当てはまるということについて、菱山は次のよう

Ⅲ 謎のいくつかについて考えてみる

にいう。

> スラッファの分析でremarkable（非凡さ）という形容詞が一番よく当てはまるのは、……賃金と利潤率の間の線型の関係［$r=R(1-\omega)$――引用者］が、標準体系だけに当てはまるのではなく、ただ賃金が、標準純生産物（標準商品）を価値尺度にして、それで表示されれば、現実の体系（そこでの諸産業は一般に標準体系とは異なった割合で構成されている）にも妥当することを解明したこと、である。

菱山［1990］205頁

賃金が標準商品で支払われれば、「利潤率は両体系に対して、そのいずれかにおける方程式の割合に関係なく、決定される」ということを発見したことは、たしかにスラッファの非凡さを示すものであろう。逆にいえば、一般の読者には、このことは直感的には理解しがたい。

実際、スラッファ自身が第31節で次のように述べている。

> …現実の体系において、標準商品のこの同じ数量に等しいものが賃金に支払われるばあい、利潤に残されたものの価値が生産手段の価値に対して、標準体系でそれぞれに対応する数量が保っているのと同じ比率を表すはずだということを期待すべき根拠がないように思われるだろう。

そもそも現実の体系においては、利潤として残ったものと、生産手段とでは、それを構成する商品の割合がそれぞれ異なることから、利潤率を、標準体系のように物量比率として示すことはできない。現実体系では利潤率は価格比率で示すしかない。2つの体系（標準体系と現実体系）において利潤率がこうした異なった比率表現をとるなかで、標準体系で成立する$r=R(1-\omega)$という関係が、現実体系においても成立すると考えることは、一見すると無理がある。

ところが、上記の引用に文続けてスラッファは次のようにいう。

> しかしながら、現実の体系は標準体系と同じ基礎的方程式からなっている。ただ異なった割合において構成されているにすぎない。だから、ひとたび賃金が与えられると、利潤率は両体系に対して、そのいずれかにおける方程式の割合に関係なく、決定される。標準比率のような特定の割合は、体系に明晰さを付与し、かくされたものを眼に見

えるようにするかもしれないけれど、その数学的な性質を変更することはできない。

　かくして賃金と利潤率との間の直線的な関係は、ただ賃金が標準純生産物[注1]のタームで表現されさえすれば、どんなばあいにも妥当するであろう。

一方の体系（標準体系）の利潤率が商品の数量比率で示され、他方の体系の利潤率が商品の価格比率でしか示されないなかで、賃金が標準商品で支払われさえすれば双方の体系の「数学的性質は変わらない」としたのでは、説明はあまりにも簡略に過ぎる。賃金が標準商品で支払われればなぜ「数学的性質は変わらない」のかを——できれば簡単な事例でもって——示す必要があったのではないか（［大掴み］31°ではそれを試みた）。両体系の「数学的性質が変わらない」ことを発見したことがスラッファの「非凡さ」を示すことであれば、一層そうである。これは決して省略してはならない「エッセンス」だったのではないか[注2]。

注1　スラッファの原著では、ここには、Standard product という言葉が用いられ、邦訳ではこれに「標準生産物」という訳語があてられている。しかしここで標準生産物（Standard product）という言葉を用いるのは不適切であろう。標準生産物という言葉はここで初めて登場する言葉である。これまで賃金は国民所得（標準体系にあっては、標準国民所得＝標準純生産物、あるいは標準商品）を1として決められるとされてきた。賃金に関しては標準生産物との関係に触れられたことはない。標準生産物（Standard product）が標準純生産物（Standard net product）と同じものかどうか判然としないが、同じものなら、標準純生産物という言葉を用いるべきであり、違うのであれば標準生産物という言葉を定義する必要がある。しかし、標準生産物という言葉の定義は『商品の生産』のどこにもない。

注2　「標準体系で成立する $\gamma = R(1-\omega)$ という直線的関係が現実体系にもそのままあてはまること」の厳密な証明は、『商品の生産』が出て間もなく、ニューマンによってなされている（Newman [1962]）。また、パシネッティは行列を用いた簡潔な証明を行っている（パシネッティ［1979］131頁以下）。

（5）書かれた意味がわからない叙述

　無駄を削いだか、平明さを犠牲にしたかはともかく、『商品の生産』の文章は一般に実に簡潔である。しかし、なかには一体どうしてこんな文章が置かれたのか、理解に苦しむものがある。

ア　第26節

　第26節に以下のような文章がある。

　　このこと［いかなる現実体系からも標準体系が導かれること——引用者］は、自己補填的状態にない体系にも、そのような状態にある体系にも同様にあてはまる。

　自己補填的状態にない体系とは再生産を維持できない生産体系のこと以外には考えられない。スラッファはここまでそのような体系を検討の対象とはしてこなかった。第2章（剰余を含む生産）以来、体系は自己補填的状態にあることを前提としていた。ここで突然、自己補填的状態にない体系を論じる理由はない。ましてや自己補填的状態にない体系の標準体系を論じる意味があるとはとうてい思えない。

　第3節の注の最後の括弧書きで、スラッファは次のようにいっている。

　　どんな割合をとってもそのような状態［「kコの生産方程式のうち1コは他の式の和としてあらわされる」状態——引用者］に変形することが不可能であって、なんの剰余もないときでさえ、若干の商品に生産に、その消費に満たない欠損が出るような体系は、存続しうる経済体系をあらわさないから、考慮されない。

この第3節の注の文章と、上に引用した第26節の文章とは、どう整合性がとれるのであろうか。理解できない。「自己補填的状態にない体系にも…同様にあてはまる」という文章をわざわざ付け加える必要がどこにあったのであろうか。少なくとも、これが簡潔さの結果だとはどうしても思えない。

イ　第47節

　スラッファは、第47節で労働項の変化の形を詳しく述べ、そこに図示した第2図を次のように描写している。

　　それ［労働項の変化の様子——引用者］はあたかも、利潤率がゼロからRにいたる運動において、労働項の列にそって波をうみ出し、それぞれの項が相次いでその極大値に達するに応じて、その波頭が継続的

な項によって形成されるかのようなものである。

　これは、第2図を見たときの一種の「感慨」のようなものである。簡潔を旨とするスラッファが、どうしてこのような論理的な展開とは無関係な「感慨」を残したままにしたのか疑問というしかないが、第2図からスラッファの受けた印象が極めて強いものであったことをあるいは示唆しているのかもしれない。そしてこのことから労働項の変化の型に関して詳細な記述を残すことになったのであろうか。

　しかし、この第2図は、図の説明にあるように、$L_{an}[1-(\gamma/R)](1+\gamma)^n$ の最大値が、n や γ の値にかかわらず、1.1以下になるように、各年の労働量（L_{an}）を操作したものである。つまり、n が大きくなるに従い、各年の労働量は、次のように急激に縮小される。

　$L_a=1.04$、$L_{a4}=1.0$、$L_{a8}=0.76$、$L_{a15}=0.29$、$L_{a25}=0.0525$、$L_{a50}=0.0004$
スラッファは、こうした操作を行ったのは「このページの範囲内に曲線を収める」ためだとする。実は第2図はこの操作によって、スラッファが受けたような印象——「労働項の列にそって波をうみ出し、それぞれの項が相次いでその極大値に達するに応じて、その波頭が継続的な項によって形成されるかのような」という印象——を生み出したのである。たとえば、L_{an} の縮小度合いがごく僅かでならば、第2図から受ける印象は相当変わるはずである。また、商品によっては、L_{an} が不規則的に縮小したり拡大したりすることさえ考えられる。そのようなときは、スラッファのいったような印象はおそらく生まれてはこないであろう。

　こういう「感慨」はそもそも不要であるが、不要な「感慨」にこのような印象を書き残すというのは、寡黙にして味も素っ気もないスラッファも時として情緒的になる例だと思えば、これも楽しい。このことだけでスラッファは、「厳密」「簡潔」なだけではないとはいえないが、これだけ情緒的な叙述を残せるのであれば、他の部分でももう少し読者に配慮ができなかったものかとさえ思ってしまう。

ウ　第56節

　スラッファは第56節で、標準体系を構成する生産方程式で乗数が負となるものと、標準純生産物を構成する商品のなかの負の係数を持つものをどのように理解したらいいかをかなり詳しく書いている。そして、生産方程

式が負の乗数をとる「負の産業」に関しては、現実的な意味付けはできないが、標準純生産物のなかの負の係数をもつ商品は、「負債」または「債務」と考え、正の係数を持つものは「資産」と考えればいいとする。

しかし、なぜこのような類推を行う必要があるのだろうか。スラッファは、結合生産物の標準体系についてはこの節で「適当な乗数によって変形された抽象的な方程式の体系に甘んずべきであって、それが具体的に存在するものと考えようとしてはならない」と釘をさしている。そうであれば、この標準体系から得られる標準純生産物もまた抽象的な単位としておけばよかったのではないか。それなのにスラッファはここで「会計上の概念との類推」を行う。この類推はしかし、（本来は抽象的な単位に過ぎない）負の係数を持つ標準純生産物に無理やり「現実性」を持たせようとすることに他ならない。こうした類推を行うことに意味があるとは思えない。

第56節にはもう１つ理解できない表現がある。「計算貨幣」である。『商品の生産』には基本的には貨幣は登場しない。索引（Index）にも「貨幣（Money）」という項目はない（第44節で「貨幣利子率」という言葉が使われているが、これは貨幣そのものを指すものではない）。ところが「計算貨幣」という表現が第56節で突然登場する。

単一生産物体系でも標準純生産物（標準商品）は賃金と価格の標準（＝尺度）とされたが、この標準に対して「計算貨幣」という名称は使われなかった。そして「標準純生産物をタームとする」あるいは「標準純生産物を価格の標準とする」といった表現が用いられてきた。ここでもそうできたはずである。またあえて「計算貨幣」という用語を用いなければならない理由も伺えない。ここで突然「計算貨幣」という用語を持ち出したスラッファの真意は測りがたい。

第56節は「標準純生産物を構成する商品のなかの負の係数を持つものをどのように理解したらいいか」ということと、負の係数を持つものを「計算貨幣」とするということが述べられているだけだといって過言ではない。それを考えると、この第56節はそもそも本当に必要な節だったのかという疑問が出てくる。実際この節で述べられていることは、このあとの節で触れられることはまったくない。スラッファが、不要なことを書くはずがないとしたら、第56節は一体どう理解したらいいのだろうか。

エ 第77節

第77節の最後に次のような記述がある。

> 2つの連続的な経過年数における資産価値の差は、その年の減価分としてなされるべき控除額を与える。そしてこの後者の数量〔たとえば、$M_{1pm1}-M_{2pm2}$——引用者〕を年初の資産価値に対する一般率の利潤〔例示した場合は、$\gamma \times M_{1pm1}$——引用者〕に加えれば、この年の年費用が与えられる。この費用は一般的には一定でなく変動するものであり、おそらくは、用具の経過年数とともに低落してゆくであろう。

上の「この費用は一般的には一定でなく変動するものであり、おそらくは、用具の経過年数とともに低落してゆくであろう」という文章は理解できない。第82節では、（生産効率が不変であるならば）各年度の費用は均等でなければならないとされる。つまり、引用した文とはまったく正反対の説明がなされている。第82節の説明を是とするならば、ここで引用した文章は記述に誤りがあるといわなければならない。第82節の説明にそった上で、「用具の経過年数とともに低落してゆく」ものがあるとすれば、それは耐久的生産用具（機械）の帳簿価格（帳簿上の資産価格）であって、決して減価分と資産に対する利潤を足し合わせたものとしての「年費用」ではない。

それでもなおこの文章に誤りはないというのなら、この引用文が第82節の説明と齟齬をきたさないためには、生産効率は不変であるという前提条件を外し、逆にそれが年々低下するという前提を与える必要がある。その前提のもとで、初めて「各年の年費用は経過年数とともに低下する」。しかし、スラッファの文章からは、このような前提の変更はとうてい読み込めない。また、このあとの節でも、生産効率は不変であるという前提で説明が展開されている。

これらのことを考えれば、「一般的には」という言葉の次に、あらためて「現実には生産効率は機械の使用とともに低下するから」という趣旨の理由を書き加える必要がある。スラッファはなぜ、これを省略したのか。「徹底的に無駄を削ぎ落とした」ことはこの省略を正当化することにはならない。

そういう説明が一切ない以上、上述した第77節の文章は理解困難であ

る。さらにいえば、「生産方程式を使うほうがより一般的である」ことを説くのを目的としたこの節で、「この費用は一般的には一定でなく変動するものであり、おそらくは、用具の経過年数とともに低落してゆくであろう」という文章を書き加える必要がそもそもあったのかという疑問もある。この文章が誤解を与えかねないものであることを考えれば、むしろこれは削除すべきであった。これこそが「徹底的に無駄を削ぎ落と」すという、スラッファの手法にそったやり方のように思われる。

オ　第83節

「この型の価格変動の重要性はおもに資本理論の観点から来るものである」という表現が第83節で現れる。「資本理論」については、これまで触れられていない。そうである以上、スラッファはここで「資本理論」について説明すべきであろう。しかし説明は何もない。「資本理論」なるものがどういうものであるかについては、一言も述べられていない。そのため、「この型の価格変動の重要性はおもに資本理論の観点から来るものである」という文章は理解困難になる。スラッファのこのような叙述方法は読者を混乱させるだけであろう。

森嶋がいうように、スラッファが『商品の生産』を書いた目的は、ケンブリッジ資本論争でのロビンソン支援にあったと考えれば、スラッファがここで突然「資本理論」に言及した理由はわからないでもない。スラッファがそのことをはっきりいわないものだから、読者は混乱するのである。これもまた、［謎］1（3）で触れた、「ケンブリッジ資本論争の陰」の一例のように思われる。

カ　第86節

第86節の「ただし、nコの品質の土地のうち、1つは無地代であるという条件が付加される」という文に対して、スラッファは「この目印［地代がゼロであること――引用者］によってのみ、その土地が、利用されているすべての土地のうちで、もっとも生産性の低い土地であることが確認される」という注を付している。

そして「125頁を参照」（英文では「cf. p. 75」）とある。だが、「125頁を参照」（あるいは「cf. p. 75」）が何を指しているかは明確ではない。考えられるのは、地代に関して、

$$\rho_1 \times \rho_2 \times \ldots\ldots \times \rho_n = 0$$

という条件式が追加されることである。しかしこの式は、スラッファ自身が書いているように、「地代の一つがゼロでなければならぬという条件」を示したものに過ぎない。スラッファがわざわざ注を起こして指摘した、地代ゼロの土地が「もっとも生産性の低い土地であること」を直接に示すものではない。「125頁を参照」(あるいは英文での「cf. p. 75」)が何を意味するのかは、謎というしかない。

　なおドイツ語訳では、「cf. p. 75」という言葉は一切訳出されていない。ドイツ語版の翻訳者 (J. Behr) もこの「cf. p. 75」の意味は理解しがたいとして、削除してしまったのであろうか。

キ　第92節

　第92節では、生産方法の選択に関して、次のような表現が見られる。

　　ある与えられた一般利潤率の水準において、新プラントを建設する生産者にとっては、もちろん、より低い価格で生産する方法が、2つのうちでもっとも有利である。

　　　　　　　　　　　　　　　　　　　　　　　　　［傍点は引用者］

　スラッファは、『商品の生産』全体を通じて、経済行動の主体としての人間を指示する表現（資本家、土地所有者、労働者等）を慎重に避けている。「スラッファの構成の中で、一貫して動きまわっているのは、『主体』ではなくて『物』である」(ナポレオーニ)。そのスラッファがここでは、「新プラントを建設する生産者」という表現を用いている。『商品の生産』の本文（第1章～第12章）で、人間が「主体」として登場するのはこの個所だけである注。［大掴み］57°では意図的に表現を変え、「生産者」という言葉を避けたが、これでも内容は何ら変化しない。このことからもわかるように、ここでどうしても「生産者」という表現を用いなければならないわけではない。

　スラッファはなぜここで「生産者」という、経済行動の主体としての人間を指示する言葉を用いたのか。その理由はわからない。もしスラッファが意図的に「生産者」という言葉を使っているのだとしたら、その理由は正しく謎である。

　　注　第8節で、労働者と資本家を指す言葉が用いられているが、それは、「労

III 謎のいくつかについて考えてみる

働者の必要生存資料」とか、「労資間への剰余の分割」というように、「物」を説明するために使われているだけである。

Ⅳ 計算付録

第1章

第2節：小麦と鉄と豚の価格の算出方法

[大掴み] 2°で見た次の方程式を計算する。

$$240x + 12y + 18z = 450x \quad (算2\text{-}4)$$
$$90x + 6y + 12z = 21y \quad (算2\text{-}5)$$
$$120x + 3y + 30z = 60z \quad (算2\text{-}6)$$

（算2-4）×2－（算2-5）×3 を計算すると、

$$480x + 24y + 36z = 900x$$
$$-)\ 270x + 18y + 36z = 63y$$
$$\overline{\ 210x + 6y\qquad\ = 900x - 63y\ }$$
$$69y = 690x$$
$$\therefore\ y = 10x \quad (算2\text{-}7)$$

（算2-7）を（算2-5）に代入

$$90x + 60x + 12z = 210x$$
$$12z = 60x$$
$$\therefore\ z = 5x \quad (算2\text{-}8)$$

（算2-7）、（算2-8）より

$$x : y : z = 1 : 10 : 5$$

つまり、

　　鉄1ﾄﾝの価格（y）は小麦1クォーターの価格（x）の10倍になり、
　　豚1頭の価格（z）は小麦1クォーターの価格（x）の5倍になる。

この関係を物量単位で示せば、

　　10クォーターの小麦＝1ﾄﾝの鉄＝2頭の豚

となる。

Ⅳ 計算付録

第3節:「剰余のない生産体系では、kコの生産方程式のうち、独立の生産方程式はk−1コであること」の確認

第3節では剰余のない生産体系の一般式として、次のものが示される。

$A_a p_a + B_a p_b + C_a p_c + \ldots\ldots + K_a p_k = A p_a$ 　　　　第1式
$A_b p_a + B_b p_b + C_b p_c + \ldots\ldots + K_b p_k = B p_b$ 　　　　第2式
$A_c p_a + B_c p_b + C_c p_c + \ldots\ldots + K_c p_k = C p_c$ 　　　　第3式
　　　　$\ldots\ldots\ldots\ldots\ldots\ldots\ldots\ldots\ldots\ldots\ldots\ldots$
$A_k p_a + B_k p_b + C_k p_c + \ldots\ldots + K_k p_k = K p_k$ 　　　　第k式

ここで、記号は次のように定義される。

「a」、「b」、「c」、…、「k」 ……個別の商品（小麦、鉄、豚、etc）
A、B、C、…、K……………「a」、「b」、「c」、…、「k」の年々の生産量
A_a、B_a、C_a、…、K_a …………「a」を生産する産業によって年々用いられる「a」、「b」、「c」、…、「k」の量*
A_b、B_b、C_b、…、K_b …………「b」を生産する産業によって年々用いられる「a」、「b」、「c」、…、「k」の量
A_c、B_c、C_c、…、K_c …………「c」を生産する産業によって年々用いられる「a」、「b」、「c」、…、「k」の量
　$\ldots\ldots\ldots\ldots\ldots\ldots\ldots\ldots\ldots\ldots\ldots\ldots\ldots\ldots\ldots\ldots\ldots\ldots$
A_k、B_k、C_k、…、K_k …………「k」を生産する産業によって年々用いられる「a」、「b」、「c」、…、「k」の量
p_a、p_b、p_c、……、p_k …………「a」、「b」、「c」、……「k」の単位価格

* A_a、B_a、C_a、……、K_a は、『商品の生産』では、「Aを生産する産業によって用いられる……」とあるが、Aは商品「a」の生産量のことであるから、A_a、B_a、C_a、……、K_a は、「「a」を生産する産業によって用いられる……」とした方が適切であろう。

そしてこのとき「kコの生産方程式のうち1コは他の式の和としてあらわされる」とされる。このことを確認してみる。

上記のkコの式のうち、第2式から第k式までの両辺をそれぞれ足し合わせると、

$(A_b p_a + A_c p_a + \ldots\ldots + A_k p_a) + (B_b p_b + B_c p_b + \ldots\ldots + B_k p_b) +$

$$\ldots\ldots + (C_b p_c + C_c p_c + \ldots\ldots + C_k p_c) + \ldots\ldots + (K_b p_k + K_c p_k + \ldots\ldots + K_k p_k) = B p_b + C p_c + \ldots\ldots + K p_k \quad (算3\text{-}0)$$

一方、

$$A_a p_a + A_b p_a + A_c p_a + \ldots\ldots + A_k p_a = A p_a \quad (算3\text{-}1)$$
$$B_a p_b + B_b p_b + B_c p_b + \ldots\ldots + B_k p_b = B p_b \quad (算3\text{-}2)$$
$$C_a p_c + C_b p_c + C_c p_c + \ldots\ldots + C_k p_c = C p_c \quad (算3\text{-}3)$$
$$\ldots\ldots\ldots\ldots\ldots\ldots\ldots\ldots\ldots\ldots\ldots\ldots\ldots\ldots$$
$$K_a p_k + K_b p_k + K_c p_k + \ldots\ldots + K_k p_k = K p_k \quad (算3\text{-}k)$$

であるから、

$$A_b p_a + A_c p_a + \ldots\ldots + A_k p_a = A p_a - A_a p_a \quad (算3\text{-}1)'$$
$$B_b p_b + B_c p_b + \ldots\ldots + B_k p_b = B p_b - B_a p_b \quad (算3\text{-}2)'$$
$$C_b p_c + C_c p_c + \ldots\ldots + C_k p_c = C p_c - C_a p_c \quad (算3\text{-}3)'$$
$$\ldots\ldots\ldots\ldots\ldots\ldots\ldots\ldots\ldots\ldots\ldots\ldots\ldots\ldots$$
$$K_b p_k + K_c p_k + \ldots\ldots + K_k p_k = K p_k - K_a p_k \quad (算3\text{-}k)'$$

となる。

(算3-1)'、(算3-2)'、(算3-3)'、……、(算3-k)'を(算3-0)に代入すると、

$$(A p_a - A_a p_a) + (B p_b - B_a p_b) + (C p_c - C_a p_c) + \ldots\ldots + (K p_k - K_a p_k)$$
$$= B p_b + C p_c + \ldots\ldots + K p_k$$

両辺から $B p_b + C p_c + \ldots\ldots + K p_k$ を消去すると

$$A p_a - A_a p_a - B_a p_b - C_a p_c - \ldots\ldots - K_a p_k = 0$$
$$A p_a = A_a p_a + B_a p_b + C_a p_c + \ldots\ldots + K_a p_k$$

これは第1式に他ならない。すなわち、第1式は他のk-1コの式の和としてあらわされる。同様にして、第2式以下も、その式自身を除く、他のk-1コの式の和としてあらわされる。つまりkコの生産方程式のうち、1コは他の式の和としてあらわすことができる。

IV 計算付録

第2章

第5節：利潤率の算出

次の連立方程式を解く。

$(280x+12y)(1+\gamma)=575x$ （算5-1）

$(120x+8y)(1+\gamma)=20y$ （算5-2）

（算5-1）より　　$1+\gamma=575x/(280x+12y)$ （算5-3）

（算5-2）より　　$1+\gamma=20y/(120x+8y)$ （算5-4）

（算5-3）、（算5-4）より

$575x/(280x+12y)=20y/(120x+8y)$

$575x(120x+8y)=20y(280x+12y)$

$69000x^2+4600xy=5600xy+240y^2$

$69000x^2-1000xy-240y^2=0$

$6900x^2-100xy-24y^2=0$

$(230x+12y)(30x-2y)=0$

$x\geqq0$、$y\geqq0$ であるから

$y=15x$

これを（算5-4）に代入すれば、

$1+\gamma=20\times15x/(120x+8\times15x)=1.25$

ゆえに　　$\gamma=0.25$

x を価格の標準（＝尺度）として、これを 1 とするならば、各産業の前払いと利潤および利潤率は次のようになる。

　　小麦産業　　前払　　$280\times1+12\times15=460$

　　　　　　　　利潤　　$575\times1-460=115$

　　　　　　　　利潤率　$115/460=0.25$

　　鉄産業　　　前払　　$120\times1+8\times15=240$

　　　　　　　　利潤　　$20\times15-240=60$

　　　　　　　　利潤率　$60/240=0.25$

したがって「前払の補填を可能にし、利潤がそれぞれの前払に比例して両産業に分配されることをも可能にするような、交換比率は、1 トンの鉄に対する15クォーターの小麦である。そして各産業における、それに対応す

る利潤率は25％である」ということになる[注]。

注　［行列（Matrix）を用いる計算］（第5節）も参照。

第11節：生産方程式

剰余が生じ、剰余から賃金が支払われ、各産業に前払いに応じて均等に利潤が生じると、第3節で見た生産方程式は以下のようになる。

$$(A_a p_a + B_a p_b + C_a p_c + \cdots + K_a p_k)(1+\gamma) + L_a \omega = A p_a$$
$$(A_b p_a + B_b p_b + C_b p_c + \cdots + K_b p_k)(1+\gamma) + L_b \omega = B p_b$$
$$(A_c p_a + B_c p_b + C_c p_c + \cdots + K_c p_k)(1+\gamma) + L_c \omega = C p_c$$
$$\cdots\cdots\cdots\cdots\cdots\cdots\cdots\cdots\cdots\cdots\cdots\cdots\cdots\cdots\cdots\cdots\cdots$$
$$(A_k p_a + B_k p_b + C_k p_c + \cdots + K_k p_k)(1+\gamma) + L_k \omega = K p_k$$

ω は賃金、γ は利潤率

ここで、L_n は商品「n」の生産に用いられる労働量で、

$$L_a + L_b + L_c + \cdots + L_k = 1$$

である（［大掴み］8°を参照）。

ただし、自己補填的状態にあるという前提から、

$$A_a + A_b + A_c + \cdots + A_k \leqq A$$
$$B_a + B_b + B_c + \cdots + B_k \leqq B$$
$$C_a + C_b + C_c + \cdots + C_k \leqq C$$
$$\cdots\cdots\cdots\cdots\cdots\cdots\cdots\cdots\cdots\cdots$$
$$K_a + K_b + K_c + \cdots + K_k \leqq K$$

であり、かつ、このkコの不等式のうち、少なくとも1コは、左辺＜右辺となる。

第12節：国民所得

生産体系全体の生産物（［計算付録］11で見た生産方程式の右辺に現れる、Ap_a、Bp_b、Cp_c、……、Kp_k の合計）から、各産業で消費された生産手段を補填するのに用いられるもの（生産方程式の左辺に現れる、$A_a p_a + B_a p_b + C_a p_c + \cdots + K_a p_k$、$A_b p_a + B_b p_b + C_b p_c + \cdots + K_b p_k$、$A_c p_a + B_c p_b + C_c p_c + \cdots + K_c p_k$、……、$A_k p_a + B_k p_b + C_k p_c + \cdots + K_k p_k$ の合計）を控除したときに残るものを国民所得とする。国民所得は定義から以

下のように示される。

$$[A-(A_a+A_b+A_c+\cdots\cdots+A_k)]p_a+[B-(B_a+B_b+B_c+\cdots\cdots+B_k)]p_b+[C-(C_a+C_b+C_c+\cdots\cdots+C_k)]p_c+\cdots\cdots+[K-(K_a+K_b+K_c+\cdots\cdots+K_k)]p_k$$

この国民所得の価格を1とすると、次の方程式が得られる。

$$[A-(A_a+A_b+A_c+\cdots\cdots+A_k)]p_a+[B-(B_a+B_b+B_c+\cdots\cdots+B_k)]p_b+[C-(C_a+C_b+C_c+\cdots\cdots+C_k)]p_c+\cdots\cdots+[K-(K_a+K_b+K_c+\cdots\cdots+K_k)]p_k=1$$

第3章

第14節：国民所得の全体が賃金にあてられるときの、個々の商品の相対価値と直接間接に商品生産に貢献した労働量の比例関係

（1）国民所得の全体が賃金にあてられるとき、商品の相対価値と体現労働量とが比例すること

具体的事例で「国民所得の全体が賃金にあてられるときの、個々の商品の相対価値と直接間接に商品生産に貢献した労働量の比例関係」を見てみる。［大掴み］9°で見た生産方程式は次のようなものであった。

$$(200x+12y+16z)(1+\gamma)+0.2\omega=480x \quad (11\text{-}1)$$
$$(80x+8y+12z)(1+\gamma)+0.4\omega=32y \quad (11\text{-}2)$$
$$(120x+4y+24z)(1+\gamma)+0.4\omega=72z \quad (11\text{-}3)$$

国民所得（剰余）がすべて賃金にあてられるということは、$\omega=1$、$\gamma=0$ということであるから、この3式は次のようになる。

$$(200x+12y+16z)+0.2=480x \quad (算14\text{-}1)$$
$$(80x+8y+12z)+0.4=32y \quad (算14\text{-}2)$$
$$(120x+4y+24z)+0.4=72z \quad (算14\text{-}3)$$

（算14-1）～（算14-3）はいずれも1次方程式である。また、ここには小麦と鉄と豚の価格（x, y, z）の3つの未知数しかないから、これで3つの商品の価格は決まる。

ところで、生産体系が（11-1）～（11-3）で示されるとき、小麦1クォー

ターと鉄1㌧と豚1頭のそれぞれの生産に直接間接に貢献した労働量（これを体現労働量ということにする）をs、t、uとすると、s、t、uは次の方程式で決定される。

$$(200s + 12t + 16u) + 0.2 = 480s \quad (算14\text{-}4)$$
$$(80s + 8t + 12u) + 0.4 = 32t \quad (算14\text{-}5)$$
$$(120s + 4t + 24u) + 0.4 = 72u \quad (算14\text{-}6)$$

s、t、uをx、y、zと置き換えれば、（算14-4）～（算14-6）は（算14-1）～（算14-3）とまったく同じになる。つまり、国民所得（剰余）がすべて賃金（ω）にあてられるとき、各商品の相対価値は各商品の体現労働量に比例しているということができる。

　しかし各商品の体現労働量は、技術体系が所与ならば不変であり、商品の価格によって変化することはない。一方各商品の価格は、通常は賃金が低下するにともない、あるものは上昇しあるものは下落し、いずれにしても変化する。したがって、国民所得（剰余）がすべて賃金にあてられるとき以外は、通常は「各商品の価格は各商品の体現労働量に比例している」ということはできない。

　「国民所得の全体が賃金に当てられるとき、商品の相対価値は直接間接に商品生産に貢献した労働量に比例する」ことについて、スラッファは第14節の注で「付録A　小体系」を見よと指示している。この「付録A　小体系」で展開されているのは、実際はある商品を生産するための社会的必要労働量の計算方法であり、「国民所得の全体が賃金に当てられるとき、商品の相対価値は直接間接に商品生産に貢献した労働量に比例する」ということがこの社会的必要労働量についていえるということが示されている。結果的にスラッファは、均衡状態にあるときには各商品へ体現された労働量と社会的必要労働量とが一致することを示していることになる。

　こうしたことから、ここで小体系の作り方を見たうえで、具体的事例でもって、体現労働量と社会的必要労働の量とが一致するということを確認しておくこととしたい（小体系の作り方については、Harcourt［1982a］および松本［1989］によるところが大きい）。

Ⅳ 計算付録

（２）国民所得の全体が賃金にあてられるとき、商品の相対価値は社会的必要労働量に比例すること（スラッファの「小体系」による計算）

次のような、kコの商品（「a」、「b」、...、「k」）からなる生産体系を想定する。記号は特に断りのない限り［計算付録］3で示した例によるものとする。

A_a、B_a、......、K_aという生産手段とL_aという労働量によって商品「a」を生産する過程を次のように示す。

$$A_a + B_a + \cdots\cdots + K_a + L_a \rightarrow A$$

同様に、商品「b」、......、「k」の生産過程は次のように示す。

$$A_b + B_b + \cdots\cdots + K_b + L_b \rightarrow B$$

$$\cdots\cdots\cdots\cdots\cdots\cdots\cdots\cdots$$

$$A_k + B_k + \cdots\cdots + K_k + L_k \rightarrow K$$

生産物（A、B、......、K）は、次のように、補填分と剰余分に分けられる。

（S_a、S_b、......、S_kは、それぞれ「a」、「b」、「k」の剰余分）

$$A \rightarrow A_a + A_b + \cdots\cdots + A_k + S_a$$
$$B \rightarrow B_a + B_b + \cdots\cdots + B_k + S_b$$
$$\cdots\cdots\cdots\cdots\cdots\cdots\cdots\cdots$$
$$K \rightarrow K_a + K_b + \cdots\cdots + K_k + S_k$$

生産体系はしたがって次のようにあらわされる。

1. $A_a + B_a + \cdots\cdots + K_a + L_a \rightarrow A_a + A_b + \cdots\cdots + A_k + S_a$
2. $A_b + B_b + \cdots\cdots + K_b + L_b \rightarrow B_a + B_b + \cdots\cdots + B_k + S_b$
   $\cdots\cdots\cdots\cdots\cdots\cdots\cdots\cdots\cdots\cdots\cdots\cdots\cdots\cdots\cdots$
k. $A_k + B_k + \cdots\cdots + K_k + L_k \rightarrow K_a + K_b + \cdots\cdots + K_k + S_k$

ここで、1からkまでのそれぞれの式をkコに分割する。分割は次のように行う。

まず「a」の剰余（S_a）を産出するための分割を考える。商品i部門の分割割合をx_i^aとすると、分割割合は次の方程式を解くことによって得られる。方程式はkコ、未知数は、x_a^a、x_b^a、......、x_k^a、のkコであるから、解は一意的に決定される。

$$A_a x_a^a + A_b x_b^a + \cdots\cdots + A_k x_k^a + S_a = A x_a^a$$

$$B_a x_a^a + B_b x_b^a + \ldots\ldots + B_k x_k^a = B x_b^a$$
$$\ldots\ldots\ldots\ldots\ldots\ldots\ldots\ldots\ldots\ldots\ldots\ldots$$
$$K_a x_a^a + K_b x_b^a + \ldots\ldots + K_k x_k^a = K x_k^a$$

同じ方法で、S_b、S_c、…、S_k を産出するための分割を行う。こうすることによって、

$$x_a^a、x_b^a、\ldots\ldots、x_k^a$$
$$x_a^b、x_b^b、\ldots\ldots、x_k^b$$
$$x_a^c、x_b^c、\ldots\ldots、x_k^c$$
$$\ldots\ldots\ldots\ldots\ldots\ldots$$
$$x_a^k、x_b^k、\ldots\ldots、x_k^k$$

という k×k コの乗数が求まる。

次にこの乗数を用いて各商品の生産方程式を分割する。すなわち、

「a」の生産方程式は乗数 x_a^a、x_a^b、……、x_a^k を用いて k コに分割、

「b」の生産方程式は乗数 x_b^a、x_b^b、……、x_b^k を用いて k コに分割、

$$\ldots\ldots\ldots\ldots\ldots\ldots\ldots\ldots\ldots\ldots$$

「k」の生産方程式は乗数 x_k^a、x_k^b、……、x_k^k を用いて k コに分割する。

これによって、各生産方程式は以下のように、それぞれ k コに分割される。

「a」の生産方程式

1-1　$x_a^a (A_a + B_a + \ldots\ldots + K_a + L_a) \rightarrow x_a^a A$

1-2　$x_a^b (A_a + B_a + \ldots\ldots + K_a + L_a) \rightarrow x_a^b A$

$\ldots\ldots\ldots\ldots\ldots\ldots\ldots\ldots\ldots\ldots\ldots\ldots\ldots$

1-k　$x_a^k (A_a + B_a + \ldots\ldots + K_a + L_a) \rightarrow x_a^k A$

「b」の生産方程式

2-1　$x_b^a (A_b + B_b + \ldots\ldots + K_b + L_b) \rightarrow x_b^a B$

2-2　$x_b^b (A_b + B_b + \ldots\ldots + K_b + L_b) \rightarrow x_b^b B$

$\ldots\ldots\ldots\ldots\ldots\ldots\ldots\ldots\ldots\ldots\ldots\ldots\ldots$

2-k　$x_b^k (A_b + B_b + \ldots\ldots + K_b + L_b) \rightarrow x_b^k B$

$\ldots\ldots\ldots\ldots\ldots\ldots\ldots\ldots\ldots\ldots\ldots\ldots\ldots\ldots\ldots$

Ⅳ 計算付録

「k」の生産方程式

k-1　$x_k{}^a(A_k+B_k+\ldots\ldots+K_k+L_k) \rightarrow x_k{}^aK$

k-2　$x_k{}^b(A_k+B_k+\ldots\ldots+K_k+L_k) \rightarrow x_k{}^bK$

………………………………………

k-k　$x_k{}^k(A_k+B_k+\ldots\ldots+K_k+L_k) \rightarrow x_k{}^kK$

これを、次の k コの群に分けて再編する。

第1群　　1-1、2-1、……、k-1

第2群　　1-2、2-2、……、k-2

………………………………

第 k 群　　1-k、2-k、……、k-k

この操作で、生産体系は k コの群に細分化される。このそれぞれの群を「小体系」と呼ぶ。このばあいは k コの小体系ができることになる。小体系も自己補填的体系を形成し、その純生産物はただ 1 種類の商品からなる。

たとえば、第1群は次のようになるが、これは「a」だけを純生産物とする小体系となる。

1-1　$x_a{}^a(A_a+B_a+\ldots\ldots+K_a+L_a) \rightarrow x_a{}^aA$

2-1　$x_b{}^a(A_b+B_b+\ldots\ldots+K_b+L_b) \rightarrow x_b{}^aB$

………………………………………

k-1　$x_k{}^a(A_k+B_k+\ldots\ldots+K_k+L_k) \rightarrow x_k{}^aK$

これを「a」の小体系を構成する式と呼ぶ。この k コの式の左辺を足し合わせて整理すると、

$x_a{}^a(A_a+B_a+\ldots\ldots+K_a+L_a) + x_b{}^a(A_b+B_b+\ldots\ldots+K_b+L_b) + \ldots\ldots + x_k{}^a(A_k+B_k+\ldots\ldots+K_k+L_k)$

$= (A_ax_a{}^a + A_bx_b{}^a + \ldots\ldots + A_kx_k{}^a) + (B_ax_a{}^a + B_bx_b{}^a + \ldots\ldots + B_kx_k{}^a)$

$+ \ldots\ldots + (K_ax_a{}^a + K_bx_b{}^a + \ldots\ldots + K_kx_k{}^a) + (L_ax_a{}^a + L_bx_b{}^a + \ldots\ldots + L_kx_k{}^a)$

ここで、$x_a{}^a$、$x_b{}^a$、……、$x_k{}^a$　を求めたときの式から

$A_ax_a{}^a + A_bx_b{}^a + \ldots\ldots + A_kx_k{}^a + S_a = Ax_a{}^a$

$B_ax_a{}^a + B_bx_b{}^a + \ldots\ldots + B_kx_k{}^a \quad\quad = Bx_b{}^a$

………………………………………

$K_ax_a{}^a + K_bx_b{}^a + \ldots\ldots + K_kx_k{}^a \quad\quad = Kx_k{}^a$

であるから、「a」の小体系を構成する k コの式の左辺を足し合わせたものは次のようになる。

$$(Ax_a^a - S_a) + Bx_b^a + \ldots + Kx_k^a + (L_a x_a^a + L_b x_b^a + \ldots + L_k x_k^a)$$

一方、「a」の小体系を構成する k コの式の右辺を足し合わせると、

$$Ax_a^a + Bx_b^a + \ldots + Kx_k^a$$

したがって、「a」の小体系を構成する k コの式の左辺、右辺をそれぞれ足し合わせたものは次のようになる。

$$(Ax_a^a - S_a) + Bx_b^a + \ldots + Kx_k^a + (L_a x_a^a + L_b x_b^a + \ldots + L_k x_k^a) \to$$
$$Ax_a^a + Bx_b^a + \ldots + Kx_k^a$$

$Ax_a^a + Bx_b^a + \ldots + Kx_k^a$ を両辺から消去すると、

$$L_a x_a^a + L_b x_b^a + \ldots + L_k x_k^a - S_a \to 0$$
$$L_a x_a^a + L_b x_b^a + \ldots + L_k x_k^a \to S_a$$

このことから、この「a」の小体系で雇用された労働は、直接にか間接にかを問わず、すべて S_a (「a」の剰余)を生産するためにあてられたものと見ることができる。

また、「b」の小体系(1-2、2-2、……、k-2 で構成される体系)を同様に整理すると、

$$L_a x_a^b + L_b x_b^b + \ldots + L_k x_k^b \to S_b$$

「k」の小体系(1-k、2-k、……、k-k で構成される体系)を同様に整理すると、

$$L_a x_a^k + L_b x_b^k + \ldots + L_k x_k^k \to S_k$$

これをまとめれば、次のようになる。

$$L_a x_a^n + L_b x_b^n + \ldots + L_k x_k^n \to S_n \quad (n = a, b, \ldots, k)$$

これは、純生産物として唯一つの商品を生産する各小体系にあっては、雇用されたすべての労働(社会的必要労働)は直接ないし間接に当該純生産物を生産するのにあてられたとみなしうることを意味する。

一方、各小体系の純生産物の価格は(生産物1単位あたりの雇用労働に対する)賃金と(生産物1単位あたりの生産手段に対する)利潤の和に等しい。したがって、国民所得(純生産物)の全体が賃金にあてられるとき、各小体系の純生産物の価格は生産物1単位あたりの賃金に等しくなるから、各小体系の純生産物の相対価値は、社会的必要労働量に比例している

ということになる。

（3）具体的事例によって体現労働量と社会的必要労働量が一致することを確認する

　以上のことから、生産が均衡状態にあるとき、各商品の体現労働量と社会的必要労働量はともに、国民所得の全体が賃金にあてられるときの商品の相対価値に比例することがわかる。したがって、生産が均衡状態にあるとき、各商品の体現労働量と社会的必要労働量は一致するといえる。このことを具体的事例によって確認してみる。

　（1）で体現労働量を計算したときの計算式を再掲すれば次の通りである（s、t、u はそれぞれ小麦 1 クォーターと鉄 1 トンと豚 1 頭の体現労働量を指す）。

$$(200s + 12t + 16u) + 0.2 = 480s \quad\text{（算14-4）}$$
$$(80s + 8t + 12u) + 0.4 = 32t \quad\text{（算14-5）}$$
$$(120s + 4t + 24u) + 0.4 = 72u \quad\text{（算14-6）}$$

これを解いてみる。

（算14-4）〜（算14-6）を変形すると、

$$-280z + 12t + 16u + 0.2 = 0 \quad\text{（算14-7）}$$
$$80z - 24t + 12u + 0.4 = 0 \quad\text{（算14-8）}$$
$$120z + 4t - 48u + 0.4 = 0 \quad\text{（算14-9）}$$

（算14-7）×2＋（算14-8）

$$-560z + 24t + 32u + 0.4 = 0$$
$$\underline{80z - 24t + 12u + 0.4 = 0}$$
$$-480z \qquad + 44u + 0.8 = 0$$

$$u = \frac{480z - 0.8}{44} \quad\text{（算14-10）}$$

（算14-7）×3＋（算14-9）

$$-840z + 36t + 48u + 0.6 = 0$$
$$\underline{120z + 4t - 48u + 0.4 = 0}$$
$$-720z + 40t \qquad + 1 = 0$$

$$t = \frac{750z - 1}{40} \quad\text{（算14-11）}$$

（算14-10）と（算14-11）を（算14-7）に代入する。

$$-280z + 12\frac{720z-1}{40} + 16\frac{480z-0.8}{44} + 0.2 = 0$$

整理すると、$z = \frac{43}{12160}\left(=\frac{43}{152} \times \frac{1}{80}\right)$

これを（算14-10）、（算14-11）に代入すると、

$$t = \frac{47}{1216}\left(=\frac{47}{152} \times \frac{1}{8}\right)$$

$$u = \frac{31}{1520}\left(=\frac{62}{152} \times \frac{1}{20}\right)$$

次に、上記（2）で見た「小体系」の方法で社会的必要労働量を計算してみる。

小麦1クォーターをa、鉄1㌧をb、豚1頭をc、年労働をlとすると、投入・産出関係は次のようになる。

小麦　　200a + 12b + 16c + 0.2l → 480a
鉄　　　 80a + 8b + 12c + 0.4l → 32b
豚　　　120a + 4b + 24c + 0.4l → 72c

純生産物は小麦が80クォーター（480 − 200 − 80 − 120）、鉄が12㌧（32 − 12 − 8 − 4）、豚が20頭（72 − 16 − 12 − 34）となる。

小麦、鉄、豚の3つの生産過程をそれぞれ3つに分解し、純生産物が小麦だけ、鉄だけ、豚だけという3つの小体系を作る。これを順に、「小麦の小体系」、「鉄の小体系」、「豚の小体系」と呼ぶ。

まず、小麦だけが剰余を持つ「小麦の小体系」を作る。

小麦の生産方程式からの分割の割合を　　x_1
鉄の生産方程式からの分割の割合を　　　y_1
豚の生産方程式からの分割の割合を　　　z_1

とすると、小麦だけが剰余をもつという前提から以下の方程式を作ることができる。

小麦　　$200x_1 + 80y_1 + 120z_1 + 80 = 480x_1$
鉄　　　$12x_1 + 8y_1 + 4z_1 = 32y_1$
豚　　　$16x_1 + 12y_1 + 24z_1 = 72z_1$

これを変形すると、

$$-280x_1 + 80y_1 + 120z_1 + 80 = 0 \quad (算14\text{-}12)$$
$$12x_1 - 24y_1 + 4z_1 = 0 \quad (算14\text{-}13)$$
$$16x_1 + 12y_1 - 48z_1 = 0 \quad (算14\text{-}14)$$

（算14-13）×12＋（算14-14）

$$144x_1 - 288y_1 + 48z_1 = 0$$
$$\underline{16x_1 + 12y_1 - 48z_1 = 0}$$
$$160x_1 - 276y_1 = 0$$

$$y_1 = \frac{160}{276}x_1 \quad (算14\text{-}15)$$

同様に、（算14-13）＋（算14-14）×2 から $\quad z_1 = \frac{44}{92}x_1 \quad (算14\text{-}16)$

（算14-15）と（算14-16）を（算14-12）に代入して解くと、$x_1 = \frac{69}{152}$

したがって、$y_1 = \frac{160}{276} \times \frac{69}{152} = \frac{40}{152}$、$z_1 = \frac{44}{92} \times \frac{69}{152} = \frac{33}{152}$

次に、鉄だけが剰余を持つ「鉄の小体系」を作る。

小麦の生産方程式からの分割の割合を　　x_2
鉄の生産方程式からの分割の割合を　　y_2
豚の生産方程式からの分割の割合を　　z_2

とすると、鉄だけが剰余をもつという前提から以下の方程式を作ることができる。

小麦　　$200x_2 + 80y_2 + 120z_2 = 480x_2$
鉄　　　$12x_2 + 8y_2 + 4z_2 + 8 = 32y_2$
豚　　　$16x_2 + 12y_2 + 24z_2 = 72z_2$

「小麦の小体系」と同様に解くと、

$$x_2 = \frac{33}{152}、\quad y_2 = \frac{72}{152}、\quad z_2 = \frac{29}{152}$$

最後に「豚の小体系」を作る。

小麦の生産方程式からの分割の割合を　　x_3
鉄の生産方程式からの分割の割合を　　y_3
豚の生産方程式からの分割の割合を　　z_3

とすると、豚だけが剰余をもつという前提から以下の方程式を作ることが

できる。

小麦　　$200x_3 + 80y_3 + 120z_3　　= 480x_3$

鉄　　　$12x_3 + 8y_3 + 4z_3　　= 32y_3$

豚　　　$16x_3 + 12y_3 + 24z_3 + 20 = 72z_3$

これも「小麦の小体系」と同様に解くと、

$$x_3 = \frac{50}{152}、y_3 = \frac{40}{152}、z_3 = \frac{90}{152}$$

以上をまとめると、

「小麦の小体系」を作るための、小麦生産、鉄生産、豚生産からの分割分はそれぞれ、

$$x_1 = \frac{69}{152}、y_1 = \frac{40}{152}、z_1 = \frac{33}{152}$$

「鉄の小体系」を作るための、小麦生産、鉄生産、豚生産からの分割分はそれぞれ、

$$x_2 = \frac{33}{152}、y_2 = \frac{72}{152}、z_2 = \frac{29}{152}$$

「豚の小体系」を作るための、小麦生産、鉄生産、豚生産からの分割分はそれぞれ、

$$x_3 = \frac{50}{152}、y_3 = \frac{40}{152}、z_3 = \frac{90}{152}$$

となる。当然のことであるが、$\sum_{n=1}^{3} x_n = 1$、$\sum_{n=1}^{3} y_n = 1$、$\sum_{n=1}^{3} z_n = 1$ である。

この結果、「小麦の小体系」での投入・産出関係は次のようになる（労働量にかかる数値は分数に置き換えた）。

小麦　　$\frac{69}{152}(200a + 12b + 16c + \frac{1}{5}l) \rightarrow \frac{69}{152}480a$

鉄　　　$\frac{40}{152}(80a + 8b + 12c + \frac{2}{5}l) \rightarrow \frac{40}{152}32a$

豚　　　$\frac{33}{152}(120a + 4b + 24c + \frac{2}{5}l) \rightarrow \frac{33}{152}72a$

小麦、鉄、豚の投入量と産出量、それに「小麦の小体系」全体の労働量（社会的必要労働量）を計算すると、

Ⅳ　計算付録

小麦　　投入量　　$\dfrac{69\times 200+40\times 80+33\times 120}{152}=\dfrac{20960}{152}$

　　　　産出量　　$\dfrac{69\times 480}{152}=\dfrac{33120}{152}$

　　　　剰余　　　$\dfrac{12160}{152}=80$

鉄　　　投入量　　$\dfrac{69\times 12+40\times 8+33\times 4}{152}=\dfrac{1280}{152}$

　　　　産出量　　$\dfrac{40\times 32}{152}=\dfrac{1280}{152}$

　　　　剰余　　　0

豚　　　投入量　　$\dfrac{69\times 16+40\times 12+33\times 24}{152}=\dfrac{2376}{152}$

　　　　産出量　　$\dfrac{33\times 72}{152}=\dfrac{2376}{152}$

　　　　剰余　　　0

労働量　　$\dfrac{69\times \dfrac{1}{5}+40\times \dfrac{2}{5}+33\times \dfrac{2}{5}}{152}=\dfrac{43}{152}$

　この小体系では剰余が生じるのは小麦だけである。したがって、鉄や豚に投じられた労働も、すべて（間接的にではあれ）小麦の生産のために必要な労働であることになる。小麦の剰余が80クォーターであり、社会的必要労働量が $\dfrac{43}{152}$ であるから、
小麦1クォーターあたりの社会的必要労働量は、$\dfrac{43}{152}\div 80=\dfrac{43}{152}\times \dfrac{1}{80}$ となる。

　「鉄の小体系」と「豚の小体系」からも同様にして、鉄1トンあたりの社会的必要労働量と豚1頭あたりの社会的必要労働量を求めることができるが、ここでは簡便な方法で確認しておこう。

　まず、鉄である。

$x_2 = \dfrac{33}{152}$、$y_2 = \dfrac{72}{152}$、$z_2 = \dfrac{29}{152}$ であることから、「鉄の小体系」での社会的必要労働量は、

$$\frac{33}{152} \times \frac{1}{5} + \frac{72}{152} \times \frac{2}{5} + \frac{29}{152} \times \frac{2}{5} = \frac{47}{152}$$

これに対して、「鉄の小体系」での剰余は鉄8トンのみ。

したがって、鉄1トンあたりの社会的必要労働量は、$\dfrac{47}{152} \times \dfrac{1}{8}$ となる。

最後に豚を見る。

$x_3 = \dfrac{50}{152}$、$y_3 = \dfrac{40}{152}$、$z_3 = \dfrac{90}{152}$ であることから、「豚の小体系」での社会的必要労働量は、

$$\frac{50}{152} \times \frac{1}{5} + \frac{40}{152} \times \frac{2}{5} + \frac{90}{152} \times \frac{2}{5} = \frac{62}{152}$$

これに対して、「豚の小体系」での剰余は豚20頭のみ。

したがって、豚1頭あたりの社会的必要労働量は、$\dfrac{62}{152} \times \dfrac{1}{20}$ となる。

これをまとめると、小麦、鉄、豚の生産のための社会的必要労働量は次のようになる。

小麦1単位の社会的必要労働量　　$\dfrac{43}{152} \times \dfrac{1}{80}$

鉄1単位の社会的必要労働量　　$\dfrac{47}{152} \times \dfrac{1}{8}$

豚1単位の社会的必要労働量　　$\dfrac{62}{152} \times \dfrac{1}{20}$

一方、先に個々の商品の生産のために直接間接貢献した労働量（体現労働量）を求めたが、それは以下のようになっていた。

小麦1単位の体現労働量　　$\dfrac{43}{152} \times \dfrac{1}{80}$

鉄1単位の体現労働量　　$\dfrac{47}{152} \times \dfrac{1}{8}$

豚1単位の体現労働量　　$\dfrac{62}{152} \times \dfrac{1}{20}$

以上により、個々の商品の体現労働量と社会的必要労働量が一致することが確認された。

Ⅳ 計算付録

第15節：生産手段に対する労働の割合が同一であるときの商品価格の不変性

すべての商品生産において、生産手段に対する労働の割合が同一であれば、賃金の変化が商品価格の変化を引き起こすことはないということを一般的に示せば、次のようになる。

生産体系を、[計算付録] 11と同様に、次のようにおく。

$(A_a p_a + B_a p_b + C_a p_c + \cdots\cdots + K_a p_k)(1+\gamma) + L_a \omega = A p_a$ （算15-1）
$(A_b p_a + B_b p_b + C_b p_c + \cdots\cdots + K_b p_k)(1+\gamma) + L_b \omega = B p_b$
$(A_c p_a + B_c p_b + C_c p_c + \cdots\cdots + K_c p_k)(1+\gamma) + L_c \omega = C p_c$
$\cdots\cdots\cdots\cdots\cdots\cdots\cdots\cdots\cdots\cdots\cdots\cdots\cdots$
$(A_k p_a + B_k p_b + C_k p_c + \cdots\cdots + K_k p_k)(1+\gamma) + L_k \omega = K p_k$

ここで、国民所得および年間の総労働量を1とする。すなわち、

$[A-(A_a+A_b+A_c+\cdots\cdots+A_k)]p_a + [B-(B_a+B_b+B_c+\cdots\cdots+B_k)]p_b + [C-(C_a+C_b+C_c+\cdots\cdots+C_k)]p_c + \cdots\cdots + [K-(K_a+K_b+K_c+\cdots\cdots+K_k)]p_k = 1$

$L_a + L_b + L_c + \cdots\cdots + L_k = 1$　すなわち、$\sum_{m=a}^{k} L_m = 1$　　（算15-2）

である。

簡略化のために、

$Q_n = A_n p_a + B_n p_b + C_n p_c + \cdots\cdots + K_n p_k$　（n＝a, b, c, ……, k）

とおけば、生産方程式は次のようになる。

$Q_a(1+\gamma) + L_a \omega = A p_a$
$Q_b(1+\gamma) + L_b \omega = B p_b$
$Q_c(1+\gamma) + L_c \omega = C p_c$
$\cdots\cdots\cdots\cdots\cdots\cdots\cdots$
$Q_k(1+\gamma) + L_k \omega = K p_k$

すべての生産方程式において生産手段に対する労働の割合が同一であるという前提から、

$$\frac{L_n \omega}{Q_n} = \frac{\sum_{m=a}^{k} L_m \omega}{\sum_{m=a}^{k} Q_m} = \frac{\omega}{\sum_{m=a}^{k} L_m} \quad (n = a, b, c, \cdots\cdots, k)$$

∵　（算15-2）から、$\sum_{m=a}^{k} L_m = 1$

したがって、

$$L_n = \frac{Q_n}{\sum\limits_{m=a}^{k} Q_m}、\qquad Q_n = L_n \sum\limits_{m=a}^{k} Q_m \qquad (算15\text{-}3)$$

一方、利潤の合計と賃金の総和が国民所得（＝1）となることから、

$$\gamma \sum\limits_{m=a}^{k} Q_m + \omega = 1、\qquad \gamma = \frac{1-\omega}{\sum\limits_{m=a}^{k} Q_m}$$

これを

$$Q_a(1+\gamma) + L_a\omega = Ap_a$$

に代入すると、

$$Q_a\left(1 + \frac{1-\omega}{\sum\limits_{m=a}^{k} Q_m}\right) + L_a\omega = Ap_a$$

$$Q_a + Q_a \frac{1-\omega}{\sum\limits_{m=a}^{k} Q_m} + L_a\omega = Ap_a$$

（算15-3）で示されたように、$L_a \sum\limits_{m=a}^{k} Q_m = Q_a$ であるから、

$$Q_a + L_a \sum\limits_{m=a}^{k} Q_m \frac{1-\omega}{\sum\limits_{m=a}^{k} Q_m} + L_a\omega = Ap_a$$

$$Q_a + L_a(1-\omega) + L_a\omega = Ap_a$$

$$Q_a + L_a = Ap_a$$

同様に、

$$Q_b + L_b = Bp_b$$

$$Q_c + L_c = Cp_c$$

$$\cdots\cdots\cdots\cdots$$

$$Q_k + L_k = Kp_k$$

このことから、すべての商品生産において生産手段に対する労働の割合が同一であるとき、（算15-1）の各生産方程式は、次のように書き換えられる。

$$A_a p_a + B_a p_b + C_a p_c + \cdots\cdots + K_a p_k + L_a = Ap_a$$

$$A_b p_a + B_b p_b + C_b p_c + \cdots\cdots + K_b p_k + L_b = Bp_b$$

$$A_c p_a + B_c p_b + C_c p_c + \cdots + K_c p_k + L_c = C p_c$$
$$\cdots\cdots\cdots\cdots\cdots\cdots\cdots\cdots\cdots\cdots\cdots\cdots$$
$$A_k p_a + B_k p_b + C_k p_c + \cdots + K_k p_k + L_k = K p_k$$

これは、商品「a」、「b」、「c」、……、「k」の価格（p_a、p_b、p_c、……、p_k）が賃金や利潤率とは無関係に決定されること、したがって賃金がどのように変化しても、商品価格は変わらないことを意味する。

一方、「a」、「b」、「c」、……、「k」への単位あたり体現労働量を、λ_a、λ_b、……、λ_k とすれば、各商品の単位あたり体現労働量は次式によって決定される。

$$A_a \lambda_a + B_a \lambda_b + C_a \lambda_c + \cdots + K_a \lambda_k + L_a = A p_a$$
$$A_b \lambda_a + B_b \lambda_b + C_b \lambda_c + \cdots + K_b \lambda_k + L_b = B p_b$$
$$A_c \lambda_a + B_c \lambda_b + C_c \lambda_c + \cdots + K_c \lambda_k + L_c = C p_c$$
$$\cdots\cdots\cdots\cdots\cdots\cdots\cdots\cdots\cdots\cdots\cdots\cdots$$
$$A_k \lambda_a + B_k \lambda_b + C_k \lambda_c + \cdots + K_k \lambda_k + L_k = K p_k$$

これは、すべての商品生産において生産手段に対する労働の割合が同一であるときの各商品の価格を決定する生産方程式とまったく同一のものである。したがってこのとき、

$$p_n = \lambda_n \quad (n = a, b, c, \ldots, k)$$

となる。すなわち、個々の商品の相対的価値は、国民所得の全体が賃金にあてられるか否かにかかわらず、「直接間接に商品生産に貢献した労働量に比例している」ということになる。

上記のことから、すべての商品生産において生産手段に対する労働の割合が同一ならば、次のことがいえる。

1つは、賃金の変化が商品の相対的価値の変化を引き起こすことはないということである。ある価格の組み合わせのもとで生産手段に対する労働の割合がすべての商品生産で同一であれば、賃金がどのように変化しようと、各商品生産にあっては、生産物から賃金を控除したあとに残るものの生産手段に対する割合は同一になり（つまり、均一の利潤率となり）、利潤率を同一にするために商品価格が変化を生じなければならない理由は存在しないからである。

もう1つは、賃金がいかなる水準にあろうと（つまり、「国民所得の全体

が賃金にあてられる」状態でなくても)、各商品の相対価値は、各商品に投入された労働量に比例しているということである。これは、「国民所得の全体が賃金にあてられるときに限り、各商品の相対価値は、各商品に投入された労働量に比例する」とする第14節での説明に対する例外ということになる。

第22節:「生産手段に対する純生産物の価格比率」と「間接雇用労働と直接雇用労働の数量比率」

　第22節の注で、スラッファは、生産手段に対する労働の割合が「バランスを保つ」割合となっていない産業では、間接雇用労働と直接雇用労働の数量比率と、生産手段に対する純生産物の価格比率とは、$\omega=1$のときだけ一致するだろうとする。例によって、ここでも結論が示されているだけである。

　これを確認するためには、第14節で見た、「$\omega=1$のとき、各商品の価格は各商品に体現された労働量に比例している」ということを思い出す必要がある。このとき、[計算付録] 14の(算14-1)から(算14-6)の各式から容易にわかるように、生産手段の価格は間接雇用労働に比例している。また、$\omega=1$のとき、純生産物の全体が直接雇用労働に割り当てられるから、純生産物の価格は直接雇用労働に比例することになる。この結果、$\omega=1$のとき、「生産手段に対する純生産物の価格比率」と「間接雇用労働と直接雇用労働の数量比率」は一致することになる。

　また、「各商品の価格が各商品に体現された労働量に比例している」のも、「純生産物の全体が直接雇用労働に割り当てられる」のも、$\omega=1$のときに限られるから、これ以外のとき($\omega\neq1$のとき)は「生産手段に対する純生産物の価格比率」と「間接雇用労働と直接雇用労働の数量比率」が一致することはない。

Ⅳ 計算付録

第4章

第25節：縮小体系を作るときの縮小率の計算方法

　縮小率については、スラッファは例によって結果しか示していないが、この計算方法は意外と厄介である。計算方法は大きく分ければ2つある。行列を使う方法と使わない方法である。ここでは行列によらない方法で計算を行う（計算方法としては行列を用いた方が比較的簡潔なように思われる。この方法は［行列（Matrix）を用いる計算］（第25節）に示した）。

　スラッファが設定した現実体系の生産方程式は次の通りである。

$$(90x+120y+60z)(1+\gamma)+(3/16)\omega=180x$$
$$(50x+125y+150z)(1+\gamma)+(5/16)\omega=450y$$
$$(40x+40y+200z)(1+\gamma)+(8/16)\omega=480z$$

　x：鉄1ﾄﾝの価格、y：石炭1ﾄﾝの価格、z：小麦1クォーターの価格
　ω：賃金、γ：利潤率

ここで、$\omega=0$、x=1、とすれば、極大利潤率（R）は次の式を解くことによって得られる。

$$(90+120y+60z)(1+R)=180 \quad (算25\text{-}1)$$
$$(50+125y+150z)(1+R)=450y \quad (算25\text{-}2)$$
$$(40+40y+200z)(1+R)=480z \quad (算25\text{-}3)$$

（算25-1）より、

$$(1+R)=180/(90+120y+60z)$$

これを（算25-2）（算25-3）に代入すると、

$$180(50+125y+150z)=(90+120y+60z)450y \quad (算25\text{-}4)$$
$$180(40+40y+200z)=(90+120y+60z)480z \quad (算25\text{-}5)$$

ここで、y≠0 ならば、（算25-4）より、

$$180(50+125y+150z)/450y=90+120y+60z$$

これを、（算25-5）に代入して、整理すると、

$$450y(40+40y+200z)=480z(50+125y+150z)$$
$$450 \cdot 40y(1+y+5z)=480 \cdot 25z(2+5y+6z)$$
$$18000y(1+y+5z)=12000z(2+5y+6z)$$
$$3y(1+y+5z)=2z(2+5y+6z)$$

$$3y^2+3y+15yz=10yz+4z+12z2$$
$$3y^2+(3+5z)y-(12z2+4z)=0$$
$$(3y-4z)(y+3z+1)=0$$
よって、y＝4z/3 または、y＝－(3z+1)
一方、(算25-4)より、
$$180(50+125y+150z)=450y(90+120y++60z)$$
$$180 \cdot 25(2+5y+6z)=450 \cdot 30y(3+4y+2z)$$
$$4500(2+5y+6z)=4500 \cdot 3y(3+4y+2z)$$
$$2+5y+6z=3y(3+4y+2z) \qquad (算25\text{-}6)$$
まず、(算25-6)にy＝4z/3を代入すると、
$$2+5(4z/3)+6z=3(4z/3)[3+4(4z/3)+2z]$$
両辺に3を乗じて整理すると、
$$6+20z+18z=4z(9+16z+6z)$$
$$6+38z=36z+88z^2$$
$$44z^2-z-3=0$$
$$(11z-3)(4z+1)=0$$
よって、z＝3/11 または、z＝－1/4
これを、y＝4z/3に代入すると、
　　z＝3/11のとき、y＝4/11
　　z＝－1/4のとき、y＝－1/3
次に、(算25-6)にy＝－(3z+1)を代入すると、
$$2-5(3z+1)+6z=-3(3z+1)[3-4(3z+1)+2z]$$
$$2-15z-5+6z=-3(3z+1)(3-12z-4+2z)$$
$$-9z-3=3(3z+1)(10z+1)$$
$$=90z^2+39z+3$$
$$90z^2+48z+6=0$$
$$15z^2+8z+1=0$$
$$(3z+1)(5z+1)=0$$
よって、z＝－1/3 または、z＝－1/5
これを、y＝－(3z+1)に代入すると、
　　z＝－1/3のとき、y＝0

Ⅳ 計算付録

　　　　　　$z=-1/5$ のとき、$y=-2/5$

$z=-1/3, y=0$ という組み合わせは、$y\neq 0$ という前提をみたさない。
$y=0$ のときを検討する。このとき、（算25-1）、（算25-2）、（算25-3）は次のようになる。

　　　　$(90+60z)(1+R)=180$　　　　　　　　　　　　　　（算25-1）'
　　　　$(50+150z)(1+R)=0$　　　　　　　　　　　　　　　（算25-2）'
　　　　$(40+200z)(1+R)=480z$　　　　　　　　　　　　　（算25-3）'

（算25-1）'から、$1+R\neq 0$　　したがって、（算25-2）'から、$z=-1/3$
これを（算25-1）'に代入すると、$1+R=180/70$
一方、（算25-3）'に代入すると、$1+R=-160/(40-200/3)$
　　　　　　　　　　　　　　　　　　　　　$=480/80$
（算25-1）'と（算25-3）'を同時にみたす解は存在しないことになる。
したがって、（算25-1）、（算25-2）、（算25-3）に、$y=0$ という解は存在しない。

　以上をまとめると、y、z の解の組み合わせは、次の3通りになる。

　　　a）　$y=4/11$　　　$z=3/11$
　　　b）　$y=-1/3$　　　$z=-1/4$
　　　c）　$y=-2/5$　　　$z=-1/5$

このそれぞれを、（算25-1）より得られた、$1+R=180/(90+120y+60z)$ に代入すると、$1+R$ の値は以下のとおりとなる（（算25-2）または（算25-3）から$1+R$を得ても結果は同じである）。

　　　a）のとき、$1+R=180/(90+120y+60z)=180/150=6/5$　　$R=0.2$
　　　b）のとき、$1+R=180/(90+120y+60z)=180/35=36/7$　　$R=29/7$
　　　c）のとき、$1+R=180/(90+120y+60z)=180/30=6$　　$R=5$

　このうち、$\omega=0$ で、商品価格がすべて正となるのは、a）のときだけであるから、

　　　　$R=0.2$

だけが意味のある数字である。

　一方、鉄、石炭、小麦をそれぞれ a, b, c とすれば、スラッファが提示した現実体系は次のようになる。

投入　　　　　　　算出
90a＋120b＋ 60c → 180a
50a＋125b＋150c → 450a
40a＋ 40b＋200c → 480a

この現実体系では、鉄、石炭、小麦の投入・算出比率はそれぞれ、180/(90＋50＋40)、450/(120＋125＋40)、480/(60＋150＋200)、となっていて、一致していない。しかし、この3つの生産過程を適当に拡大または縮小することによって、鉄、石炭、小麦の投入・算出比率が同一のものとなる生産体系を得ることができる。

3つの生産方程式を拡大・縮小するために、それぞれの式に q_1, q_2, q_3 を乗じる。

q_1・(90a＋120b＋ 60c)→ q_1・180a
q_2・(50a＋125b＋150c)→ q_2・450a
q_3・(40a＋ 40b＋200c)→ q_3・480a

鉄、石炭、小麦の投入量と産出量は次のようになる。

商品	投入量	産出量
鉄	$90q_1$＋ $50q_2$＋ $40q_3$ →	$180q_1$
石炭	$120q_1$＋$125q_2$＋ $40q_3$ →	$450q_2$
小麦	$60q_1$＋$150q_2$＋$200q_3$ →	$480q_3$

このとき、鉄、石炭、小麦の投入・産出比率は同一とならなければならないから、

$$\frac{180q_1}{90q_1+50q_2+40q_3}=\frac{450q_2}{120q_1+125q_2+40q_3}=\frac{480q_3}{60q_1+150q_2+200q_3}$$

である。これは投入（分母）に対する産出（分子）の割合、すなわち、1＋R を意味する。上の計算で、R＝0.2 が得られているから、この値は1.2である。したがって、

$$\frac{180q_1}{90q_1+50q_2+40q_3}=\frac{450q_2}{120q_1+125q_2+40q_3}=\frac{480q_3}{60q_1+150q_2+200q_3}=1.2$$

となる。これを各項ごとに展開すると、

$90q_1$＋ $50q_2$＋$40q_3$＝$180q_1/1.2$＝$150q_1$　　　　　（算25-7）
$120q_1$＋$125q_2$＋$40q_3$＝$450q_2/1.2$＝$375q_2$　　　　　（算25-8）

$$60q_1 + 150q_2 + 200q_3 = 480q_3/1.2 = 400q_3 \qquad (算25\text{-}9)$$

整理すると、

$$-60q_1 + 50q_2 + 40q_3 = 0 \qquad (算25\text{-}10)$$
$$120q_1 - 250q_2 + 40q_3 = 0 \qquad (算25\text{-}11)$$
$$60q_1 + 150q_2 - 200q_3 = 0 \qquad (算25\text{-}12)$$

（算25-10）＋（算25-12）より、

$$200q_2 - 160q_3 = 0 \quad よって、q_3 = \frac{5}{4}q_2 \qquad (算25\text{-}13)$$

（算25-11）-（算25-10）より、

$$180q_1 - 300q_2 = 0 \quad よって、q_2 = \frac{3}{5}q_1 \qquad (算25\text{-}14)$$

（算25-14）を（算25-13）に代入すれば、$q_3 = \frac{5}{4} \times \frac{3}{5}q_1 = \frac{3}{4}q_1$

$$(算25\text{-}15)$$

（算25-14）、（算25-15）から、

$$q_1 : q_2 : q_3 = 1 : 3/5 : 3/4$$

投入量に対する産出量の比率は鉄が最も小さいから（実際には鉄の投入量と産出量は等量であった）、

$q_1 = 1$ とすれば、$q_2 = 3/5$、$q_3 = 3/4$ となる。

ただし、[大掴み] 20°では、q_2 を α と、q_3 を β と、それぞれ置き換えた。

第32節：現実体系における利潤への割り当て分と利潤率の関係

[大掴み] 24°で見た例によって、現実体系と標準体系における、利潤への分配分と利潤率の関係を見てみる。両体系を再掲すれば次のようになる。

現実体系

鉄の生産方程式　　　$(90x + 120y + 60z)(1+\gamma) + (3/16)\omega = 180x$

石炭の生産方程式　　$(50x + 125y + 150z)(1+\gamma) + (5/16)\omega = 450y$

小麦の生産方程式　　$(40x + 40y + 200z)(1+\gamma) + (8/16)\omega = 480z$

標準体系

鉄の生産方程式　　　$(120x + 160y + 80z)(1+\gamma) + (4/16)\omega = 240x$

石炭の生産方程式　　$(40x + 100y + 120z)(1+\gamma) + (4/16)\omega = 360y$

小麦の生産方程式　　$(40x + 40y + 200z)(1+\gamma) + (8/16)\omega = 480z$

x：鉄1ﾄﾝの価格、y：石炭1ﾄﾝの価格、z：小麦1クォーターの価格

ω：賃金、γ：利潤率

両体系における純生産物（国民所得）と総生産手段は、それぞれ次のとおりである。

	現実体系	標準体系
純生産物	165x＋70z （Ar）	40x＋60y＋80z （As）
総生産手段	180x＋285y＋410z （Br）	200x＋300y＋400z （Bs）

165x＋70zを(Ar)、40x＋60y＋80zを(As)、180x＋285y＋410zを(Br)、そして200x＋300y＋400zを(Bs)とする。このとき、超過率、利潤への分配額、利潤率は次のようにあらわされる。

	現実体系	標準体系
超過率	Ar/Br	As/Bs
利潤への分配額	Ar－ω	As－ω
利潤率	(Ar－ω)/Br	(As－ω)/Bs

標準純生産物を標準（＝尺度）とすると（40x＋60y＋80z＝1とすると）、ω＝0、3/4、1のときの商品価格（x、y、z）は以下のとおりになる。

ω	x	y	z
1	0.01056	0.00440	0.00392
3/4	0.01089	0.00439	0.00377
0	0.01196	0.00435	0.00326

これによって、両体系の純生産物の総額、生産手段の総額、利潤率等を計算すれば次のようになる。

	現実体系	標準体系
ω＝1のとき		
純生産物の総額	1	1
生産手段の総額	4.76207	5
超過率	0.20999	0.2
利潤への分配額	0	0
利潤率	0	0
ω＝3/4のとき		
純生産物の総額	0.98770	1
生産手段の総額	4.75409	5

超過率	0.20776	0.2
利潤への分配額	0.23770	0.25
利潤率	0.05	0.05

$\omega=0$ のとき

純生産物の総額	0.94565	1
生産手段の総額	4.72826	5
超過率	0.2	0.2
利潤への分配額	0.94565	1
利潤率	0.2	0.2

　上の計算からわかるように、現実体系と標準体系とでは純生産物および生産手段を構成する商品の量が異なるために、純生産物の総額と生産手段の総額が両体系で異なってくる。そしてまたその結果、利潤への分配額（純生産物－ω）も両体系で異なってくる。しかし利潤率は両体系で同一のものになる。つまり、利潤への分配額が両体系で異なることは、両体系の利潤率の同一性に関する限りは、何らの影響ももたらさないのである。

第33節：標準商品の構成——q 体系

　スラッファは標準体系を q 体系と呼ぶ。q 体系の一般的作成手順は以下の通りである。

　現実体系として、k コの商品で構成される生産方程式を考える。このとき、記号は［計算付録］3、同11のとおりとする。

　各商品の生産方程式の乗数（q_n：n＝a、b、c、……、k）は、次の手順で求められる。

　各生産方程式の投入量と産出量に、順次、q_a、q_b、q_c、……q_k を乗じる

$$q_a(A_a+B_a+C_a+……+K_a+L_a) \rightarrow Aq_a$$
$$q_b(A_b+B_b+C_b+……+K_b+L_b) \rightarrow Bq_b$$
$$q_c(A_c+B_c+C_c+……+K_c+L_c) \rightarrow Cq_c$$
$$………………………………………………$$
$$q_k(A_k+B_k+C_k+……+K_k+L_k) \rightarrow Kq_k$$

展開すると
$$A_aq_a+B_aq_a+C_aq_a+……+K_aq_a+L_aq_a \rightarrow Aq_a$$

$$A_b q_b + B_b q_b + C_b q_b + \ldots\ldots + K_b q_b + L_b q_b \rightarrow B q_b$$
$$A_c q_c + B_c q_c + C_c q_c + \ldots\ldots + K_c q_c + L_c q_c \rightarrow C q_c$$
$$\ldots\ldots\ldots\ldots\ldots\ldots\ldots\ldots\ldots\ldots\ldots\ldots\ldots\ldots\ldots\ldots\ldots$$
$$A_k q_k + B_k q_k + C_k q_k + \ldots\ldots + K_k q_k + L_k q_k \rightarrow K q_k$$

商品ごとに生産手段と生産物をまとめる。ここで、q体系では「生産された数量が生産で使いはたされた数量を超過する比率が各商品について同じである」ことが必要なことから、この超過比率をRとすると、

$$(A_a q_a + A_b q_b + A_c q_c + \ldots\ldots + A_k q_k)(1+R) = A q_a$$
$$(B_a q_a + B_b q_b + B_c q_c + \ldots\ldots + B_k q_k)(1+R) = B q_b$$
$$(C_a q_a + C_b q_b + C_c q_c + \ldots\ldots + C_k q_k)(1+R) = C q_c$$
$$\ldots\ldots\ldots\ldots\ldots\ldots\ldots\ldots\ldots\ldots\ldots\ldots\ldots\ldots\ldots\ldots\ldots$$
$$(K_a q_a + K_b q_b + K_c q_c + \ldots\ldots + K_k q_k)(1+R) = K q_k$$

となる。ただし、q体系で雇用される年労働量は現実体系と同様に、1であるから

$$L_a q_a + L_b q_b + L_c q_c + \ldots\ldots + L_k q_k = 1$$

未知数は、q_a、q_b、q_c、……、q_kのk コの乗数と、「生産された数量が生産で使いはたされた数量を超過する比率」（＝標準比率）Rの、k＋1コ。これに対して、方程式もまた、k＋1コであるから、すべての未知数を決定することができる。

第34節：単位としての標準国民所得

第33節で見た、q体系によって得た乗数の組合せを、q'_a、q'_b、q'_c、……、q'_kとする。これを［計算付録］11で見た現実の生産方程式に乗ずれば、（現実の）生産体系は、標準体系に変形される。

［計算付録］11の現実体系の生産方程式を再掲すれば以下の通りである。

$$(A_a p_a + B_a p_b + C_a p_c + \ldots\ldots + K_a p_k)(1+\gamma) + L_a \omega = A p_a$$
$$(A_b p_a + B_b p_b + C_b p_c + \ldots\ldots + K_b p_k)(1+\gamma) + L_b \omega = B p_b$$
$$(A_c p_a + B_c p_b + C_c p_c + \ldots\ldots + K_c p_k)(1+\gamma) + L_c \omega = C p_c$$
$$\ldots\ldots\ldots\ldots\ldots\ldots\ldots\ldots\ldots\ldots\ldots\ldots\ldots\ldots\ldots\ldots\ldots$$
$$(A_k p_a + B_k p_b + C_k p_c + \ldots\ldots + K_k p_k)(1+\gamma) + L_k \omega = K p_k$$

この各生産方程式に、q'_a、q'_b、q'_c、……q'_kを乗ずれば次のようになる。

Ⅳ 計算付録

$$q'_a[(A_a p_a + B_a p_b + C_a p_c + \ldots + K_a p_k)(1+\gamma) + L_a \omega] = q'_a A p_a$$
$$q'_b[(A_b p_a + B_b p_b + C_b p_c + \ldots + K_b p_k)(1+\gamma) + L_b \omega] = q'_b B p_b$$
$$q'_c[(A_c p_a + B_c p_b + C_c p_c + \ldots + K_c p_k)(1+\gamma) + L_c \omega] = q'_c C p_c$$
$$\ldots\ldots\ldots\ldots\ldots\ldots\ldots\ldots\ldots\ldots\ldots\ldots\ldots\ldots\ldots\ldots\ldots\ldots\ldots$$
$$q'_k[(A_k p_a + B_k p_b + C_k p_c + \ldots + K_k p_k)(1+\gamma) + L_k \omega] = q'_k K p_k$$

［計算付録］12では、現実体系の純生産物（国民所得）を次のように定義した。

$$[A-(A_a+A_b+A_c+\ldots+A_k)]p_a + [B-(B_a+B_b+B_c+\ldots+B_k)]p_b + [C-(C_a+C_b+C_c+\ldots+C_k)]p_c + \ldots + [K-(K_a+K_b+K_c+\ldots+K_k)]p_k = 1$$

標準体系においては、純生産物（国民所得）は標準純生産物（標準国民所得）となる。これは、現実体系からの標準体系への変形と同様に、現実体系の純生産物（国民所得）の定義式を次のように変形することによって得られる。

$$[q'_a A - (q'_a A_a + q'_b A_b + q'_c A_c + \ldots + q'_k A_k)]p_a + [q'_b B - (q'_a B_a + q'_b B_b + q'_c B_c + \ldots + q'_k B_k)]p_b + [q'_c C - (q'_a C_a + q'_b C_b + q'_c C_c + \ldots + q'_k C_k)]p_c + \ldots + [q'_k K - (q'_a K_a + q'_b K_b + q'_c K_c + \ldots + q'_k K_k)]p_k = 1$$

この標準純生産物（合成商品）が賃金と価格の標準となる。

第5章

第37節：あらゆる現実体系から標準体系が導出可能であることの証明

次の2方法を用いて、あらゆる現実体系から標準体系を導くことができる。

 Ⅰ 諸産業の相対的生産規模を変更する

 Ⅱ 諸産業の生産手段の規模は変えないで、生産物だけを各産業に共通な比率で縮小する

第25節の事例と同様に、鉄、石炭、小麦の3商品によって、生産体系が構成されるものとする。第25節で事例として用いた現実体系では、鉄は、

生産手段として使用された数量を補填するに十分なだけの量を生産するものとされたが、ここでは、鉄も補填に必要なものより多く生産されるものとし、以下のような生産体系を想定する（第25節で見た鉄産業の生産方程式に4/3を乗じると、鉄産業の労働は3/16から4/16に拡大する。この労働の拡大分1/16を小麦産業から鉄産業に移すものとすると、小麦産業の労働は8/16から7/16へと7/8だけ減少するから、小麦産業の生産方程式には7/8を乗じる。この手続きによって生産手段と生産物の比率関係を変えることなく、全商品で余剰が出る状態を想定することができる）。

	生 産 手 段				生産物
	鉄	石炭	小麦	労働	
鉄　産業	120	160	80	4/16	240
石炭産業	50	125	150	5/16	450
小麦産業	35	35	175	7/16	420
投入要素計	205	320	405	1	

（１）
　生産された数量が生産手段として投入された数量を超過する比率が一番低いのは、小麦である。小麦の生産量が生産手段としての数量と等しくなるように、生産物の数量を圧縮する（圧縮率は、405/420：他の産業についても、同一比率で圧縮）。（方法Ⅱの適用）

	生 産 手 段				生産物
	鉄	石炭	小麦	労働	
鉄　産業	120	160	80	4/16	231.4286
石炭産業	50	125	150	5/16	433.9286
小麦産業	35	35	175	7/16	405.0000
投入要素計	205	320	405	1	

（２）
　この時点で生産された数量が生産手段として投入された数量を超過する比率が一番高いのは、石炭である。そこで石炭の生産を4/5に縮小する。これによって石炭生産に用いられる労働は、5/16から、4/16に減じる。この

― 181 ―

IV 計算付録

1/16の労働を、生産手段数量に対する生産物数量の超過分がゼロとなっている小麦産業に向けると、労働は7/16から8/16になるから、小麦産業の生産は8/7だけ拡大する。（方法Ⅰの適用）

	生 産 手 段				生産物
	鉄	石炭	小麦	労働	
鉄　産業	120	160	80	4/16	231.4286
石炭産業	40	100	120	4/16	347.1429
小麦産業	40	40	200	8/16	462.8571
投入要素計	200	300	400	1	

（３）

上記の（２）の表を見ると、生産された数量が生産手段として投入された数量を超過する比率は、以下のように、すべての商品で等しくなり、15.7143％となる。

　　鉄　産業　　　231.4286/200＝1.157143
　　石炭産業　　　347.1429/300＝1.157143
　　小麦産業　　　462.8571/400＝1.157143

生産物の数量が生産手段の数量と等しくなるように、鉄、石炭、小麦の生産物の数量を、1.157143で割って、圧縮する。（方法Ⅱの適用）

	生 産 手 段				生産物
	鉄	石炭	小麦	労働	
鉄　産業	120	160	80	4/16	200
石炭産業	40	100	120	4/16	300
小麦産業	40	40	200	8/16	400
投入要素計	200	300	400	1	

（４）

こうして、各商品とも、生産物の数量と生産手段として投入された数量とが等しくなった。しかし、この間、各生産物を同じ比率で２回圧縮している。これを元に戻す必要がある。

元に戻すためには、圧縮するときに用いた比率の逆数を乗じればいい。

逆数は$(420/405) \times (231.4286/200) = 1.2$ となる（これから1を引いた、0.2という値は、第25節、第26節で得た標準比率そのものである）。この値を（3）で得られた生産物の数量に乗じれば、次のようになる。

	生産手段				生産物
	鉄	石炭	小麦	労働	
鉄　産業	120	160	80	4/16	240
石炭産業	40	100	120	4/16	360
小麦産業	40	40	200	8/16	480
投入要素計	200	300	400	1	

これは、第25節、第26節で得た、標準体系に他ならない。

かくして、方法Ⅰ、方法Ⅱを繰り返し、方法Ⅱによる圧縮分の全部を最後に回復することによって、現実体系から標準体系が得られる。

以上のことから、現実体系はつねに標準体系に変形できることがわかる。

なおスラッファは明言していないが、以上の計算によって、第33節で見た、現実体系から標準体系を求めるための乗数 q（q_a、q_b、q_c、……、q_k）に関する大きな特徴が確認できる。上の計算で得られる標準体系の各生産方程式と現実体系の各生産方程式を比較すれば、現実体系の生産方程式と標準体系の生産方程式の比率がわかる。この比率は第33節で見た乗数 q に他ならない。上の計算で確認できるように、現実体系の各生産方程式は単純な圧縮と拡大を繰り返して標準体系の各生産方程式に変化する。したがってこの両者の比例関係が負の値をとることはない。そのことは、標準体系を求めるときの乗数 q はすべて正の値をとるということを意味する。

第39節：あらゆる賃金水準における正の価格

第39節と第40節では、「現実体系から導かれる標準体系は1つしかない」ことを論証するための準備的作業を行う。

最初の準備作業として、賃金が1からゼロのどのような値であっても、均一の利潤率をもって生産手段の補填の条件を満足させる、すべてが正の

IV 計算付録

値をもった1つの価格の組み合わせ（p_a、p_b、p_c、……、p_k）が存在することを示す。

第14節で、$\omega=1$のとき、すなわち、国民所得の全体が賃金にあてられるとき、個々の商品の相対価格は直接間接に商品生産に貢献した労働量に比例していることを見た。このときの労働量とは、年労働を1としたときの各商品の生産への（直接、間接の）労働の配分割合のことであるが、それはすべて正の値をとる。したがって$\omega=1$のとき、各商品の価格（p）の値はすべて正となる。

ωの値が1からゼロまで連続的に動くならば、pの値もまた連続的に動く。だからいかなるpも、負になるまでにゼロを通らなければならない。

しかしながら、第11節で見た次の生産方程式からわかるように、賃金と利潤が正であるかぎり、どんな商品の価格もその生産手段に入る他の商品の少なくとも1つの価格が負になるまではゼロになりえない。かくていかなるpも他のものより先に負になりえないから、負になることは決してありえない[注1]。

$$(A_a p_a + B_a p_b + C_a p_c + \ldots + K_a p_k)(1+\gamma) + L_a \omega = A p_a$$
$$(A_b p_a + B_b p_b + C_b p_c + \ldots + K_b p_k)(1+\gamma) + L_b \omega = B p_b$$
$$(A_c p_a + B_c p_b + C_c p_c + \ldots + K_c p_k)(1+\gamma) + L_c \omega = C p_c$$
$$\ldots\ldots\ldots\ldots\ldots\ldots\ldots\ldots\ldots\ldots\ldots\ldots\ldots\ldots$$
$$(A_k p_a + B_k p_b + C_k p_c + \ldots + K_k p_k)(1+\gamma) + L_k \omega = K p_k$$

このことから、現実体系では、剰余のすべてが賃金となるときから、剰余のすべてが利潤となり、賃金がゼロとなるときまで、すべての産業の商品の価格（p_a、p_b、p_c、……、p_k）は正の値をとることがわかる[注2]。

注1　第39節の注に「非基礎的生産物の価格は、基礎的生産物の価格と違って、無限になることを通じて負の値をとることが可能である」という趣旨のことが書いてある。すぐあとに掲げる付録Bでこのことを確認できる。

注2　スラッファの用いた証明方法については疑問がある。疑問は、「賃金と利潤が正であるかぎり、どんな商品の価格も…ゼロになりえない」とするときの、「賃金と利潤が正であるかぎり」という前提である。この前提は証明されていない。ニューマンはこの点をとらえて、第39節のスラッ

ファの証明は欠陥がある（deficient）と批判した（Newman [1962] p. 72）。つまり、賃金と利潤が正の値をとるのは商品価格（の変動）の結果でもあるだから、スラッファの方法では循環論法のようになってしまうというのである。ここでは、第39節のスラッファの証明は不十分ではないかという疑問を提示するにとどめたいが、この問題についてはSchwartz [1961] を参照されたい。

付録B　自己再生産的な非基礎財に関する注——第39節の注

それ自身を再生産するだけの非基礎的生産物があることを想定する。農産物が好例であろう。ここでは豆がそれにあたるものとする。そして、生産手段としての投入量が生産量に対して極めて高いときを考える。たとえば、生産手段としての豆の投入量が100単位であるのに対して、豆の生産量が110単位しかないとする。豆自身と（他の生産手段を代表するものとしての）肥料とを生産手段とすれば、生産方程式は次のようになろう。

$$(100p_a + Bp_b)(1+\gamma) + L_a\omega = 110p_a \qquad (算B\text{-}1)$$

ここで、p_a は豆の価格、B は肥料の投入量、p_b は肥料の価格、ω は賃金、γ は利潤率、L_a は労働量を示す。また、賃金および商品の価格は標準純生産物（標準商品）で示されるものとし、生産体系の極大利潤率（R）は15％とする。

他の生産手段（肥料）のことを考えれば、豆はその価格がどう変化しようと、また、賃金がゼロであったとしても、利潤率は10％未満にしかならないことになる。豆が基礎的生産物であれば問題はない。豆の利潤率が、その価格、賃金の如何に拘らず、10％未満であるということは、生産体系の極大利潤率もまた10％未満になることを意味するに過ぎない。

しかし豆が非基礎的生産物であるときは事情は異なる。非基礎的生産物たる豆が100の投入で110の生産量しか得られないということは、生産体系の利潤率の決定には何の影響も与えない。したがって、生産体系の極大利潤率は10％を超えることもありうる。そして、生産体系の賃金が低下し、利潤率が10％に近づき、または10％を超えるとき、豆の価格には大きな影響が現れることになる。

（算B-1）を展開すると、

$$(10-100\times\gamma)\mathrm{p_a}=\mathrm{Bp_b}(1+\gamma)+\mathrm{L_a}\omega \qquad (算\mathrm{B}\text{-}2)$$

まず、利潤率（γ）がゼロから10％に近づくときを見てみよう。

肥料の投入量（B）も、労働の投入量（$\mathrm{L_a}$）も、マイナスとなることはない。また、利潤率がゼロから10％に近づくにつれ、賃金（ω）は1から1/3（1－10/15）に減少していくが、マイナスにはならない。一方、利潤率が10％に接近するにつれ、豆の生産から得られる純生産物のうち、「他の原料（ここでは肥料）の補填プラスそのような原料の利潤（と賃金）の支払いに利用さるべく残された数量」（$10-100\gamma$）は限りなくゼロに近づく。したがって、肥料の投入量（B）や、労働の投入量（$\mathrm{L_a}$）がゼロでない限り、かつ、肥料の価格（$\mathrm{p_a}$）がゼロまたはマイナスでない限り、利潤率が10％に近づくにつれ、豆の価格（$\mathrm{p_a}$）は急激に上昇しなければならない。

次に利潤率が10％のときを見る。

このとき、（算B-2）式の左辺はゼロとなる。すなわち、「他の原料（ここでは肥料）の補填プラスそのような原料の利潤（と賃金）の支払いに利用さるべく残された数量」たる（$10-100\times\gamma$）がゼロとなる。したがって、10％という利潤率を実現するという前提で、豆の生産が可能となるのは、この式の右辺の肥料と労働の価格がゼロとなるときだけである。しかし、利潤率が10％のとき、ω は（標準商品の）1/3となるのだから、厳密な意味でゼロとなることはありえない。したがって、せいぜいが「実質的にゼロ」となることが考えられるだけであろう。ともかく、肥料と労働の価格が実質ゼロになるという状態を実現する必要があるが、そのためには、豆の価格は無限に高くならなければならない。豆の価格が天文学的に高騰することによって、初めて「肥料と労働の価格が実質ゼロになる」という状態が実現できるからである。

最後は、利潤率が10％を超えるときである。

「他の原料（ここでは肥料）の補填プラスそのような原料の利潤（と賃金）の支払いに利用さるべく残された数量」（$10-100\times\gamma$）はマイナスとなる。ここで、肥料の投入量（B）や、労働の投入量（$\mathrm{L_a}$）がゼロでない限り、かつ、賃金と肥料の価格（$\mathrm{p_a}$）がゼロまたはマイナスでない限り、（算B-2）式の右辺はプラスとなる。したがって、豆の価格（$\mathrm{p_a}$）がマイナスとなるときに初めて（算B-1）式は成立する。

豆の価格がマイナスとなるというのは「お伽話」のような状態が出現することを意味する。つまりこの状態では、豆の生産にあたっては、他の商品と同一の利潤を実現するためには、一定量の豆を「購入」しなければならず、しかもその価格がマイナスであることから、「購入」にあたっては、一定の財貨を、対価として「支払う」のではなく、逆に「受け取る」ことになる。

　上記のことを示したものが第9図である。価格は標準純生産物であらわされている。このとき豆の価格は、利潤率の変化にともなって、直角双曲線を描くことになる。この直角双曲線の漸近線は、図からわかるように、利潤率10％の点を通る価格軸に対する平行線と、利潤率の軸線である。

　利潤率が10％のとき、豆の生産が可能になるのは、「肥料と労働の価格が実質ゼロ」というときだけであることを先に見た。豆を価格の標準（＝尺度）とするならば、豆の価格を無限に大きくすることによって、肥料（に代表される他のすべての商品）の価格と賃金を限りなくゼロに近づけることができる。そしてその結果「肥料と労働の価格が実質ゼロ」と同じ状態が生じる。つまり、（算B-2）式の右辺を、左辺と同様に、ゼロとすることによって、式の形式的解が与えられる。

　ただしこういうことが生じるのは非基礎的生産物を価格の標準とする場合だけである。基礎的生産物であれば、それが生産手段として直接に入る商品が少なくとも1コは存在するはずであって、価格の標準とされた基礎的生産物の価格が高騰すれば、この基礎的生産物が生産手段として入る他の商品の価格もまた騰貴することになる。したがって基礎的生産物は、他の商品の価格をゼロとするような形で無限大に騰貴することはありえない。そして、そういうことがない以上、（ここで見た非基礎的生産物たる豆のように）価格が無限大になるという状態を通過して、マイナスの価格をとることもありえない。

　ここで注意しておくべきことが1つある。ここでの議論が、すべての商品について「一物一価」を想定し、すべての生産手段について「均一利潤率」を想定していることである。価格の標準が標準純生産物で、利潤率が10％であるとき、あるいは10％を超えるときは、上述の例では、豆の生産に関しては「一物一価」や「均一利潤率」という想定がみたされないといっ

てもいい。

逆にいえば、この生産体系において利潤率が10%を超えていても、豆の生産については利潤率が10%未満であってもかまわないなら（「均一利潤率」が実現されなくてもいいなら）、依然として豆は生産されうる。また、生産手段としての豆の価格よりも生産物としての豆の価格のほうが高くともいいなら（「一物一価」が実現されなくてもいいなら）、利潤率が10%を超えるような価格で豆を販売することが可能になる。

第40節：ゼロの賃金における生産方程式

第39節で、賃金がゼロのときも商品の価格はすべて正の値をとることがわかった。第40節ではこれに基づいて、賃金をゼロとして生産方程式を書き換える。賃金をゼロとすれば労働の項が削除されることになり、生産方程式は簡素なものとなる。ここでの課題（標準体系は1つしか存在しないことの証明）の検討のためには、そのほうが便利である。

賃金をゼロとしたとき、利潤率（r）は極大値をとる。したがって、労働の項を削除し、r（利潤率）をR（極大利潤率）に置き換えれば、生産方程式は次のようになる。

$$(A_a p_a + B_a p_b + C_a p_c + \ldots + K_a p_k)(1+R) = A p_a$$
$$(A_b p_a + B_b p_b + C_b p_c + \ldots + K_b p_k)(1+R) = B p_b$$
$$(A_c p_a + B_c p_b + C_c p_c + \ldots + K_c p_k)(1+R) = C p_c$$
$$\cdots\cdots\cdots\cdots\cdots\cdots\cdots\cdots\cdots\cdots\cdots\cdots\cdots\cdots\cdots\cdots$$
$$(A_k p_a + B_k p_b + C_k p_c + \ldots + K_k p_k)(1+R) = K p_k$$

未知数は、kコの商品価格と極大利潤率（R）のk+1コになる。方程式はkコであるが、kコの商品のいずれかの価格を1とすれば、未知数はkコとなるから、残りのすべての未知数は決定できる。

第41節：

1．商品の価格がすべて正となる乗数の組み合わせは一組しかないことの証明

q_a、q_b、q_c、……、q_kのすべてが正となる組み合わせはただ1つしかないということを示す。

第40節で見た生産方程式は以下の通りであった。

$(A_a p_a + B_a p_b + C_a p_c + \ldots + K_a p_k)(1+R) = A p_a$

$(A_b p_a + B_b p_b + C_b p_c + \ldots + K_b p_k)(1+R) = B p_b$

$(A_c p_a + B_c p_b + C_c p_c + \ldots + K_c p_k)(1+R) = C p_c$

$\ldots\ldots\ldots\ldots\ldots\ldots\ldots\ldots\ldots\ldots\ldots\ldots\ldots\ldots\ldots\ldots$

$(A_k p_a + B_k p_b + C_k p_c + \ldots + K_k p_k)(1+R) = K p_k$

Rの可能な値として、R'、R"の2つがあるとする。そして、

R'には正の価格、p'_a、p'_b、p'_c……、p'_kと、正の乗数、q'_a、q'_b、q'_c……、q'_kが対応し、

R"には、価格、$p"_a$、$p"_b$、$p"_c$……、$p"_k$と、乗数、$q"_a$、$q"_b$、$q"_c$……、$q"_k$が対応するものとする。

このとき、$q"_a$、$q"_b$、$q"_c$、……、$q"_k$のすべてが正となることはありえないことを論証すればいい。

上記の生産方程式に、

極大利潤率として、Rに代えて、R'を代入し、

商品価格として、Rに対応するp_a、p_b、p_c……、p_kに代えて、R'に対応するp'_a、p'_b、p'_c……、p'_kを代入すると、

次のようになる。

$(A_a p'_a + B_a p'_b + C_a p'_c + \ldots + K_a p'_k)(1+R') = A p'_a$

$(A_b p'_a + B_b p'_b + C_b p'_c + \ldots + K_b p'_k)(1+R') = B p'_b$

$(A_c p'_a + B_c p'_b + C_c p'_c + \ldots + K_c p'_k)(1+R') = C p'_c$

$\ldots\ldots\ldots\ldots\ldots\ldots\ldots\ldots\ldots\ldots\ldots\ldots\ldots\ldots\ldots\ldots$

$(A_k p'_a + B_k p'_b + C_k p'_c + \ldots + K_k p'_k)(1+R') = K p'_k$

さらに、それぞれの方程式の両辺に、$q"_a$、$q"_b$、$q"_c$、……、$q"_k$を乗じると、次の方程式を得る。

$q"_a(A_a p'_a + B_a p'_b + C_a p'_c + \ldots + K_a p'_k)(1+R') = q"_a A p'_a$

$q"_b(A_b p'_a + B_b p'_b + C_b p'_c + \ldots + K_b p'_k)(1+R') = q"_b B p'_b$

$q"_c(A_c p'_a + B_c p'_b + C_c p'_c + \ldots + K_c p'_k)(1+R') = q"_c C p'_c$

$\ldots\ldots\ldots\ldots\ldots\ldots\ldots\ldots\ldots\ldots\ldots\ldots\ldots\ldots\ldots\ldots$

$q"_k(A_k p'_a + B_k p'_b + C_k p'_c + \ldots + K_k p'_k)(1+R') = q"_k K p'_k$

左辺、右辺をそれぞれ足し合わすと、

IV 計算付録

$$[q''_a(A_a p'_a + B_a p'_b + C_a p'_c + \ldots + K_a p'_k) + q''_b(A_b p'_a + B_b p'_b + C_b p'_c + \ldots + K_b p'_k) + q''_c(A_c p'_a + B_c p'_b + C_c p'_c + \ldots + K_c p'_k) + \ldots + q''_k(A_k p'_a + B_k p'_b + C_k p'_c + \ldots + K_k p'_k)](1+R') = q''_a A p'_a + q''_b B p'_b + q''_c C p'_c + \ldots + q''_k K p'_k \quad (算41\text{-}1)$$

ところで、第33節で、q体系では次のような方程式が成立するのを見た（[計算付録]33を参照）。

$$(A_a q_a + A_b q_b + A_c q_c + \ldots + A_k q_k)(1+R) = A q_a$$
$$(B_a q_a + B_b q_b + B_c q_c + \ldots + B_k q_k)(1+R) = B q_b$$
$$(C_a q_a + C_b q_b + C_c q_c + \ldots + C_k q_k)(1+R) = C q_c$$
$$\ldots\ldots\ldots\ldots\ldots\ldots\ldots\ldots\ldots\ldots\ldots\ldots$$
$$(K_a q_a + K_b q_b + K_c q_c + \ldots + K_k q_k)(1+R) = K q_k$$

この方程式に、

　　　極大利潤率として、Rに代えて、R"を代入し、
　　　乗数として、Rに対応するq_a、q_b、q_c、……、q_kに代えて、R"に対応するq''_a、q''_b、q''_c、……、q''_kを代入すると、

次のようになる。

$$(A_a q''_a + A_b q''_b + A_c q''_c + \ldots + A_k q''_k)(1+R'') = A q''_a$$
$$(B_a q''_a + B_b q''_b + B_c q''_c + \ldots + B_k q''_k)(1+R'') = B q''_b$$
$$(C_a q''_a + C_b q''_b + C_c q''_c + \ldots + C_k q''_k)(1+R'') = C q''_c$$
$$\ldots\ldots\ldots\ldots\ldots\ldots\ldots\ldots\ldots\ldots\ldots\ldots$$
$$(K_a q''_a + K_b q''_b + K_c q''_c + \ldots + K_k q''_k)(1+R'') = K q''_k$$

さらに、各商品の価格（p'_a、p'_b、p'_c、……、p'_k）をそれぞれの方程式の両辺に乗じると、次の式が得られる。

$$p'_a(A_a q''_a + A_b q''_b + A_c q''_c + \ldots + A_k q''_k)(1+R'') = p'_a A q''_a$$
$$p'_b(B_a q''_a + B_b q''_b + B_c q''_c + \ldots + B_k q''_k)(1+R'') = p'_b B q''_b$$
$$p'_c(C_a q''_a + C_b q''_b + C_c q''_c + \ldots + C_k q''_k)(1+R'') = p'_c C q''_c$$
$$\ldots\ldots\ldots\ldots\ldots\ldots\ldots\ldots\ldots\ldots\ldots\ldots$$
$$p'_k(K_a q''_a + K_b q''_b + K_c q''_c + \ldots + K_k q''_k)(1+R'') = p'_k K q''_k$$

左辺、右辺をそれぞれ足し合わすと、

$$[p'_a(A_a q''_a + A_b q''_b + A_c q''_c + \ldots + A_k q''_k) + p'_b(B_a q''_a + B_b q''_b + B_c q''_c + \ldots + B_k q''_k) + p'_c(C_a q''_a + C_b q''_b + C_c q''_c + \ldots +$$

$C_k q''_k) + \ldots\ldots + p'_k (K_a q''_a + K_b q''_b + K_c q''_c + \ldots\ldots + K_k q''_k)](1+R'') = p'_a A q''_a + p'_b B q''_b + p'_c C q''_c + \ldots\ldots + p'_k K q''_k$　　（算41-2）

（算41-1)式の右辺と(算41-2)式の右辺は等値であるから、両式の左辺も等しいということになる。すなわち、次の式が成立する。

$[q''_a (A_a p'_a + B_a p'_b + C_a p'_c + \ldots\ldots + K_a p'_k) + q''_b (A_b p'_a + B_b p'_b + C_b p'_c + \ldots\ldots + K_b p'_k) + q''_c (A_c p'_a + B_c p'_b + C_c p'_c + \ldots\ldots + K_c p'_k) + \ldots\ldots + q''_k (A_k p'_a + B_k p'_b + C_k p'_c + \ldots\ldots + K_k p'_k)](1+R') = [p'_a (A_a q''_a + A_b q''_b + A_c q''_c + \ldots\ldots + A_k q''_k) + p'_b (B_a q''_a + B_b q''_b + B_c q''_c + \ldots\ldots + B_k q''_k) + p'_c (C_a q''_a + C_b q''_b + C_c q''_c + \ldots\ldots + C_k q''_k) + \ldots\ldots + p'_k (K_a q''_a + K_b q''_b + K_c q''_c + \ldots\ldots + K_k q''_k)](1+R'')$　　（算41-3）

（算41-3)式の右辺を整理すると

$[q''_a (A_a p'_a + B_a p'_b + C_a p'_c + \ldots\ldots + K_a p'_k) + q''_b (A_b p'_a + B_b p'_b + C_b p'_c + \ldots\ldots + K_b p'_k) + q''_c (A_c p'_a + B_c p'_b + C_c p'_c + \ldots\ldots + K_c p'_k) + \ldots\ldots + q''_k (A_k p'_a + B_k p'_b + C_k p'_c + \ldots\ldots + K_k p'_k)](1+R'')$

したがって、（算41-3）式は次のように変形される。

$[q''_a (A_a p'_a + B_a p'_b + C_a p'_c + \ldots\ldots + K_a p'_k) + q''_b (A_b p'_a + B_b p'_b + C_b p'_c + \ldots\ldots + K_b p'_k) + q''_c (A_c p'_a + B_c p'_b + C_c p'_c + \ldots\ldots + K_c p'_k) + \ldots\ldots + q''_k (A_k p'_a + B_k p'_b + C_k p'_c + \ldots\ldots + K_k p'_k)](R' - R'') = 0$
　　（算41-4）

ここで、$R' \neq R''$であれば、

$q''_a (A_a p'_a + B_a p'_b + C_a p'_c + \ldots\ldots + K_a p'_k) + q''_b (A_b p'_a + B_b p'_b + C_b p'_c + \ldots\ldots + K_b p'_k) + q''_c (A_c p'_a + B_c p'_b + C_c p'_c + \ldots\ldots + K_c p'_k) + \ldots\ldots + q''_k (A_k p'_a + B_k p'_b + C_k p'_c + \ldots\ldots + K_k p'_k) = 0$　（算41-5）

これを（算41-1)に代入すれば、同式の左辺はゼロとなる。したがって右辺もゼロとなることから、

$q''_a A p'_a + q''_b B p'_b + q''_c C p'_c + \ldots\ldots + q''_k K p'_k = 0$　　（算41-6）

ここで、

p'_a、p'_b、p'_c、……、p'_kは、前提により正

A_n、B_n、C_n、……、K_n（$n = a$、b、c、……、k）は、商品の投入量であって、負の値をとることはない

A、B、C、……、Kは商品の産出量であり、負の値となることはない

したがって、(算41-5)および(算41-6)式が成立するためには、q''_a、q''_b、q''_c、……q''_k の少なくとも１つは、負の値とならなければならない。

このことから、賃金がゼロのとき（$\gamma=R$ のとき）、p'_a、p'_b、p'_c、……、p'_k のすべてが正の値となる価格の１つの組み合わせが存在するとすれば、q については、q_a、q_b、q_c、……、q_k のすべてが正の値となる組み合わせは、２つ以上は存在しないということになる。

第37節では、q_a、q_b、q_c、……、q_k のすべてが正となる組み合わせが、少なくとも１つは存在することを見た（[計算付録] 37を参照）。また、第39節では、賃金がゼロのとき（$\gamma=R$ のとき）、p_a、p_b、p_c、……、p_k のすべてが正となる価格の組み合わせが存在することを見た（[計算付録] 39を参照）。

このことと、上述のことから、q_a、q_b、q_c、……、q_k のすべてが正の値をとる組み合わせはただ１つだけ存在するということができる。

また、q の組み合わせ（q_a、q_b、q_c、……、q_k）と R は一対一的に対応する。したがって、q_a、q_b、q_c、……、q_k のすべてが正の値をとる q の組み合わせがただ１つだけ存在するということは、q についてそのような値をとることになる R が１つだけ存在するということを意味する。以上によって標準体系の一意性（「標準体系はただ１つしかない」ということ）は論証された。

２．賃金がゼロのときの、正の価格の組み合わせの一意性の証明

[計算付録] 41-1 で見た、正の乗数の組み合わせの一意性の証明と同じ手続きによって、賃金がゼロのとき（$\gamma=R$ のとき）の、正の価格の組み合わせの一意性も証明される（このことをスラッファは第41節の注で指摘している）。

前提は、[計算付録] 41-1 と同じく、次のとおりとする。

Rの可能な値として、R'、R''の２つがあるとする。

R'には正の価格、p'_a、p'_b、p'_c、……、p'_k と、正の乗数、q'_a、q'_b、q'_c、……、q'_k が対応し、

R''には、価格、p''_a、p''_b、p''_c、……、p''_k と、乗数、q''_a、q''_b、q''_c、……、q''_k

が対応するものとする。

［計算付録］41-1 では、

　　極大利潤率として、Rに代えて、R'を代入し、

　　商品価格として、Rに対応するp_a、p_b、p_c、……、p_kに代えて、R'に対応する、p'_a、p'_b、p'_c、……、p'_kを代入し、

　　さらに、それぞれの生産方程式に、q''_a、q''_b、q''_c、……、q''_kを乗じて、

(算41-1)式を得た。

また、［計算付録］41-1 では、

　　極大利潤率として、Rに代えて、R''を代入し、

　　乗数として、Rに対応するq_a、q_b、q_c、……q_kに代えて、R''に対応する、q''_a、q''_b、q''_c、……、q''_kを代入し、

　　さらに、それぞれの式に、p'_a、p'_b、p'_c、……、p'_kを乗じて、

(算41-2)式を得た。

そして、その結果、q について、すべてが正の値となる組み合わせがただ1コ存在することが証明された。

一方、(算41-1)式を得る過程において、

　　極大利潤率として、Rに代えて、R''を代入し、

　　商品価格として、Rに対応するp_a、p_b、p_c、……、p_kに代えて、R''に対応するp''_a、p''_b、p''_c、……、p''_kを代入し、

　　さらにそれぞれの方程式に、q'_a、q'_b、q'_c、……、q'_kを乗じて、

　　その上で、すべての方程式を足し合わせれば、

次の式が得られる。

$$[q'_a(A_a p''_a + B_a p''_b + C_a p''_c + …… + K_a p''_k) + q'_b(A_b p''_a + B_b p''_b + C_b p''_c + …… + K_b p''_k) + q'_c(A_c p''_a + B_c p''_b + C_c p''_c + …… + K_c p''_k) + …… + q'_k(A_k p''_a + B_k p''_b + C_k p''_c + …… + K_k p''_k)](1+R'') = q'_a A p''_a + q'_b B p''_b + q'_c C p''_c + …… + q'_k K p''_k \quad (算41\text{-}1b)$$

同様に、(算41-2)式を得る過程において、

　　極大利潤率として、Rに代えて、R'を代入し、

　　乗数として、Rに対応するq_a、q_b、q_c、……、q_kに代えて、R'に対応する、q'_a、q'_b、q'_c、……、q'_kを代入し、

　　さらにそれぞれの式に、p''_a、p''_b、p''_c、……、p''_kを乗じて、

Ⅳ 計算付録

その上で、すべての式を足し合わせれば、次の式が得られる。

$$[p''_a(A_a q'_a + A_b q'_b + A_c q'_c + \ldots\ldots + A_k q'_k) + p''_b(B_a q'_a + B_b q'_b + B_c q'_c + \ldots\ldots + B_k q'_k) + p''_c(C_a q'_a + C_b q'_b + C_c q'_c + \ldots\ldots + C_k q'_k) + \ldots\ldots + p''_k(K_a q'_a + K_b q'_b + K_c q'_c + \ldots\ldots + K_k q'_k)](1+R') = p''_a A q'_a + p''_b B q'_b + p''_c C q'_c + \ldots\ldots + p''_k K q'_k \quad (算41\text{-}2b)$$

(算41-1b)の右辺と(算41-2b)の右辺は等値である。したがって両式の左辺も等しい。また、(算41-1b)の左辺は次のように変形される。

$$[p''_a(A_a q'_a + A_b q'_b + A_c q'_c + \ldots\ldots + A_k q'_k) + p''_b(B_a q'_a + B_b q'_b + B_c q'_c + \ldots\ldots + B_k q'_k) + p''_c(C_a q'_a + C_b q'_b + C_c q'_c + \ldots\ldots + C_k q'_k) + \ldots\ldots + p''_k(K_a q'_a + K_b q'_b + K_c q'_c + \ldots\ldots + K_k q'_k)](1+R'')$$

よって、(算41-1b)から(算41-2b)を引くと、次の式が得られる。

$$[p''_a(A_a q'_a + A_b q'_b + A_c q'_c + \ldots\ldots + A_k q'_k) + p''_b(B_a q'_a + B_b q'_b + B_c q'_c + \ldots\ldots + B_k q'_k) + p''_c(C_a q'_a + C_b q'_b + C_c q'_c + \ldots\ldots + C_k q'_k) + \ldots\ldots + p''_k(K_a q'_a + K_b q'_b + K_c q'_c + \ldots\ldots + K_k q'_k)](R' - R'') = 0$$

$R' \neq R''$ とすれば、

$$p''_a(A_a q'_a + A_b q'_b + A_c q'_c + \ldots\ldots + A_k q'_k) + p''_b(B_a q'_a + B_b q'_b + B_c q'_c + \ldots\ldots + B_k q'_k) + p''_c(C_a q'_a + C_b q'_b + C_c q'_c + \ldots\ldots + C_k q'_k) + \ldots\ldots + p''_k(K_a q'_a + K_b q'_b + K_c q'_c + \ldots\ldots + K_k q'_k) = 0 \quad (算41\text{-}5_b)$$

したがって(算41-2b)から

$$p''_a A q'_a + p''_b B q'_b + p''_c C q'_c + \ldots\ldots + p''_k K q'_k = 0 \quad (算41\text{-}6b)$$

前提から、q'_a、q'_b、q'_c、……、q'_k はすべて正であるから、(算41-5b)および(算41-6b)式が成立するためには、p''_a、p''_b、p''_c、……、p''_k の少なくとも1つは負とならなければならない。このことから、次のことがいえる。

　賃金がゼロのとき（$\gamma = R$ のとき）の、商品価格（p_a、p_b、p_c、……、p_k）の組み合わせは、乗数（q）の組み合わせと一対一的に対応するが、すべてが正の値となる乗数（q）の組み合わせが1組存在するとすれば、商品価格のすべてが正の値となる組み合わせは、2つ以上は存在しない。

第42節：正の乗数は R の最低の値に対応する

　生産体系が k コの生産方程式で構成されているとき、極大値（R）は k コの解を持ちうる（これについては［大掴み］30°を参照）。［計算付録］41 で、賃金（ω）がゼロのときに商品価格がすべて正となる乗数の組み合わせは、q がすべて正となる組み合わせと一対一的に対応することを見た。したがって、ω＝ 0 のときに商品価格がすべて正の値をとる R はこの k コの解のうちで最低の値となることが証明されれば、q の正の乗数（q_a、q_b、q_c、……、q_k がすべて正の乗数となる組み合わせ）は R の最低の値に対応することが証明されることになる。これが第38節～第42節の最後の課題である。

　現実体系から、2 つの q 体系（q' 体系と q" 体系）を構成する。ただし、q' 体系は、乗数（q_a、q_b、q_c、……、q_k）のすべてが正となる体系で、q" 体系は乗数の一部が負となる体系であるとする（q" 体系の乗数の少なくとも 1 コは負となることについては、［計算付録］41-1 を参照）。q' 体系の極大利潤率を R' とし、q" 体系の極大利潤率を R" とする。3 つの体系（現実体系、q' 体系と q" 体系）は次のようになる。

現実体系

$$(A_a p_a + B_a p_b + C_a p_c + \cdots\cdots + K_a p_k)(1+\gamma) + L_a \omega = A p_a$$
$$(A_b p_a + B_b p_b + C_b p_c + \cdots\cdots + K_b p_k)(1+\gamma) + L_b \omega = B p_b$$
$$(A_c p_a + B_c p_b + C_c p_c + \cdots\cdots + K_c p_k)(1+\gamma) + L_c \omega = C p_c$$
$$\cdots\cdots\cdots\cdots\cdots\cdots\cdots\cdots\cdots\cdots\cdots\cdots\cdots\cdots$$
$$(A_k p_a + B_k p_b + C_k p_c + \cdots\cdots + K_k p_k)(1+\gamma) + L_k \omega = K p_k$$

q' 体系

$$q'_a[(A_a p_a + B_a p_b + C_a p_c + \cdots\cdots + K_a p_k)(1+\gamma) + L_a \omega] = q'_a A p_a$$
$$q'_b[(A_b p_a + B_b p_b + C_b p_c + \cdots\cdots + K_b p_k)(1+\gamma) + L_b \omega] = q'_b B p_b$$
$$q'_c[(A_c p_a + B_c p_b + C_c p_c + \cdots\cdots + K_c p_k)(1+\gamma) + L_c \omega] = q'_c C p_c$$
$$\cdots\cdots\cdots\cdots\cdots\cdots\cdots\cdots\cdots\cdots\cdots\cdots\cdots\cdots$$
$$q'_k[(A_k p_a + B_k p_b + C_k p_c + \cdots\cdots + K_k p_k)(1+\gamma) + L_k \omega] = q'_k K p_k$$

q" 体系

$$q''_a[(A_a p_a + B_a p_b + C_a p_c + \cdots\cdots + K_a p_k)(1+\gamma) + L_a \omega] = q''_a A p_a$$
$$q''_b[(A_b p_a + B_b p_b + C_b p_c + \cdots\cdots + K_b p_k)(1+\gamma) + L_b \omega] = q''_b B p_b$$

IV 計算付録

$$q"_c[(A_c p_a + B_c p_b + C_c p_c + \ldots\ldots + K_c p_k)(1+\gamma) + L_c \omega] = q"_c C p_c$$
$$\ldots\ldots\ldots\ldots\ldots\ldots\ldots\ldots\ldots\ldots\ldots\ldots\ldots\ldots\ldots\ldots\ldots\ldots\ldots\ldots\ldots\ldots\ldots\ldots\ldots\ldots\ldots$$
$$q"_k[(A_k p_a + B_k p_b + C_k p_c + \ldots\ldots + K_k p_k)(1+\gamma) + L_k \omega] = q"_k K p_k$$

　q'体系でもq"体系でも、q'体系の標準純生産物を賃金の標準（＝尺度）とする。ここで、q'体系の極大利潤率をR'とし、q"体系の極大利潤率をR"とする。このとき、R"＜R'だとすると仮定する。

　仮にR'＝15％、R"＝10％とおいて、賃金を、
　　　　R'(1－ω)＝R"
となるように定める。すると、ωは、
　　　　1－ω＝10/15
　　　　ω＝1－2/3＝1/3
となる。これをq'体系に適用すれば、
　　　　γ＝R'(1－ω)＝15×(2/3)
から、γは10％となる。

　q'体系は、乗数（q'$_a$、q'$_b$、q'$_c$、……、q'$_k$）のすべてが正となる体系であるから、利潤率が極大値（R'）をとるとき、商品価格はすべて正の値となる（[計算付録] 41-1を参照）。そして、γ＝R'（ここでは15％）で商品価格のすべてが正の値をとるならば、0≦γ≦R'でも、商品価格はすべて正の値をとる（[計算付録] 39を参照）。したがって、q'体系にあっては、γ＝10％のときも商品価格はすべて正の値をとる。

　ところがq"体系では、R"＝10％としたことから、10％というγの値は、q"体系の極大値になることを意味する。しかし、q"体系は、乗数（q"$_a$、q"$_b$、q"$_c$、……、q"$_k$）の一部が負となる体系であるから、利潤率が極大値になるとき、商品価格の一部は必ず負の値をとる（[計算付録] 41-2を参照）。

　つまり、R"＜R'だとすると、利潤率がR"＝γ＜R'のときに、商品価格の組み合わせが2通りになることになる。しかし、そのようなことはありえない。R"＜R'という仮定は矛盾が生じるということになる。したがって、qのすべての乗数が正の値をとる体系の極大利潤率（R'）は、kコの解のうちで最低の値でなければならないということになる。

第42節の注：
１．標準体系における独立の方程式の個数と未知数の個数の関係

　第42節には２コの注が付されている。

　第１の注は、独立の方程式の個数と未知数の個数の関係についてのものである。q'体系（標準体系）にあっては、左辺の合計と右辺の合計は等しくなる。したがって「方程式のうちの１つは他の諸方程式のなかに陰伏されている」。これは、方程式の１つは他の方程式の和として示されるということである。この結果、独立の方程式の数はk−１コということになる（このことは第25節から第27節で得られた標準体系を事例として計算を行ってみれば簡単にわかる。この計算は下に示した）。

　一方、未知数はkコの商品の価格と賃金への配分割合（ω）と利潤率（γ）の、k＋１コである。標準体系であることから、R'はすでに確定しているから、$γ＝R(1−ω)$という関係式から、ωが与えられれば、γも決定される。そこで、任意の商品「a」の値を１とおけば、結果的に未知数はやはり、k−１コとなる。こうして、未知数と独立の方程式の数は一致するため、未知数は一意的に決定されることになる。

　第25節から第27節で得られた標準体系は次のようなものであった。

　　　$(120x＋160y＋80z)(1＋γ)＋0.25ω＝240x$

　　　$(40x＋100y＋120z)(1＋γ)＋0.25ω＝360y$

　　　$(40x＋40y＋200z)(1＋γ)＋0.50ω＝480z$

　　　x：鉄１ﾄﾝの価格、y：石炭１ﾄﾝの価格、z：小麦１クォーターの価格

　　　ω：賃金、γ：利潤率

　左辺、右辺をそれぞれ集計すると、

　　　左辺＝$(200x＋300y＋400z)(1＋γ)＋(0.25ω＋0.25ω＋0.5ω)$

　　　右辺＝$240x＋360y＋480z$

　国民所得は第26節で見たように、40ﾄﾝの鉄と60ﾄﾝの石炭と80クォーターの小麦であり、超過率は第27節で見たように、0.2である。

　賃金は、国民所得に、賃金への配分割合ωを乗じて得られたものであるから、各産業の賃金総額（$0.25ω＋0.25ω＋0.5ω＝ω$）は、

　　　$ω×(40x＋60y＋80z)$

に他ならない。

また標準体系では、超過率をRとすると、$\gamma = R(1-\omega)$という関係式が成立するから、$\gamma = 0.2 - 0.2\omega$ となる。

上述の左辺の合計にこれらを代入すると、

$(200x + 300y + 400z)(1+\gamma) + (0.25\omega + 0.25\omega + 0.5\omega)$

$= (200x + 300y + 400z)(1.2 - 0.2\omega) + (40x + 60y + 80z)\omega$

$= (240x + 360y + 480z) - (40x + 60y + 80z)\omega + (40x + 60y + 80z)\omega$

$= 240x + 360y + 480z$

となって、左辺は右辺と等しくなる。これは、方程式を集計すると同じ数量が両辺にあらわれるということを意味する。すなわち、「方程式を集計すると、同じ数量が両辺にあらわれるから、方程式のどれか1つは他の方程式の和から引出される」ということになる。したがって剰余を含む生産でも、それが標準体系であるならば、「方程式のうちの1つは他の諸方程式のなかに陰伏されている」といえる。

これは第3節の注でスラッファが、先取り的に指摘していたことでもある（[謎] 7(2)アを参照）。

2. 異なった体系における標準生産物の関係

第42節の第2の注では、異なった体系の標準純生産物を構成する商品の価格が利潤率の変動にともなってどのように変化するかについて触れられている。

第31節で、標準体系では$\gamma = R(1-\omega)$という直線的関係が成立することを見たが、この関係は、Rの可能な値のうちの最低のものであるR'に対応する標準純生産物で測定されたときだけに妥当するわけではない。それよりも高いRの可能な値に対応する標準純生産物で測定しても、やはりこの関係は成立する。

たとえば、標準体系（q'体系）がR'＝15％であって、これとは別のq"体系ではR"＝20％であるとする。このとき、q"体系の標準純生産物で測定しても、$\gamma = R(1-\omega)$という関係は成立する。

q'体系もq"体系も、同じ現実体系に異なった乗数を与えたものに過ぎない。したがって、q"体系の標準生産物を商品の価格と賃金の標準（＝尺度）とすれば、q'体系でいえることがq"体系にもそっくりあてはまるからである。ただし、これは負の構成要素を含んだ標準純生産物というもの

が考えられうることが前提となる。このことについては、第8章であらためて検討される。

一方、与えられた利潤率（γ）に対しては、この2つの体系（q'体系とq"体系）の標準純生産物の賃金への配分割合は異なってくる。たとえば、$\gamma=10\%$のとき、

　　　　q'体系の標準純生産物にあっては、$10=15(1-\omega)$から、$\omega=1/3$
　　　　q"体系の標準純生産物にあっては、$10=20(1-\omega)$から、$\omega=1/2$

となって、賃金は、標準純生産物に占める比率としては、q'体系の標準純生産物の1/3、またはq"体系の標準純生産物の1/2として示される。

しかし、賃金への割り当て分を価額として見るならば、この2つは同一となる。つまり、q'体系、q"体系の標準純生産物を次のようにおくと、

q'体系　$(q'_a A p_a + q'_b B p_b + q'_c C p_c + \ldots\ldots + q'_k K p_k) - [(q'_a A_a + q'_b A_b + q'_c A_c + \ldots\ldots + q'_k A_k) p_a + (q'_a B_a + q'_b B_b + q'_c B_c + \ldots\ldots + q'_k B_k) p_b + (q'_a C_a + q'_b C_b + q'_c C_c + \ldots\ldots + q'_k C_k) p_c + \ldots\ldots + (q'_a K_a + q'_b K_b + q'_c K_c + \ldots\ldots + q'_k K_k) p_k]$

q"体系　$(q''_a A p_a + q''_b B p_b + q''_c C p_c + \ldots\ldots + q''_k K p_k) - [(q''_a A_a + q''_b A_b + q''_c A_c + \ldots\ldots + q''_k A_k) p_a + (q''_a B_a + q''_b B_b + q''_c B_c + \ldots\ldots + q''_k B_k) p_b + (q''_a C_a + q''_b C_b + q''_c C_c + \ldots\ldots + q''_k C_k) p_c + \ldots\ldots + (q''_a K_a + q''_b K_b + q''_c K_c + \ldots\ldots + q''_k K_k) p_k]$

個々の商品の価格の組み合わせは、

$\{(q'_a A p_a + q'_b B p_b + q'_c C p_c + \ldots\ldots + q'_k K p_k) - [(q'_a A_a + q'_b A_b + q'_c A_c + \ldots\ldots + q'_k A_k) p_a + (q'_a B_a + q'_b B_b + q'_c B_c + \ldots\ldots + q'_k B_k) p_b + (q'_a C_a + q'_b C_b + q'_c C_c + \ldots\ldots + q'_k C_k) p_c + \ldots\ldots + (q'_a K_a + q'_b K_b + q'_c K_c + \ldots\ldots + q'_k K_k) p_k]\} \times (1/3)$

$= \{(q''_a A p_a + q''_b B p_b + q''_c C p_c + \ldots\ldots + q''_k K p_k) - [(q''_a A_a + q''_b A_b + q''_c A_c + \ldots\ldots + q''_k A_k) p_a + (q''_a B_a + q''_b B_b + q''_c B_c + \ldots\ldots + q''_k B_k) p_b + (q''_a C_a + q''_b C_b + q''_c C_c + \ldots\ldots + q''_k C_k) p_c + \ldots\ldots + (q''_a K_a + q''_b K_b + q''_c K_c + \ldots\ldots + q''_k K_k) p_k]\} \times (1/2)$

となるように変化する。ただし、個々の商品の価格（p_a、p_b、p_c、……、p_k）自体は両体系で共通となることに留意する必要がある。

たとえば、$\gamma=15\%$のとき、

q' 体系の標準純生産物にあっては、$15=15(1-\omega)$から、$\omega=0$ となるが、q" 体系の標準純生産物にあっては、$15=20(1-\omega)$から、$\omega=1/4$ となる。しかし、$\gamma=15\%$というのは、q' 体系の利潤率の極大値であり、このときの商品価格（p'_a、p'_b、p'_c、……、p'_k）でもって q" 体系の標準純生産物の価額を計算すると以下のようになる。

$$(q''_a A p'_a + q''_b B p'_b + q''_c C p'_c + …… + q''_k K p'_k) - [(q''_a A_a + q''_b A_b + q''_c A_c + …… + q''_k A_k) p'_a + (q''_a B_a + q''_b B_b + q''_c B_c + …… + q''_k B_k) p'_b + (q''_a C_a + q''_b C_b + q''_c C_c + …… + q''_k C_k) p'_c + …… + (q''_a K_a + q''_b K_b + q''_c K_c + …… + q''_k K_k) p'_k]$$

ところが、第41節で見たように（［計算付録］41‐2 を参照）、

$$q''_a A p'_a + q''_b B p'_b + q''_c C p'_c + …… + q''_k K p'_k = 0$$

$$q''_a (A_a p'_a + B_a p'_b + C_a p'_c + …… + K_a p'_k) + q''_b (A_b p'_a + B_b p'_b + C_b p'_c + …… + K_b p'_k) + q''_c (A_c p'_a + B_c p'_b + C_c p'_c + …… + K_c p'_k) + …… + q''_k (A_k p'_a + B_k p'_b + C_k p'_c + …… + K_k p'_k) = 0$$

であるから、$\gamma=15\%$のときの q" 体系の標準純生産物の価額はゼロとなる。したがって標準純生産物の1/4 とされた賃金もまた、ゼロとなる。

第 6 章

第47節：分配の変化にともなう個々の項の運動の型

　日付のある労働量へ還元された結果として算出された労働項の値は、利潤率の変化にともなって変動する。利潤率（γ）が低下すると、賃金（ω）は増大し、乗数$(1+\gamma)^n$は小さくなる。だから労働項の値が上方に変化するか、下方に動くかは、ωと$(1+\gamma)^n$のどちらが支配的かによって、つまりどちらのウェイトが相対的に高いかによって決まる。このウェイトは利潤率の変動にともなって変わっていく。また、$(1+\gamma)^n$という項のなかに「日付」としての年数（n）が含まれることからわかるように、利潤率が変化するときに労働項の値がどう動くかは、「日付」（年数）によっても変わることになる。

　［大掴み］33°で、n 年前の労働項は次のようになることを見た。

$$L_{an}\omega(1+\gamma)^n = L_{an}[1-(\gamma/R)](1+\gamma)^n$$

γ がゼロから R(極大値)まで動くとき、労働項($L_{an}[1-(\gamma/R)](1+\gamma)^n$)の値がどうなるかを見てみる。

$\gamma = 0$ においては、

$$[1-(\gamma/R)](1+\gamma)^n = 1$$

であるから、この労働項の値は日付とは無関係に、各年の労働量(L_{an}、L_{an-1}、……、L_{a2}、L_{a1}、L_a)の大きさによって決定される。

利潤率が R(極大値)に向かって上昇するとき、各労働項の値の動きは 2 つに分かれる。1 つは、比較的近い過去になされた労働に対応するもの、すなわち $L_{an}[1-(\gamma/R)](1+\gamma)^n$ の n が比較的小さいものである。これらの項の値は、利潤率が上昇し始めるとすぐに下落し始め、その後も下落を続ける。もう 1 つは、比較的遠い過去になされた労働に対応するものである。つまり $L_{an}[1-(\gamma/R)](1+\gamma)^n$ の n が比較的大きいものである。これらの項の値は、利潤率が上昇を始めると、最初は上昇し、利潤率がある大きさになったときに最大値に達し、それから反転して下降運動を始める。

利潤率が極大値に達したとき($\gamma = R$ となったとき:これは賃金がゼロとなったときに他ならない)は、

$$[1-(\gamma/R)](1+\gamma)^n = 0$$

となるから、すべての労働項の値はゼロとなる。

第 2 図を見れば、各労働項の動きが n の大きさによって 2 分化するということが理解できるであろう。

次に労働項の値が極大値に達するのはどのようなときかを考えてみる(ここでは微分法を用いることになる[注1])。

労働項の値を f とおくと、

$$\begin{aligned}
f &= L_{an}[1-(\gamma/R)](1+\gamma)^n \\
&= L_{an}[(R-\gamma)/R](1+\gamma)^n \\
&= (1/R)L_{an}(R-\gamma)(1+\gamma)^n \\
&= (1/R)L_{an}[R(1+\gamma)^n - \gamma(1+\gamma)^n]
\end{aligned}$$

$(1/R)L_{an}$ は定数項だからこれを無視して、$[R(1+\gamma)^n - \gamma(1+\gamma)^n]$ を γ について微分すると、

Ⅳ 計算付録

$$f' = [R(1+\gamma)^n - \gamma(1+\gamma)^n]'$$
$$= R \times n(1+\gamma)^{n-1} - [(1+\gamma)^n + \gamma \times n(1+\gamma)^{n-1}]$$
$$= (1+\gamma)^{n-1}[R \times n - (1+\gamma) - \gamma \times n]$$
$$= (1+\gamma)^{n-1}[(R \times n - 1) - \gamma(1+n)]$$

$f'=0$ とおくと、$\gamma>0$ であるから、

$$(R \times n - 1) - \gamma(1+n) = 0$$
$$\gamma = (R \times n - 1)/(1+n)$$
$$= [R(n+1) - R - 1]/(n+1)$$
$$= R - (R+1)/(n+1)$$

$\gamma < R-(R+1)/(n+1)$ ならば、$(R \times n-1)-\gamma(1+n)>0$ となり、$f'>0$
$\gamma > R-(R+1)/(n+1)$ ならば、$(R \times n-1)-\gamma(1+n)<0$ となり、$f'<0$
したがって、f は、$\gamma = R-(R+1)/(n+1)$ のとき、最大値をとる。

また、$\gamma = R-(R+1)/(n+1)$ を変形すれば、

$$\gamma(n+1) = R(n+1) - (R+1)$$
$$(n+1)(\gamma - R) = -(R+1)$$
$$n+1 = (R+1)/(R-\gamma)$$
$$n = (1+\gamma)/(R-\gamma)$$

ゆえに、労働項が最大値をとるのは、$n=(1+\gamma)/(R-\gamma)$ のときである[注2]。

また、労働項の値が最大となる利潤率は、$n=(1+\gamma)/(R-\gamma)$ から、$\gamma=R-(R+1)/(n+1)$ となるが、$R-(R+1)/(n+1)=0$ とおくと、

$$R(n+1) = R+1$$
$$n = (R+1)/R - 1$$
$$= 1/R$$

となることから、$n=1/R$ となる労働項では、$\gamma=0$ で労働項の値は最大となる。そして、$n<1/R$ となる労働項では、$R-(R+1)/(n+1)$ の数値はマイナスとなるが、利潤率はマイナスとはなりえないことから、こうした項でも、$\gamma=0$ で労働項の値は最大となる。

したがって、$n \leqq 1/R$ となるすべての労働項は $\gamma=0$ で最大値をとる。これが、「n が比較的小さいもの…。これらの項の値は、利潤率が上昇し始めると、すぐに下落し始め、その後も下落を続ける」とされた「比較的近い過去になされた労働に対応する」グループを形成する。

注1　ここではどうしても微分を用いざるを得ない。ここで用いた公式は次の２つである。高校程度の教科書に出てくる公式であるので、確認は容易であろう。

　　　f'(x)=x^n　これを x について微分すると、f'(x)=nx^{n-1}
　　　f(x)=g(x)h(x)　これを x について微分すると、
$$f'(x)=g'(x)h(x)+g(x)h'(x)$$

注2　スラッファの説明はここでも例によって極めて素っ気ない。何の説明もなしに、いきなり、

　　利潤率のいかなる値においても、極大に達する項は、
　　　　n＝(1+γ)/(R−γ)という日付をもつ。

とする。そして、n をこのように定めた上で、これを受けて、

　　　　このときγ＝R−(R+1)/(n+1)　となる

としているような印象を受ける。しかし、ここで先に n を求めるというのは理解しがたい。第２図がγを関数とするものになっていることからも、まずγを求めるべきではないか。つまり、n とγを求める順序は逆ということになる。実際ここで計算したように、利潤率を先に求め、その結果を受けて日付を決めるほうが理解はずっと容易である。

第48節：労働項の集計量の運動の具体例

商品「a」は８年ものの古いワインで、商品「b」は25年前に植林された木を材料にして今年作られた樫の木箱とする。この２つの商品の労働項の間には、n＝０、８、25の３つについてだけ次のような差があるものとする（他の年の労働項はすべて等しいとする）。

　　　n＝０のとき……「b」の労働量のほうが19単位多い
　　　n＝８のとき……「a」の労働量のほうが20単位多い
　　　n＝25のとき……「b」の労働量のほうが１単位多い

そうすると、この２商品の価格差は以下のようになる。

　　$p_a - p_b = 20\omega(1+\gamma)^8 - \{19\omega + \omega(1+\gamma)^{25}\}$
　　　　　　ωは賃金、γは利潤率、極大利潤率（R）は25％とする
　　　　　　γ＝R(1−ω)から、ω＝1−γ/25(％)である

商品「a」と「b」の価格差が、利潤率の変動と共に、どのような動きをするかを示したものが第３図である。利潤率がゼロから25％にまで変化す

るにつれて、2商品の相対価格は次のように変化する。

利潤率	相対的価格関係
0〜9%	「a」のほうが高く、価格差は拡大傾向にある
9〜17%	「a」のほうが高いが、価格差は縮小傾向にある
17〜22%	「b」のほうが高く、価格差は拡大傾向にある
22〜25%	「b」のほうが高いが、価格差は縮小傾向にある

「a」と「b」の労働量は、この3年（n＝0、8、25の3年）以外は同一であり、またこの3年に関しても、19＋1－20＝0 となるから、「a」と「b」の労働量の差はない。したがって、労働量の総量は、両者において等しくなる。しかしながら、第3図からわかるように、利潤率の変化にともない、両者の相対価格は変動し、「a」が高くなることもあれば、「b」が高くなることもある。

第49節：価格の下落率は賃金の下落率を超過できないことの確認

価格の下落率は賃金の下落率を超過できないことは、2つの方法によって確認される。

1つは「日付のある労働量への還元」を用いるものである。これによれば、商品「a」の総額は、次のように示される（［大掴み］33°を参照）。

$$Ap_a = L_{an}\omega(1+\gamma)^n + L_{an-1}\omega(1+\gamma)^{n-1} + \ldots\ldots + L_{a2}\omega(1+\gamma)^2$$
$$+ L_{a1}\omega(1+\gamma) + L_a\omega$$

ω が下落したとしても、あるいは γ が上昇したとしても、「a」の生産量に変化はないから、Ap_a の変化は「a」の価格（p_a）の変化を直接に示しているといえる。Ap_a は——つまり、p_a は——賃金が下がっても、その分利潤率が上昇するから、賃金が下落する程には下がらない。したがって、「a」の価格は賃金の下落率を超えて下がるということはありえない。

もう1つの方法は、生産方程式を用いるものである。「a」の生産方程式は次のようにあらわされる。

$$(A_a p_a + B_a p_b + C_a p_c + \ldots\ldots + K_a p_k)(1+\gamma) + L_a\omega = Ap_a$$

ここで、賃金の下落にともなって、「a」の価格がすべての商品のなかで

最大の率で下落したとする。そして、賃金が ω から ω' に下落するにともなって各商品の価格が変化し、「a」の生産方程式は次のようになったとする。

$$(A_a p'_a + B_a p'_b + C_a p'_c + \ldots\ldots + K_a p'_k)(1+\gamma') + L_a \omega' = A p'_a$$

$\quad\quad\quad p'_a$、p'_b、……、p'_c、p'_k は賃金下落後の各商品の価格
$\quad\quad\quad \omega'$ は賃金下落後の賃金、γ' は賃金下落後の利潤率

このとき、賃金の下落率と「a」の価格の下落率とを比較してみる。

簡略化のために

$\quad\quad A_a p_a + B_a p_b + C_a p_c + \ldots\ldots + K_a p_k = M$
$\quad\quad A_a p'_a + B_a p'_b + C_a p'_c + \ldots\ldots + K_a p'_k = M'$

とする。賃金の下落前、下落後の「a」生産方程式はそれぞれ以下のようになる。

$\quad\quad$ 下落前 $\quad\quad M(1+\gamma) + L_a \omega = A p_a$
$\quad\quad$ 下落後 $\quad\quad M'(1+\gamma') + L_a \omega' = A' p_a$

賃金の下落にともなって価格が下落する割合に関しては、すべての商品のなかで「a」が最大であるとする前提から、$Ap'_a/Ap_a < M'/M$ である。また賃金が下落すれば、利潤率は上昇するから、$\gamma < \gamma'$ である。すると、

$$\frac{\omega'}{\omega} = \frac{L_a \omega'}{L_a \omega}$$

$$= \frac{Ap'_a - M'(1+\gamma')}{Ap_a - M(1+\gamma)}$$

$$< \frac{Ap'_a - M'(1+\gamma)}{Ap_a - M(1+\gamma)} \quad\quad\quad \because \gamma < \gamma'$$

$$< \frac{Ap'_a - M\dfrac{Ap'_a}{Ap_a}(1+\gamma)}{Ap_a - M(1+\gamma)} \quad\quad \because \frac{Ap'_a}{Ap_a} < \frac{M'}{M}$$

$$= \frac{Ap'_a[Ap_a - M(1+\gamma)]}{Ap_a[Ap_a - M(1+\gamma)]}$$

$$= \frac{p'_a}{p_a}$$

以上のように、$\omega'/\omega < p'_a/p_a$ となる。したがって、「a」の価格の下落率 $(1 - p'_a/p_a)$ は、賃金の下落率 $(1 - \omega'/\omega)$ より小さくなる。

Ⅳ 計算付録

前提から、他の商品の価格の下落率は「a」よりも小さいのだから、すべての商品の価格の下落率は、賃金の下落率よりも小さくなる。

第7章

第50節：商品の生産と使用にかかる複数の生産過程が存在するということ

　第50節の注で、生産の「第2の過程」の存在に関する具体的事例が掲げられている。この事例では、2つの商品を結合的に生産する生産過程における、2種類の商品の生産比率と、この商品が実際に必要とされる比率とのズレから、第2の生産過程が存在することが必要になることが説かれる。

　たとえば、結合的に生産される商品を、「a」と「b」として、第1の生産過程で生産される比率とそれが生産手段として投入される比率が次のようなものであったとする。

	「a」	「b」
第1の生産過程での生産比率	9	1
生産手段としての投入比率	7	3

　このとき、生産比率と投入比率が食い違うことから第1の過程だけでは現実に必要な比率を実現できないことから、「b」を比較的多く生産する第2の生産過程が必要になる。

　仮に、第2の生産過程の「a」と「b」の生産比率が6：4だったとする。次の方程式を解けば、第2の生産過程で生産されるべき「a」と「b」の量がわかる。

$$(9x+6y):(1x+4y)=7:3$$
$$7x+28y=27x+18y$$
$$10y=20x$$
$$y=2x$$

　したがって2種類の商品の生産量の割合と使用量の割合とを等しくするためには、第1の生産過程が、「a」を9単位、「b」を1単位生産するのであれば、「a」を12単位、「b」を8単位生産する第2の生産過程が存在する

必要がある。

　なおこのケースでは、生産手段としての使用量の割合を固定して、生産過程を2種類作ったが、逆に、生産過程での「a」と「b」の割合を固定して、生産手段として「a」と「b」を用いる比率をこれに合わせるように、「a」と「b」を生産手段として用いる第2の過程を考えることも可能である。

　いずれにせよ、第2の過程を考えることによって「a」と「b」が結合生産される場合にも、商品の数と生産方程式の数は一致する。結合生産物体系にあっては、商品の価格を決定するためには、独立した生産方程式が、生産される商品の数だけ得られればいいのであり、またそれが条件となる。

第8章

第51節：結合生産物体系の一般式

　第1部では、1つの生産過程は1つの生産物を持つとして生産方程式を組み立てた。このような生産方程式の組み合わさったものが単一生産物体系であった。しかし1つの生産過程が複数の生産物を持つということになると、そのことを一般化した上でこの生産方程式を構成しなおす必要がでてくる。その作業を行う。

　「1つの生産過程が複数の生産物を持つ」ということを一般化するためには、kコの生産過程のすべてがそれぞれk種類の生産物を持つと考えればいい。もちろんいくつかの生産過程においてはある種の生産物は生産されない可能性がある。しかしこれは、単一生産物にかかる生産方程式において基礎的生産物のすべてが生産手段として入ってくるわけではないとしたことと何ら変わらない（これについては第3節を参照）。ある種の生産物が生産されないときは（ある種の生産物が生産手段として入ってこないときと同様に）、それにかかる係数をゼロとすればよい。

　このことから単一生産物体系は、kコの生産過程のすべてが、それぞれ、k種類の生産物を持つという一般的な生産体系の特殊例と理解することが

できる。つまりそれぞれの生産方程式はただ1コの生産物についてだけ正の係数を持ち、他の——k-1コの——生産物の係数はことごとくゼロとなっていると考えればいい。

　1つの生産過程が複数の生産物を持つ生産体系を結合生産物体系と呼ぶ。この生産体系においては、kコの生産過程のすべてがそれぞれk種類の生産物を持つと考えられるために、それが何を生産する過程であるかという観点からそれぞれの生産過程を識別することはもはやできなくなる。結合生産物体系においては、生産過程は生産手段の割合と生産物の割合で識別する以外にはない。

　単一生産物体系では、当該生産過程が特定の単一生産物（「a」、「b」、「c」、……、「k」）を生産することに着目して、「a」を生産する過程の生産方程式では生産手段の量の添字をaとし、同様に、「b」、「c」、……、「k」を生産する過程の生産方程式では生産手段の量の添字をb、c、……、kとしたが、結合生産物体系では上に述べた理由からこうした添字を付することはできなくなる。各生産過程は、結局は第1の生産過程、第2の生産過程というふうに番号で呼ぶしかなく、したがって各生産方程式に現れる生産手段の量には、1、2、……、kという番号を付するしかない。また各生産方程式に現れる労働量についても、これと同様の処理が必要となる。

　具体的には次のような処理がとられる。

　　　A_1、B_1、C_1、……、K_1　…………第1の生産過程において年々用いられる「a」、「b」、「c」、……、「k」の量

　　　A_2、B_2、C_2、……、K_2　…………第2の生産過程において年々用いられる「a」、「b」、「c」、……、「k」の量

　　　………………………………………………………

　　　A_k、B_k、C_k、……、K_k　…………k番目の生産過程において年々用いられる「a」、「b」、「c」、……、「k」の量

同じように、各生産過程に投入される労働量も、「a」、「b」、「c」、……、「k」という生産物に着目した、L_a、L_b、L_c、……L_kという識別表示はとれなくなり、各生産過程ごとに、L_1、L_2、L_3、……という番号で呼ぶことになる。

　また単一生産物体系では、各生産過程が一種類の生産物だけを生産し、さらにその生産物は他の生産過程では生産されないとしたことから、各生

産過程の生産物の数量は単純にA、B、C、……、Kと示せた。しかし結合生産物体系においては、一般的にはそれぞれの過程がkコの種類の生産物を持つことになるため、第1の生産過程での「a」の生産量は$A_{(1)}$、「b」の生産量は$B_{(1)}$、第2の生産過程での「a」の生産量は$A_{(2)}$、「b」の生産量は$B_{(2)}$、というふうに、生産過程ごとにそれぞれの生産物の数量を特定する必要がある。つまり以下のように定義される。

$A_{(1)}$、$B_{(1)}$、$C_{(1)}$、……、$K_{(1)}$ ……第1の生産過程において年々生産される「a」、「b」、「c」、……、「k」の量

$A_{(2)}$、$B_{(2)}$、$C_{(2)}$、……、$K_{(2)}$ ……第2の生産過程において年々生産される「a」、「b」、「c」、……、「k」の量

………………………………………………………………………………

$A_{(k)}$、$B_{(k)}$、$C_{(k)}$、……、$K_{(k)}$ …k番目の生産過程において年々生産される「a」、「b」、「c」、……、「k」の量

生産手段の価格、生産物の価格、賃金および利潤率の表記については、単一生産物体系の場合と同じである。

以上をまとめれば、結合生産物体系の生産方程式は次のようになる。

$(A_1 p_a + B_1 p_b + …… + K_1 p_k)(1+\gamma) + L_1 \omega = A_{(1)} p_a + B_{(1)} p_b + …… + K_{(1)} p_k$

$(A_2 p_a + B_2 p_b + …… + K_2 p_k)(1+\gamma) + L_2 \omega = A_{(2)} p_a + B_{(2)} p_b + …… + K_{(2)} p_k$

………………………………………………………………………………

$(A_k p_a + B_k p_b + …… + K_k p_k)(1+\gamma) + L_k \omega = A_{(k)} p_a + B_{(k)} p_b + …… + K_{(k)} p_k$

第53節：負の乗数が必要になるケース──使用の割合と両立できない生産の割合

「a」、「b」の2商品が2つの生産過程で次のような割合で結合的に生産されるとする。

第1の生産過程での「a」、「b」の生産割合 　　　$A_{(1)} : B_{(1)}$

第2の生産過程での「a」、「b」の生産割合 　　　$A_{(2)} : B_{(2)}$

双方の生産過程に対する乗数が非負のときは、2つの生産過程を足し合わ

Ⅳ 計算付録

せると、「a」、「b」の生産量の割合は、$A_{(1)}/B_{(1)}$ と $A_{(2)}/B_{(2)}$ の間で変動する。

いま、$A_{(1)}/B_{(1)} > A_{(2)}/B_{(2)}$ だったとする。それに対して、「a」、「b」が生産手段として用いられるあらゆる生産過程で、その使用割合が $A_{(1)}/B_{(1)}$ を超えているとする。このとき、生産過程のあるものは、負の乗数をとる必要がある。そうしない限り、「a」、「b」の生産割合と使用割合は両立できないからである。

負の乗数を用いて、生産割合と使用割合を一致させるには、次の2つの方法がある。

 ア 「a」、「b」を生産する過程で負の乗数を設定する（このときは、「b」の生産割合が高い、第2の生産過程が負の乗数をとることになる。そして結果的に、「b」の生産割合を低くして、使用割合に合わせる）

 イ 「a」、「b」を使用する過程で負の乗数を設定する（このときは、「a」の使用割合が高い生産過程が負の乗数をとることになる。そして結果的に、「a」の使用割合を低くして、生産割合に合わせる）

たとえば、「a」、「b」がそれぞれ次のような割合で生産され、使用されていたとする。

	「a」	「b」
第1の生産過程	7	3
第2の生産過程	6	4
第1の使用過程	9	1
第2の使用過程	8	2

上記アの手法は、生産割合を調整して使用割合に合わすものである。この場合、使用される割合は固定されることになるから、「a」、「b」の使用割合は、

  $9+8 : 1+2 = 17 : 3$

一方、第1の生産過程の乗数を q_1、第2の生産過程の乗数を q_2 とすると、「a」、「b」の生産割合は、

  $(7q_1 + 6q_2) : (3q_1 + 4q_2)$

となる。したがって、生産割合と使用割合が一致するためには
　　　　$(7q_1+6q_2):(3q_1+4q_2)=17:3$
となる必要がある。これを解くと、
　　　　$q_1=-(5/3)q_2$
上述のように、このとき、「b」の生産割合の高い第2の過程が負の乗数をとることになるから、たとえば、$q_1=5$、$q_2=-3$といった乗数をとる。

　実際、$q_1=5$、$q_2=-3$のとき、
　　　　$(7q_1+6q_2):(3q_1+4q_2)=(35-18):(15-12)=17:3$
となり、「a」、「b」の生産割合は、従前の13：7より高くなり、使用割合に一致する。

　上記イの手法は、使用割合を調整して生産割合に合わすものである。第1の使用過程の乗数をq_1、第2の使用過程の乗数をq_2とすると、「a」、「b」の使用割合と生産割合が一致するためには、
　　　　$(9q_1+8q_2):(1q_1+2q_2)=(7+6):(3+4)$
となる必要がある。これを解くと、
　　　　$q_1=-(3/5)q_2$
上述のように、このとき、「a」の使用割合の高い第1の使用過程が負の乗数をとることになるから、たとえば、$q_1=-3$、$q_2=5$といった乗数をとる。

　実際、$q_1=-3$、$q_2=5$のとき、
　　　　$(9q_1+8q_2):(1q_1+2q_2)=(40-27):(10-3)=13:7$
となり、「a」、「b」の使用割合は、従前の17：3より低くなり、生産割合に一致する。

　このどちらの方法をとるべきかは、先験的には決定できない。標準体系を構成する過程で、初めて決定される。

第58節：非基礎的生産物の3つの型

　単一生産物体系での非基礎的生産物の定義を結合生産物体系の場合に拡張して定義しなおすと、次のようになる。
　　ア　どの生産手段にも入らないもの
　　　　→無修正で結合生産物体系に適用される。
　　イ　それ自身の生産のためにだけ用いられるもの

Ⅳ 計算付録

→結合生産物体系にあっては、複数の過程で「それ自身の生産のためにだけ用いられる」同一の商品が生産される可能性がある。このとき、「それ自身の生産のためにだけ用いられる」ということは、「それ自身を生産する生産過程以外の生産過程に生産手段として入らない」ということ（これは単一生産物体系の場合と同じ）と併せて、この複数の過程のそれぞれにおいて「生産物としてのその数量に対する生産手段としてのその数量の比率」（投入・産出比率）が同じであることを意味する。もし、その比率が異なっているならば、この商品はそれ自身の生産のため以外にも用いられているといわなければならない（たとえば、ある商品の第1の生産過程での投入・産出比率が、0.8：1.0だったとし、第2の生産過程でのそれが、0.9：1.0だったとする。このとき、第2の生産過程に投入された0.9のうち、0.1はこの商品以外の生産に用いられたものと考えられる）。一方、すべての生産過程で投入・産出比率が同じであれば、この商品が含まれる生産方程式のそれぞれに適当な乗数——少なくとも、1つは負の乗数となろう——をかけたうえで、合計すれば、この商品は生産手段としても、生産物としても排除できる。

ウ 非基礎的生産物（奢侈品）の生産のためだけに用いられるもの

→たとえば、結合生産物体系において、kコの生産過程でkコの商品が生産されるとして、商品「a」、「b」、「c」がいずれもこの3商品（「a」、「b」、「c」）の生産のためだけに用いられ（この3商品の全部の生産に入ることもあれば、そのうちの1商品の生産にだけ入ることもある）、それ以外の商品の生産には用いられないときは、この3商品は非基礎的生産物とされ、標準体系からは排除される。これは、ある意味では、上記のイの型の非基礎的生産物が自己完結的に行うこと（自己生産）を、複数（このときは3つ）の商品が一群となって行うものといえる。結合生産物体系にあっては、イの型の商品が非基礎的生産物となるにあたっては、「それ自身を生産する生産過程以外の生産過程に生産手段として入らない」ということと併せて、複数の過程のそれぞれにおいて「生産

物としてのその数量に対する生産手段としてのその数量の比率」が同じであることが条件となった。これとまったく同様に、このゥの型の商品（群）も、「それ自身を生産する生産過程以外の生産過程に生産手段として入らない」ということと併せて、複数の過程のいずれにおいてもそれぞれの商品に関して「生産物としてのその数量に対する生産手段としてのその数量の比率」が同じであることが条件となる。

　これを行列で示せば以下のようになる。商品「a」、「b」、「c」がｋコの生産過程で生産手段および生産物として現れるものとする。「a」、「b」、「c」が生産手段および生産物としてそれらの生産過程に入っていく数量だけを抽出して、１つの生産過程を１つの行で表示する。すると、行数 k、列数 ６（生産手段と生産物でそれぞれ３コずつ）、の次のような行列が得られる（A_n は生産過程 n の生産手段としての「a」の量を、$A_{(n)}$ は生産過程 n の生産物としての「a」の量をあらわす。これらのうちのいくつかがゼロであっても差し支えない）。

$$
\begin{array}{cccccc}
A_1 & B_1 & C_1 & A_{(1)} & B_{(1)} & C_{(1)} \\
A_2 & B_2 & C_2 & A_{(2)} & B_{(2)} & C_{(2)} \\
A_3 & B_3 & C_3 & A_{(3)} & B_{(3)} & C_{(3)} \\
\multicolumn{6}{c}{\cdots\cdots\cdots} \\
A_k & B_k & C_k & A_{(k)} & B_{(k)} & C_{(k)}
\end{array}
$$

「a」、「b」、「c」という３つの商品が非基礎的生産物である条件は、３つを超える行＊が独立ではないことである。すなわち、ｋコの行のうち、k－３コの行は、３コの行の一次結合としてあらわされる、ということである。

　　　　＊　英文では more than three とある。邦訳では「３つ以上
　　　　　の」とされているが、これでは３を含むことになる。「３を
　　　　　超える」とすべきであろう。

　これは次のことを意味する。「a」、「b」、「c」のそれぞれについて、生産物としてのその数量に対する生産手段としての「a」、「b」、「c」の数量の比率は３コの行で決定されるが、この比率が残

りのk-3コの行でも同じになる、ということである。

簡単な事例で確認しよう。たとえば、「a」、「b」、「c」が4つの式に現れ、生産手段としての数量と生産物としての数量がそれぞれ次のとおりだったとする（$5a_n$ は生産過程 n での「a」の投入量が5単位であることを、$7a_{(n)}$ は生産過程 n での「a」の産出量が7単位であることを示す）。

	生産手段	生産物
式1	$6a_1+4b_1+6c_1$	$7a_{(1)}+6b_{(1)}+7c_{(1)}$
式2	$8a_2+6b_2+6c_2$	$7a_{(2)}+3b_{(2)}+14c_{(2)}$
式3	$7a_3+6b_3+9c_3$	$14a_{(3)}+6b_{(3)}+7c_{(3)}$
式4	$19a_4+12b_4+19c_4$	$21a_{(4)}+21b_{(4)}+21c_{(4)}$

式1～3から、
「a」を生産するのに用いられる「a」、「b」、「c」の量、
「b」を生産するのに用いられる「a」、「b」、「c」の量、
「c」を生産するのに用いられる「a」、「b」、「c」の量、
が次のように決まる。

	生産手段	生産物
「a」	$a+2b+3c$	$7a$
「b」	$a+c$	$3b$
「c」	$3a+2b+c$	$7c$

式4の生産手段と生産物はそれぞれ、次のような計算によって得られる。

　　生産手段→$(a+2b+3c)\times 3+(a+c)\times 7+(3a+2b+c)\times 3$
　　＝(7aの生産手段)×3＋(3bの生産手段)×7＋(7cの生産手段)×3
　　生産物→$(7a)\times 3+(3b)\times 7+(7c)\times 3$

そして式4は、次のように式1～式3の一次結合としてあらわすことができる。

　　(式1)×4－(式2)×1/3－(式3)×1/3

つまり式4においては、式1～式3の3コの式から定まった、「a」、「b」、「c」の、「生産物としてのその数量に対する生産手段と

してのその数量の比率」が正確に維持されていることがわかる。したがって、「a」、「b」、「c」は非基礎的生産物であるといえる。

　逆に、3コの式で定まった、「a」、「b」、「c」の、「生産物としてのその数量に対する生産手段としてのその数量の比率」が、4番目の式では維持されないならば、あるいは4番目の式が他の3つ式の一次結合としてあらわすことができないならば、「a」、「b」、「c」の少なくとも1つは、「それら自身を生産するための生産手段」とはいえなくなる。それと同時に、この「a」、「b」、「c」というグループ全体も「それら自身を生産するための生産手段」とはいえなくなる。

第59節：非基礎的生産物の第3の型の例

　第58節で見た第3の型（［計算付録］58で示したウの型：一群でそれら自身の生産のためにのみ生産手段となるような生産物）は、複雑なパターンをとる可能性がある。ここではその1つを示す。

　以下のような前提を置く。

1　生産体系は4つの生産過程と4つの生産物を持つ
2　このうち、2商品（「b」、「c」）は、ただ1つの生産過程で結合的に生産され、他の生産過程では生産されない
3　「b」はどの生産過程の生産手段にも入らないが、「c」はすべての生産過程に生産手段として入る
4　「b」および「c」を生産するただ1つの生産過程をあらわす生産方程式が以下のようなものだったとする
　　$(A_1 p_a + C_1 p_c + K_1 p_k)(1+\gamma) + L_1 \omega = A_{(1)} p_a + B_{(1)} p_b + C_{(1)} p_c + K_{(1)} p_k$

［計算付録］58で見た方法で、「b」、「c」についての行列を作ってみる。商品が2コ（「b」と「c」）だから、列数は4（2×2）となり、生産過程が4コだから、行数は4となり、行列は次のようになる（なお「・」は、数量がゼロであることを示す）。

| ・ | C_1 | $B_{(1)}$ | $C_{(1)}$ |
| ・ | C_2 | ・ | ・ |

・	C_3	・	・	
・	C_4	・	・	

　第2行から第4行は、「c」が生産過程に現れるだけである。したがって「c」がどのような数値を取ろうと、3行のうちの2行は、残りの1行に適用な乗数をかけたものと同じものになる。すなわち一次結合である。したがって、この4つの行のうち、独立のものは、最初のものと、残りの3行のうちの1つ、の計2コだけである。〔計算付録〕58のウの型で見たように、2つの商品が現れる行のうち、2つを超える行が独立したものでなければ、その2商品は非基礎的生産物ということになる。したがってこの例での「b」、「c」は非基礎的生産物であるということになる。

　このことを別の観点から見てみる。「b」はどの生産過程にも生産手段として入らないのだから、基礎的生産物となりえないことは明らかである。したがって、「b」を消去する必要があるが、「b」はただ1つの生産方程式に現れるだけであるから、「b」を消去するためには、この生産方程式にゼロの乗数を与える以外にはない。しかしこの生産過程（上述の行列の第1行で示される生産過程）は、「c」を生産するただ1つの過程でもある。この生産過程が、（「b」を消去するために）排除されるということは、「c」はもはや生産物としては現れないということを意味する。つまり、「c」は生産手段の側にだけ残存するということになる。生産手段の側にだけ残るというのでは、標準商品となることはできないから、「c」そのものも消去しなければならない。そのためには、第3行および第4行の生産方程式に適当な乗数（$q_3 C_3 - C_2 = 0$　$q_4 C_4 - C_2 = 0$ となるような乗数、q_3 および q_4）を与えて、このそれぞれから第2行の生産方程式を差し引けばいい。こうすれば、第3行の生産方程式からも、第4行の生産方程式からも「c」は消去される。

　このようにして、「b」および「c」を消去する過程で、第1行で示される生産方程式は排除され、第2行で示される生産方程式も失われるが、

　　ア　第3の生産方程式にq_3を乗じた上で第2の生産方程式を控除
　　　　したもの
　　イ　第4の生産方程式にq_4を乗じた上で第2の生産方程式を控除
　　　　したもの

の（共に「c」の消去された）2つの生産方程式が残ることになる。つまり、「b」および「c」の2商品が消去され、生産方程式が2つ減じたということになる。結果として、未知数（商品の価格）と生産方程式の数は依然としてバランスが取れているということになる。

第60節：
1．非基礎的生産物の一般的（形式的）定義

単一生産物体系では、ある生産物が基礎的生産物であるか非基礎的生産物であるかの判別を、「一切の商品の生産手段に入るか入らないか」という基準によって行った（これを「直観的な基準」と呼ぶ。［大掴み］5°を参照）。

結合生産物体系では、ある一群の商品群が非基礎的生産物であることを、形式的基準で定義した（この形式的定義については［大掴み］39°を参照）。非基礎的生産物を形式的に定義することは、直観的に納得しうるものではない。しかしこの形式的定義は、「直観的な基準」よりも大きな長所を持つ。

第1に、［計算付録］58で見た、結合生産物体系のアの型の生産物（どの生産手段にも入らないもの）とイの型の生産物（それ自身の生産のためにだけ用いられるもの）を、この形式的な定義で、非基礎的生産物と定義できる。

第2に、単一生産物体系における非基礎的生産物の3つの型についても、この定義でもって包含できる。

第3に、［計算付録］59の例が示唆しているように、あらゆる生産過程に生産手段として入るが、生産されることがまったくないといったもの（その典型例が土地である）も、この定義によって、非基礎的生産物とすることができる。

このように、単一生産物体系の場合も含めて、すべての非基礎的生産物はこの形式的定義で包括できる（このことの検証については［計算付録］60-2を参照）。その意味でこの形式的定義は、「直観的な基準」にはない一般性を持つといえる。したがって、結合生産物体系における、基礎的生産物、非基礎的生産物の区分にあっては、この形式的定義を適用すればいい。

なお、行列における独立した行の数と、行列の階数には以下のような関係がある。「２ｎコの数量によって組み立てられたｋ行のうちで、独立な行がｎコをこえず、他の行はこれらの行の一次結合である」ということは、「ｋ行、２ｎ列の行列はｎ未満（less than n）またはｎに等しい階数をもつ＊」ということである。つまり行列の階数とは、行列を形成する各行のうち、独立した行の数のことをいう。

　　＊　邦訳では、「ｎ以下もしくはｎに等しい」とあるが、"less than n" は「ｎ未満」とすべきであろう。

２．非基礎的生産物にかかる形式的定義が一般性を持つことの検証

ア　結合生産物体系においてどの生産手段にも入らないもの
　　商品「ｄ」が「どの生産手段にも入らない」生産物であるとする。
- $D_{(1)}$
- $D_{(2)}$

……
- $D_{(k)}$

「ｄ」は生産物の側にだけ単独で現れる。したがって $D_{(1)}$ から $D_{(k)}$ のそれぞれがどのような数値を取ろうと、一切の行は、特定の行（たとえば、第１行）に適当な乗数を与えることによって表現できる。すなわち、すべての行は特定の行（たとえば、第１行）の一次結合であり、独立した行は１行しかない。したがって、非基礎的生産物にかかる形式定義（［大掴み］39°を参照）から、「ｄ」は非基礎的生産物となる。

イ　結合生産物体系においてそれ自身のためにだけ用いられる生産物
　　商品「ｅ」が「それ自身の生産のためにだけ用いられる」生産物であるとする。

　　　E_1　$E_{(1)}$
　　　E_2　$E_{(2)}$
　　　……
　　　E_k　$E_{(k)}$

「ｅ」は複数の過程で生産手段として生産物としても現れる。しかし、結合生産物体系にあっては、「それ自身の生産のためにだけ用いられる」ということは、この複数の過程のそれぞれにおいて「生産物としてのその数量に

対する生産手段としてのその数量の比率」が同じであることを意味していた（[計算付録] 58を参照）。つまり、$E_2 : E_{(2)}$、......、$E_k : E_{(k)}$ の比率はすべて $E_1 : E_{(1)}$ に等しいということである。そうであれば、一切の行は、特定の行（たとえば、第1行）に適当な乗数を与えることによって表現できる。すなわち、すべての行は特定の行の一次結合であり、独立した行は1行しかない。したがって、非基礎的生産物にかかる形式的定義から、「e」は非基礎的生産物となる。

ウ　単一生産物体系における3つの型の非基礎的生産物

単一生産物体系では次の3つが非基礎的生産物として、標準体系から除外された（[大掴み] 26°を参照）。

　　　　1　どの生産手段にも入らないもの
　　　　2　それ自身の生産のためにだけ用いられるもの
　　　　3　非基礎的生産物（奢侈品）の生産のためだけに用いられるもの

このうち、1の型のものは、複合生産物体系においてもまったく同様に定義されるから、上記アの商品「d」と同じことになる。したがって、形式的定義から非基礎的生産物とすることができる。

2の型のものは、上記イの商品「e」にあたる。単一生産物体系では、「e」はただ1つの生産過程で生産される。また、「e」は生産手段としてはそれ以外の過程には現れない。そのため、「e」についての行列は

　　　　E_e　$E_{(e)}$

の唯一つしかないことになる。つまり、この行列は、ただの1行で形成され、結果として、独立した行は1行ということになる。したがって、これもまた上記の形式的定義で、非基礎的生産物とすることができる。

3の型のものは、[計算付録] 58節のウの型（「a」、「b」、「c」の商品が一群としてそれ自身の生産にだけ用いられる型）に該当する（もちろん、この商品群が、2コで形成されるときもあれば、4コ以上で形成されるときもある）。ただ、単一生産物体系にあっては、生産物としての「a」、「b」、「c」はそれぞれただ1つの生産過程にだけ現れるという違いがある。第58節の例に倣って、「a」、「b」、「c」についての行列を書けば、単一生産物体系では、次のようになる。

（「・」は量がゼロであることを示す）

A_1　B_1　C_1　$A_{(1)}$　・　・
A_2　B_2　C_2　・　$B_{(2)}$　・
A_3　B_3　C_3　・　・　$C_{(3)}$

直観的にわかるように、この3つの行は独立している。そして、「a」、「b」、「c」が他の商品の生産手段とならないことから、単一生産物体系にあっては、「a」、「b」、「c」についての行列は、この3行だけで形成される。行が3コしかないのであるから、独立した行の数は3を超えようがない。したがって、ここでも、形式的定義によって、「a」、「b」、「c」は非基礎的生産物ということができる。

エ　あらゆる生産過程に生産手段として入るが、生産されることがまったくないもの（その典型例が土地である）

「f」がそのようなものだとする。「f」については次のような行列を書くことができる。

F_1　・
F_2　・
……
F_k　・

これは上記のイで見た「e」（どの生産過程においても、生産手段とはならない商品）を裏返しにしたものである。「e」の場合とまったく同じように、この「f」の行列も独立したものはただ1つであり、形式的定義により、これも非基礎的生産物ということになる。

第61節：非基礎財の消去

　形式的定義によって非基礎的生産物とされた商品が現れる生産方程式に適当な乗数を与えて、これを足し合わせれば、非基礎的生産物のすべてを消去し、基礎的生産物のみを残すことができる。この操作は、単一生産物体系での非基礎的生産物の消去と同じ結果を得る。非基礎的生産物の消去は、単一生産物体系においても結合生産物体系においてもその後の議論（標準体系とそれに関連した検討）を容易にするという効果を持つ。

簡単な事例によって結合生産物体系における非基礎的生産物の消去を行ってみる。

[計算付録] 58で非基礎的生産物について検討したときの、ウの型の例を再掲すれば、次のようになる。

	生産手段	生産物
式1	$6a_1+4b_1+6c_1$	$7a_{(1)}+6b_{(1)}+7c_{(1)}$
式2	$8a_2+6b_2+6c_2$	$7a_{(2)}+3b_{(2)}+14c_{(2)}$
式3	$7a_3+6b_3+9c_3$	$14a_{(3)}+6b_{(3)}+7c_{(3)}$
式4	$19a_4+12b_4+19c_4$	$21a_{(4)}+21b_{(4)}+21c_{(4)}$

式4は、生産手段も生産物も、(式1)×4−(式2)×1/3−(式3)×1/3として示せるから、この4つの式を抽出したもととなった生産方程式を、生産方程式1〜4として、それぞれの生産方程式に、−4、1/3、1/3、1という乗数を与えた上で、これを足し合わせれば、これによってできた生産方程式からは、「a」、「b」、「c」という3つの非基礎的生産物は完全に消去されている。そして、このようにして合成されたあとの生産方程式に残っているのは、すべて基礎的生産物であるということになる注。

この生産方程式の合成によって、生産方程式の数が3コ減少することになるが、一方で3コの商品（「a」、「b」、「c」）が非基礎的生産物として排除されるのであるから、その価格を未知数とする（基礎的生産物たる）商品の数と、生産方程式の数とのバランスは保持されたままである。

また、「a」、「b」、「c」が現れる生産方程式が4コではなく、5コであって、生産方程式4と生産方程式5が生産方程式1〜3の一次結合として示せるときも、これと同様に、生産方程式1〜3と生産方程式4による合成と、生産方程式1〜3と生産方程式5による合成とを行い、合成方程式を2コ作ればいい。このときも、3コの商品（「a」、「b」、「c」）が非基礎的生産物として排除される一方で生産方程式が3コ減ることになる。

　注　スラッファは、「非基礎的商品を線形変換によって、体系からまったく消去することができる」としている。「線形変換」はここでは行列のある行に乗数（負の乗数を含む）を与えた上で、他の行に加えることをいう。生産方程式から非基礎的生産物を抽出して形成した行列においては、非基礎的生産物の数を超える行は、（非基礎的生産物の数だけの）独立した

行の一次結合であることから、線形変換によって、行列全体を消去することができる。

たとえば、ここに掲げた4つの式の各要素を行列の形で示せば、以下のように、4行6列の行列となる。

6	4	6	7	6	7
8	6	6	7	3	14
7	6	9	14	6	7
19	12	19	21	21	21

第4行は、(第1行)×4−(第2行)×1/3−(第3行)×1/3として示せる。逆にいえば、第1行には−4、第2行には1/3、第3行には1/3という乗数を与えた上で、これらを第4行に加えれば、行列のすべての要素はゼロとなる。これを利用して、生産方程式からこれらの非基礎的生産物を排除することができることになる。

「線形変換」は、式を合成する方法で非基礎的生産物を消去するときと同じ結果をもたらす。

第62節：基礎的方程式の体系

単一生産物体系にあっては、現実体系は最初から非基礎的生産物を排除したもので構成することができた。結合生産物体系では基礎的生産物と非基礎的生産物が結合的に生産される可能性があり、非基礎的生産物を排除するためには生産方程式を合成する必要がある。

kコの生産物とkコの生産方程式（生産過程）を持つ結合生産物体系は次のようなものとして示される（［計算付録］51を参照）。

$(A_1p_a+B_1p_b+...+K_1p_k)(1+\gamma)+L_1\omega = A_{(1)}p_a+B_{(1)}p_b+...+K_{(1)}p_k$

$(A_2p_a+B_2p_b+...+K_2p_k)(1+\gamma)+L_2\omega = A_{(2)}p_a+B_{(2)}p_b+...+K_{(2)}p_k$

$\ldots\ldots\ldots\ldots\ldots\ldots\ldots\ldots\ldots\ldots\ldots\ldots\ldots\ldots\ldots\ldots\ldots\ldots\ldots\ldots$

$(A_kp_a + B_kp_b +...+ K_kp_k)(1 + \gamma) + L_k\omega = A_{(k)}p_a + B_{(k)}p_b +...+ K_{(k)}p_k$

このケースで、基礎的生産物の数がjコであったとする。非基礎的生産物は生産方程式を合成することによって消去され、合成後の体系はjコの方程式からなる。この方程式を基礎的方程式と呼ぶ。

jコの基礎的生産物を「a」、「b」、……、「j」とする。非基礎的生産物を

消去することとなる合成生産方程式における、「a」、「b」、……、「j」の純量（合成後の量）を（合成前の生産方程式における「a」、「b」、……、「j」の量と区別するため）$\overline{A}$、$\overline{B}$、……、$\overline{J}$ で示す。すると基礎的方程式は次のようになる。

$$(\overline{A}_1 p_a + \overline{B}_1 p_b + \cdots + \overline{J}_1 p_j)(1+\gamma) + \overline{L}_1 \omega = \overline{A}_{(1)} p_a + \overline{B}_{(1)} p_b + \cdots + \overline{J}_{(1)} p_j$$

$$(\overline{A}_2 p_a + \overline{B}_2 p_b + \cdots + \overline{J}_2 p_j)(1+\gamma) + \overline{L}_2 \omega = \overline{A}_{(2)} p_a + \overline{B}_{(2)} p_b + \cdots + \overline{J}_{(2)} p_j$$

$$\cdots\cdots\cdots\cdots\cdots\cdots\cdots\cdots\cdots\cdots\cdots\cdots\cdots\cdots$$

$$(\overline{A}_j p_a + \overline{B}_j p_b + \cdots + \overline{J}_j p_j)(1+\gamma) + \overline{L}_j \omega = \overline{A}_{(j)} p_a + \overline{B}_{(j)} p_b + \cdots + \overline{J}_{(j)} p_j$$

この基礎的方程式は第51節に示された（合成前の）生産方程式のそれぞれに適当な乗数を与えて整理した（足し合わせた）ものに過ぎない。したがって合成前の生産方程式の数学的な性質を変更するものではない。つまりこの基礎的方程式から求まる R（極大利潤率）と各商品の価格（p_a、p_b、……、p_j）は合成前の生産方程式の体系から求まるものと同じになる。

第63節：結合生産物体系での標準体系の一般式

基礎的方程式の体系は、結合生産物体系における標準純生産物の構成を目的とするものである[注]。単一生産物体系にあっては、q体系と呼ばれる標準体系を作り、これから標準純生産物を求めた。結合生産物体系においてもこの手続きはまったく同じになる。すなわち単一生産物体系の場合と同じように、基礎的方程式の体系の各方程式に、生産された数量が生産で使い果たされた数量を超過する比率が各商品について同一になるように、乗数（q）を与えて、標準体系を作る。

このときの乗数（q_1、q_2、……、q_j）は、したがって次の条件をみたすものということになる。

$$(\overline{A}_1 q_1 + \overline{A}_2 q_2 + \cdots + \overline{A}_j q_j)(1+R) = \overline{A}_{(1)} q_1 + \overline{A}_{(2)} q_2 + \cdots + \overline{A}_{(j)} q_j$$

$$(\overline{B}_1 q_1 + \overline{B}_2 q_2 + \cdots + \overline{B}_j q_j)(1+R) = \overline{B}_{(1)} q_1 + \overline{B}_{(2)} q_2 + \cdots + \overline{B}_{(j)} q_j$$

$$\cdots\cdots\cdots\cdots\cdots\cdots\cdots\cdots\cdots\cdots\cdots\cdots\cdots\cdots$$

$$(\overline{J}_1 q_1 + \overline{J}_2 q_2 + \cdots + \overline{J}_j q_j)(1+R) = \overline{J}_{(1)} q_1 + \overline{J}_{(2)} q_2 + \cdots + \overline{J}_{(j)} q_j$$

単一生産物の場合と同様に、これらの方程式は次のようなRについてのj次の方程式としてあらわされる。

$$(1+R)^j(\overline{A}_1q_1+\overline{A}_2q_2+\ldots\ldots+\overline{A}_jq_j)(\overline{B}_1q_1+\overline{B}_2q_2+\ldots\ldots+\overline{B}_jq_j)\ldots\ldots$$
$$(\overline{J}_1q_1+\overline{J}_2q_2+\ldots\ldots+\overline{J}_jq_j)=(\overline{A}_{(1)}q_1+\overline{A}_{(2)}q_2+\ldots\ldots+\overline{A}_{(j)}q_j)(\overline{B}_{(1)}q_1+\overline{B}_{(2)}q_2+\ldots\ldots+\overline{B}_{(j)}q_j)\ldots\ldots(\overline{J}_{(1)}q_1+\overline{J}_{(2)}q_2+\ldots\ldots+\overline{J}_{(j)}q_j)$$

したがってRと乗数（q_1、q_2、……、q_j）の組み合わせはjコ存在することになる。またこのことから標準純生産物の構成もj通りになる。

　　注　基礎的方程式を介して標準体系を求める手法の意味については、［計算付録］64のあとに掲げる［計算付録］付録Cを参照のこと。

第64節：Rの最低の値だけが経済的に意味がある。

単一生産物体系において、Rの最低の値が標準体系を構成したのは、それが生産方程式の乗数をすべて正にする唯一のものだったからである。結合生産物体系にあっては乗数が負の値を取る可能性があるから、乗数がすべて正の組み合わせとなることをもって標準体系を構成するRであるとすることはできない。

単一生産物体系において標準体系の一意性を検討したときに、正の乗数はRの最低の値に対応することを見た（［計算付録］42を参照）。このことは結合生産物体系における標準体系を構成するRの値の決定においても重要な意味を持つ。

単一生産物体系では、R'をRのうちで最低の値であるとすると、これより大きな値となるR"を極大値とする体系（q"体系と呼ぶ）の生産物の価格は、利潤率がR'となるときに、ゼロとなる（［計算付録］42注-2を参照）。

この関係は結合生産物体系の基礎的方程式でも成立する。やや煩瑣になるが、このことを確認してみよう。ただし、この計算手続きは基本的には第42節での検討とほとんど同じであり、生産物が単数から複数になる違いがあるだけである。

結合生産物体系の基礎的方程式は次のようになる（［計算付録］62を参照）。

$$(\overline{A}_1p_a+\overline{B}_1p_b+\ldots\ldots+\overline{J}_1p_j)(1+\gamma)+\overline{L}_1\omega=\overline{A}_{(1)}p_a+\overline{B}_{(1)}p_b+\ldots\ldots+$$

$$\overline{J}_{(1)}p_j$$
$$(\overline{A}_2p_a + \overline{B}_2p_b + \ldots + \overline{J}_2p_j)(1+\gamma) + \overline{L}_2\omega = \overline{A}_{(2)}p_a + \overline{B}_{(2)}p_b + \ldots + \overline{J}_{(2)}p_j$$
$$\ldots\ldots\ldots\ldots\ldots\ldots\ldots\ldots\ldots$$
$$(\overline{A}_jp_a + \overline{B}_jp_b + \ldots + \overline{J}_jp_j)(1+\gamma) + \overline{L}_j\omega = \overline{A}_{(j)}p_a + \overline{B}_{(j)}p_b + \ldots + \overline{J}_{(j)}p_j$$

利潤率が極大値となると次のようになる。
$$(\overline{A}_1p_a + \overline{B}_1p_b + \ldots + \overline{J}_1p_j)(1+R) = \overline{A}_{(1)}p_a + \overline{B}_{(1)}p_b + \ldots + \overline{J}_{(1)}p_j$$
$$(\overline{A}_2p_a + \overline{B}_2p_b + \ldots + \overline{J}_2p_j)(1+R) = \overline{A}_{(2)}p_a + \overline{B}_{(2)}p_b + \ldots + \overline{J}_{(2)}p_j$$
$$\ldots\ldots\ldots\ldots\ldots\ldots\ldots\ldots\ldots$$
$$(\overline{A}_jp_a + \overline{B}_jp_b + \ldots + \overline{J}_jp_j)(1+R) = \overline{A}_{(j)}p_a + \overline{B}_{(j)}p_b + \ldots + \overline{J}_{(j)}p_j$$

利潤率がR'のときの商品価格を、p_a'、p_b'、……、p_j'とする。Rに代えてR'を、そしてp_a、p_b、p_c、……、p_j に代えて、p_a'、p_b'、p_c'、……、p_j'を代入すると、
$$(\overline{A}_1p_a' + \overline{B}_1p_b' + \ldots + \overline{J}_1p_j')(1+R') = \overline{A}_{(1)}p_a' + \overline{B}_{(1)}p_b' + \ldots + \overline{J}_{(1)}p_j'$$
$$(\overline{A}_2p_a' + \overline{B}_2p_b' + \ldots + \overline{J}_2p_j')(1+R') = \overline{A}_{(2)}p_a' + \overline{B}_{(2)}p_b' + \ldots + \overline{J}_{(2)}p_j'$$
$$\ldots\ldots\ldots\ldots\ldots\ldots\ldots\ldots\ldots$$
$$(\overline{A}_jp_a' + \overline{B}_jp_b' + \ldots + \overline{J}_jp_j')(1+R') = \overline{A}_{(j)}p_a' + \overline{B}_{(j)}p_b' + \ldots + \overline{J}_{(j)}p_j'$$

いま、極大利潤率がR"(R"≠R')となる体系(q"体系)があるとして、この体系の各方程式の乗数を、q_1"、q_2"、……、q_j"とする。

q_1"、q_2"、……、q_j"を、順次、上記の各方程式の両辺に乗じると、
$$q_1"[(\overline{A}_1p_a' + \overline{B}_1p_b' + \ldots + \overline{J}_1p_j')(1+R')] =$$
$$q_1"[\overline{A}_{(1)}p_a' + \overline{B}_{(1)}p_b' + \ldots + \overline{J}_{(1)}p_j']$$
$$q_2"[(\overline{A}_2p_a' + \overline{B}_2p_b' + \ldots + \overline{J}_2p_j')(1+R')] =$$
$$q_2"[\overline{A}_{(2)}p_a' + \overline{B}_{(2)}p_b' + \ldots + \overline{J}_{(2)}p_j']$$
$$\ldots\ldots\ldots\ldots\ldots\ldots\ldots\ldots\ldots$$
$$q_j"[(\overline{A}_jp_a' + \overline{B}_jp_b' + \ldots + \overline{J}_jp_j')(1+R')] =$$
$$q_j"[\overline{A}_{(j)}p_a' + \overline{B}_{(j)}p_b' + \ldots + \overline{J}_{(j)}p_j']$$

このjコの式を「A群の式」とする。

一方、[計算付録]63で、結合生産物体系の各方程式の乗数は次のようになることを見た。

Ⅳ 計算付録

$$(\overline{A}_1 q_1 + \overline{A}_2 q_2 + \ldots + \overline{A}_j q_j)(1+R) = \overline{A}_{(1)} q_1 + \overline{A}_{(2)} q_2 + \ldots + \overline{A}_{(j)} q_j$$

$$(\overline{B}_1 q_1 + \overline{B}_2 q_2 + \ldots + \overline{B}_j q_j)(1+R) = \overline{B}_{(1)} q_1 + \overline{B}_{(2)} q_2 + \ldots + \overline{B}_{(j)} q_j$$

$$\ldots\ldots\ldots\ldots\ldots\ldots\ldots\ldots\ldots\ldots\ldots\ldots\ldots\ldots\ldots\ldots\ldots\ldots\ldots\ldots$$

$$(\overline{J}_1 q_1 + \overline{J}_2 q_2 + \ldots + \overline{J}_j q_j)(1+R) = \overline{J}_{(1)} q_1 + \overline{J}_{(2)} q_2 + \ldots + \overline{J}_{(j)} q_j$$

R に代えて R" を、そして q_1、q_2、……、q_j に代えて、極大利潤率が R" となる体系（q" 体系）の各方程式の乗数、$q_1"$、$q_2"$、……、$q_j"$ を代入すると、

$$(\overline{A}_1 q_1" + \overline{A}_2 q_2" + \ldots + \overline{A}_j q_j")(1+R") = \overline{A}_{(1)} q_1" + \overline{A}_{(2)} q_2" + \ldots + \overline{A}_{(j)} q_j"$$

$$(\overline{B}_1 q_1" + \overline{B}_2 q_2" + \ldots + \overline{B}_j q_j")(1+R") = \overline{B}_{(1)} q_1" + \overline{B}_{(2)} q_2" + \ldots + \overline{B}_{(j)} q_j"$$

$$\ldots\ldots\ldots\ldots\ldots\ldots\ldots\ldots\ldots\ldots\ldots\ldots\ldots\ldots\ldots\ldots\ldots\ldots\ldots\ldots$$

$$(\overline{J}_1 q_1" + \overline{J}_2 q_2" + \ldots + \overline{J}_j q_j")(1+R") = \overline{J}_{(1)} q_1" + \overline{J}_{(2)} q_2" + \ldots + \overline{J}_{(j)} q_j"$$

p_a'、p_b'、……、p_j' を、順次、この各方程式の両辺に乗じると、

$$p_a'[(\overline{A}_1 q_1" + \overline{A}_2 q_2" + \ldots + \overline{A}_j q_j")(1+R")] = p_a'[\overline{A}_{(1)} q_1" + \overline{A}_{(2)} q_2" + \ldots + \overline{A}_{(j)} q_j"]$$

$$p_b'[(\overline{B}_1 q_1" + \overline{B}_2 q_2" + \ldots + \overline{B}_j q_j")(1+R")] = p_b'[\overline{B}_{(1)} q_1" + \overline{B}_{(2)} q_2" + \ldots + \overline{B}_{(j)} q_j"]$$

$$\ldots\ldots\ldots\ldots\ldots\ldots\ldots\ldots\ldots\ldots\ldots\ldots\ldots\ldots\ldots\ldots\ldots\ldots\ldots\ldots$$

$$p_j'[(\overline{J}_1 q_1" + \overline{J}_2 q_2" + \ldots + \overline{J}_j q_j")(1+R")] = p_j'[\overline{J}_{(1)} q_1" + \overline{J}_{(2)} q_2" + \ldots + \overline{J}_{(j)} q_j"]$$

この j コの式を「B 群の式」とする。

A 群の式の右辺を合計すると

$$q_1"[\overline{A}_{(1)} p_a' + \overline{B}_{(1)} p_b' + \ldots + \overline{J}_{(1)} p_j'] + q_2"[\overline{A}_{(2)} p_a' + \overline{B}_{(2)} p_b' + \ldots + \overline{J}_{(2)} p_j'] + \ldots + q_j"[\overline{A}_{(j)} p_a' + \overline{B}_{(j)} p_b' + \ldots + \overline{J}_{(j)} p_j']$$

B 群の式の右辺を合計すると

$$p_a'[\overline{A}_{(1)} q_1" + \overline{A}_{(2)} q_2" + \ldots + \overline{A}_{(j)} q_j"] + p_b'[\overline{B}_{(1)} q_1" + \overline{B}_{(2)} q_2" + \ldots + \overline{B}_{(j)} q_j"] + \ldots + p_j'[\overline{J}_{(1)} q_1" + \overline{J}_{(2)} q_2" + \ldots + \overline{J}_{(j)} q_j"]$$

これを変形すると、

$$q_1"[\overline{A}_{(1)} p_a' + \overline{B}_{(1)} p_b' + \ldots + \overline{J}_{(1)} p_j'] + q_2"[\overline{A}_{(2)} p_a' + \overline{B}_{(2)} p_b' + \ldots + \overline{J}_{(2)} p_j'] + \ldots + q_j"[\overline{A}_{(j)} p_a' + \overline{B}_{(j)} p_b' + \ldots + \overline{J}_{(j)} p_j']$$

A群の式の右辺の合計とB群の式の右辺の合計は同値となる。したがって、A群の式の左辺の合計とB群の式の左辺の合計も等しくならなければならない。

A群の式の左辺を T_a とすると

$$T_a = [q_1''(\overline{A}_1 p_a' + \overline{B}_1 p_b' + \ldots\ldots + \overline{J}_1 p_j') + q_2''(\overline{A}_2 p_a' + \overline{B}_2 p_b' + \ldots\ldots + \overline{J}_2 p_j') + \ldots\ldots + q_j''(\overline{A}_j p_a' + \overline{B}_j p_b' + \ldots\ldots + \overline{J}_j p_j')](1+R')$$

これを整理すると

$$T_a = [p_a'(\overline{A}_1 q_1'' + \overline{A}_2 q_2'' + \ldots\ldots + \overline{A}_j q_j'') + p_b'(\overline{B}_1 q_1'' + \overline{B}_2 q_2'' + \ldots\ldots + \overline{B}_j q_j'') + \ldots\ldots + p_j'(\overline{J}_1 q_1'' + \overline{J}_2 q_2'' + \ldots\ldots + \overline{J}_j q_j'')](1+R')$$

B群の式の左辺を T_b とすると

$$T_b = [p_a'(\overline{A}_1 q_1'' + \overline{A}_2 q_2'' + \ldots\ldots + \overline{A}_j q_j'') + p_b'(\overline{B}_1 q_1'' + \overline{B}_2 q_2'' + \ldots\ldots + \overline{B}_j q_j'') + \ldots\ldots + p_j'(\overline{J}_1 q_1'' + \overline{J}_2 q_2'' + \ldots\ldots + \overline{J}_j q_j'')](1+R'')$$

$T_a = T_b$ であるから、$T_a － T_b = 0$ である。したがって、

$$[p_a'(\overline{A}_1 q_1'' + \overline{A}_2 q_2'' + \ldots\ldots + \overline{A}_j q_j'') + p_b'(\overline{B}_1 q_1'' + \overline{B}_2 q_2'' + \ldots\ldots + \overline{B}_j q_j'') + \ldots\ldots + p_j'(\overline{J}_1 q_1'' + \overline{J}_2 q_2'' + \ldots\ldots + \overline{J}_j q_j'')](R' - R'') = 0$$

ここで、$R'' \neq R'$ であるから、

$$p_a'(\overline{A}_1 q_1'' + \overline{A}_2 q_2'' + \ldots\ldots + \overline{A}_j q_j'') + p_b'(\overline{B}_1 q_1'' + \overline{B}_2 q_2'' + \ldots\ldots + \overline{B}_j q_j'') + \ldots\ldots + p_j'(\overline{J}_1 q_1'' + \overline{J}_2 q_2'' + \ldots\ldots + \overline{J}_j q_j'') = 0$$

これは、A群の式の左辺の合計、B群の式の左辺の合計がともにゼロとなることを示している。したがってそれぞれの群の右辺の合計もまたゼロにならなければならない。

B群の右辺の合計でみれば、次のことを意味する。

$$p_a'[\overline{A}_{(1)} q_1'' + \overline{A}_{(2)} q_2'' + \ldots\ldots + \overline{A}_{(j)} q_j''] + p_b'[\overline{B}_{(1)} q_1'' + \overline{B}_{(2)} q_2'' + \ldots\ldots + \overline{B}_{(j)} q_j''] + \ldots\ldots + p_j'[\overline{J}_{(1)} q_1'' + \overline{J}_{(2)} q_2'' + \ldots\ldots + \overline{J}_{(j)} q_j''] = 0$$

これは、極大利潤率が R'' となる体系（q'' 体系）の生産物の価額は、利潤率が R' となるとき（つまり、$\gamma = R''(1-\omega) = R'$ となるとき）、ゼロとなることを示す。q'' 体系の生産物の価格がゼロになるということは、この生産物とまったく同じ構成で、単にそれを縮小したに過ぎない q'' 体系の標準純生産物の価格もゼロになるということである。このことは、q'' 体系で利潤率が R' となるとき、q'' 体系の標準純生産物を標準（＝尺度）として各商品の価格を示すとすると、各商品の価格は無限大になってしまうことを意

味する。だが、これは経済的にはまったく無意味である。

q"体系の標準純生産物を標準（＝尺度）として、ω が1とゼロの間で変化するとき、R'とR"の関係が、R"$(1-\omega)$＝R'となる場合に、このようなことが起こる。そしてこれは、極大利潤率がR'よりも高い体系（q"体系）の標準純生産物を標準（＝尺度）とすることから生じる。

したがって、極大利潤率が最も低い体系の標準純生産物を標準（＝尺度）とすれば、このようなことは起きない。今、R'が極大利潤率としては一番低いものであるとすれば、極大利潤率がR'となる体系（q'体系）の標準純生産物を標準（＝尺度）とすればいい。この場合は、他のいかなる極大利潤率をR"としてみても、R'＜R"となることから、ω が1とゼロの間で変化するときに、R'$(1-\omega)$＝R"となることはありえないからである。

極大利潤率がjコのRのうちで最低の値となる体系の標準純生産物だけが、ω が1とゼロの間で変化するときに諸商品の価格を有限なものとして示すことができる唯一の標準純生産物ということになる。これが、「Rの最低の値だけが経済的に意味がある」理由である。

付録Ｃ：「基礎的体系」の工夫──第63節の付録

結合生産物体系においてどのようにして標準体系を求めるかについては、第62節及び第63節で見た。そこでは、結合生産物体系の現実体系から、一度予備的作業として、非基礎的生産物を排除した基礎的方程式の体系（「基礎的体系」）を求め、これから標準体系を求める方法をとった。この手法をとった理由は以下のとおりである。

標準体系を求める目的は、経済的に意味のある極大利潤率（R）の値を確定することにある。そして結合生産物体系の標準体系でも、経済的に意味のあるのはRが最低の値をとるときであった（［大掴み］41°および［計算付録］64を参照）。

仮に非基礎的生産物を消去せずに、現実体系から直接にRを求めるとすると、現実体系における生産方程式の数は基礎的体系の場合の生産方程式よりも多いことから、Rの可能な値もその分だけ増加する。しかも、この新たに増えたRがどのような値をとるかは不明である。

たとえば付録Ｂでは、標準体系の極大利潤率が10％を超えているなか

で、非基礎的生産物たる豆の生産に着目すれば、利潤率は10％となる可能性があることを見た。この10％という値が、現実体系から直接得られるRの最低の値となるかもしれない。しかし、付録Bで見たように、この場合生産方程式が形式的に成立するためには、（非基礎的生産物である）豆以外のすべての商品の価格が実質的にゼロにならなければならない。Rのこのような値は、経済的観点からは無意味であり、排除されなければならない。したがって、「Rの最低の値だけが経済的に意味がある」ということも、もはやいえなくなる。「Rの最低の値だけが経済的に意味がある」というのは、あくまで非基礎的生産物を排除した生産体系を前提にしているのである。

　非基礎的生産物を排除しないままで経済的に意味のあるRを求めるためには、まずRを「（特定の非基礎的生産物以外の）すべての商品の価格が実質的にゼロにならなければならないもの」と、そうではないものの2つのグループに区別しなければならなくなる。しかし、この作業は、現実体系から基礎的体系を求めるという方法よりも一層厄介であるように思われる。

　なお、単一生産物体系の場合は、現実体系を構成する段階で非基礎的生産物はすべて排除されるから、このような問題は生じない。その意味では、結合生産物体系において基礎的体系を求めるのは、単一生産物体系において基礎的生産物だけで構成される現実体系を構成することと同じこととも　いえる。

第9章

第72節：価格の下落率が賃金の下落率を上回ることが意味するもの

　利潤率が上昇し、標準純生産物を価格と賃金の標準（＝尺度）とした賃金（標準賃金）が10％下落するとき、商品「a」の価格は同じ標準で11％下落すると仮定する。このことは、「a」を標準とすると賃金はおよそ1％騰貴することを意味する（$(100-10)/(100-11)=1.0112$）。つまり標準純生産物を標準としたときには賃金が下落する場合でも、「a」を標準とすれば賃

金は上昇することになる。これは、ある種の商品を標準としたときには、利潤率が上昇する場合でも賃金が高くなることを意味する。

　第5図でこのことを見てみよう。第5図で、利潤率が5%から7%に上昇するとき、標準純生産物を標準（＝尺度）とすれば、賃金も、「a」の価格も下落するが、「a」は賃金よりも下落の度合いが大きい。この結果、「a」を標準とすると、賃金は上昇することになる。結局、ある商品を標準としたときには賃金が下落する一方で、他の商品を標準とすれば賃金が上昇するということは、何を標準にして賃金を測るかを明示しない限り、賃金の騰落については何も語れないということを意味する。これが「価格の下落率はもはや賃金の下落率によって制限されない」ことの第1の意味である。

　単一生産物体系にあっては、商品の価格の下落率は賃金のそれを上回ることはなかったから、利潤率の変化に対応して描かれる賃金線と商品の価格線はただ1回しか交差しなかった（[計算付録] 49を参照）。しかし、結合生産物体系にあっては、商品の価格の下落率が賃金のそれを上回ることがあることから、利潤率の変化に対応して描かれる賃金線と商品の価格線は複数回交差する可能性が出てくる。このことは、ある商品を標準（＝尺度）とした賃金は、複数の利潤率において同一となることがあることを意味する。たとえば第5図において、利潤率が、4%、6.25%、8%となる3点で、賃金線と「a」の価格線は交差している。この交差点で、賃金と「a」の価格は等しくなる。つまりこの3点で、「a」を標準にした賃金は同一のものとなる（当然のことながら、これらの点で、標準純生産物を標準とした賃金はそれぞれ異なるものとなる）。つまり、「a」を標準とした同一の賃金に対して複数の（この場合は3コの）利潤率が対応する。これが「価格の下落率はもはや賃金の下落率によって制限されない」ことの第2の意味である。

　ただし、「a」を標準（＝尺度）とする賃金のある1つの水準に対して、いくつかの代替的な利潤率が対応することがあるとしても、利潤率のある1つの水準に対しては、賃金を表現する標準が何であろうと、1つの賃金が対応しうるのみであることに注意する必要がある。第5図を例にとれば、利潤率が4%、6.25%、8%の3点で、「a」を標準とする賃金は、同一

（「a」と等価）となる。しかし、利潤率が4％、6.25％、8％のときの賃金は——それが標準純生産物を標準としようが、「a」を標準としようが——それぞれただ1つだけである。ただ「a」を標準としたときには、それぞれの利潤率に対応する賃金がこの3点で同じ値をとるというだけのことである。そのことは1つの利潤率に複数の賃金が対応することを意味するわけではない。

第10章

第75節：年金の方法による耐久的用具に対する年々の費用の計算

　年金法による耐久的生産用具の年々の費用の計算方法を示す。

　ある機械が耐久的生産用具として用いられるとし、機械がその耐用期間を通じて同じ効率で機能し、またその生産物（販売を目的とする生産物）の単位価格がこの耐用期間を通じ均一であるとするならば、この機械に関する利子（利潤率が適用される）および減価のために支払われるべき年々の費用は、一定でなければならない。

　機械の購入価格を p_{m0} とし、利潤率を γ とし、年々の費用（＝元利支払額）を B とすれば、各生産年度末の機械の帳簿価格は次のようになる

　1年目　$p_{m0}(1+\gamma) - B$

　2年目　$[p_{m0}(1+\gamma) - B](1+\gamma) - B = p_{m0}(1+\gamma)^2 - B(1+\gamma) - B$

　3年目　$[p_{m0}(1+\gamma)^2 - B(1+\gamma) - B](1+\gamma) - B$
　　　　$= p_{m0}(1+\gamma)^3 - B(1+\gamma)^2 - B(1+\gamma) - B$

　t年目　$p_{m0}(1+\gamma)^t - B(1+\gamma)^{t-1} - B(1+\gamma)^{t-2} - \ldots\ldots - B](1+\gamma) - B$
　　　　$= p_{m0}(1+\gamma)^t - B[(1+\gamma)^{t-1} + (1+\gamma)^{t-2} + \ldots\ldots + (1+\gamma) + 1]$
　　　　$= p_{m0}(1+\gamma)^t - B[(1+\gamma)^t - 1]/(1+\gamma-1)$
　　　　$= p_{m0}(1+\gamma)^t - B[(1+\gamma)^t - 1]/\gamma$

機械の耐用年数を n とすれば、n 年度末の帳簿価格は 0 になる。したがって、

$$p_{m0}(1+\gamma)^n - B[(1+\gamma)^n - 1]/\gamma = 0$$

よって、

$$B = p_{m0}[\gamma(1+\gamma)^n]/[(1+\gamma)^n - 1]$$

第76節：結合生産方程式の方法による耐久的用具に対する年々の費用の計算

販売を目的とした商品を「g」とし、各年度のその生産数量を $G_{(g)}$、価格を p_g とする。また G の生産に必要な機械（「m」）の数量と、その単位あたり価格（購入価格または帳簿価格）を次のように示すものとする。

使用開始からの年数	機械の数量	単位あたり価格
0 （使用開始時）	M_0	p_{m0}
1 （2年目当初）	M_1	p_{m1}
………………………………………………………………………………		
n－1 （廃棄される年の当初）	$M_{(n-1)}$	$p_{m(n-1)}$

第75節と同様に、機械「m」がその耐用期間を通じて同じ効率で機能し、また「g」の単位価格がこの耐用期間を通じ均一であるとするならば、生産手段、労働および生産物（販売を目的とする生産物）の数量は、各年度の生産方程式において一定となることから、各年度の生産方程式は次のようになる（記号は、機械「m」にかかるもの以外は、［計算付録］51と同じ）。

$$(M_0 p_{m0} + A_g p_a + B_g p_b + \ldots + K_g p_k)(1+\gamma) + L_g \omega = G_{(g)} p_g + M_1 p_{m1}$$

$$(M_1 p_{m1} + A_g p_a + B_g p_b + \ldots + K_g p_k)(1+\gamma) + L_g \omega = G_{(g)} p_g + M_2 p_{m2}$$

………………………………………………………………………………

$$(M_{(n-1)} p_{m(n-1)} + A_g p_a + B_g p_b + \ldots + K_g p_k)(1+\gamma) + L_g \omega = G_{(g)} p_g$$

第1年度の生産にかかる生産方程式に $(1+\gamma)^{n-1}$ を乗じ、第2年度の生産にかかる生産方程式に $(1+\gamma)^{n-2}$ を乗じ、以下、同様にして、前年の乗数を $(1+\gamma)$ で割ったものを乗じていき、n 年度の生産にかかる生産方程式に、1 を乗じると、次の式が得られる。

$$(1+\gamma)^{n-1}[(M_0 p_{m0} + A_g p_a + B_g p_b + \ldots + K_g p_k)(1+\gamma) + L_g \omega]$$
$$= (1+\gamma)^{n-1}[G_{(g)} p_g + M_1 p_{m1}]$$

$$(1+\gamma)^{n-2}[(M_1 p_{m1} + A_g p_a + B_g p_b + \ldots + K_g p_k)(1+\gamma) + L_g \omega]$$
$$= (1+\gamma)^{n-2}[G_{(g)} p_g + M_2 p_{m2}]$$

………………………………………………………………………………

$$(1+\gamma)[(M_{(n-2)} p_{m(n-2)} + A_g p_a + B_g p_b + \ldots + K_g p_k)(1+\gamma) + L_g \omega]$$

$$= (1+\gamma)[G_{(g)}p_g + M_{(n-1)}p_{m(n-1)}]$$

$$(M_{(n-1)}p_{m(n-1)} + A_g p_a + B_g p_b + \ldots + K_g p_k)(1+\gamma) + L_g\omega = G_{(g)}p_g$$

この左右両辺をそれぞれ足し合わせると、$M_1 p_{m1}$、$M_2 p_{m2}$、……、$M_{(n-1)}p_{m(n-1)}$ にかかる乗数は、左辺、右辺とも同じになり（乗数は、両辺とも順次、$(1+\gamma)^{n-1}$、$(1+\gamma)^{n-2}$、……、$(1+\gamma)$ となる）、打ち消しあう。また、

$$(1+\gamma)^{n-1} + (1+\gamma)^{n-2} + \ldots + (1+\gamma) + 1 = [(1+\gamma)^n - 1]/\gamma$$

であるから、左右両辺それぞれを足し合わせた結果は、次のようになる。

$$M_0 p_{m0}(1+\gamma)^n + [(A_g p_a + B_g p_b + \ldots + K_g p_k)(1+\gamma) + L_g\omega][(1+\gamma)^n - 1]/\gamma = G_{(g)}p_g[(1+\gamma)^n - 1]/\gamma$$

両辺を、$[(1+\gamma)^n - 1]/\gamma$ で割ると、

$$M_0 p_{m0}[\gamma(1+\gamma)^n]/[(1+\gamma)^n - 1] + [(A_g p_a + B_g p_b + \ldots + K_g p_k)(1+\gamma) + L_g\omega] = G_{(g)}p_g$$

$M_0 p_{m0}[\gamma(1+\gamma)^n]/[(1+\gamma)^n - 1]$ は、機械に対する年々の費用をあらわす。これは、[計算付録] 75で、年金法によって得たものと同じものになる。

第79節：耐久的用具を日付のある労働量へ還元することの困難さ

簡略化のために、耐久的生産用具（M）の耐用年数は2年とし、効率は一定であるとする。このとき、生産方程式は次のようになる。なお、記号は [計算付録] 76と同じである。

$$(M_0 p_{m0} + A_g p_a + B_g p_b + \ldots + K_g p_k)(1+\gamma) + L_g\omega = G_{(g)}p_g + M_1 p_{m1}$$
（算79-1）

$$(M_1 p_{m1} + A_g p_a + B_g p_b + \ldots + K_g p_k)(1+\gamma) + L_g\omega = G_{(g)}p_g \quad (算79-2)$$

第68節での手法になぞらえれば、$G_{(g)}p_g$、$M_1 p_{m1}$ を結合生産物とみなし、$G_{(g)}p_g$ を除去することによって、$M_1 p_{m1}$ にかかる生産手段と労働を特定する必要がある。このためには、（算79-1）から（算79-2）を引けばいい。すると次の式が得られる。

$$M_0 p_{m0}(1+\gamma) - M_1 p_{m1}(1+\gamma) = M_1 p_{m1} \quad\quad (算79-3)$$

右辺の $M_1 p_{m1}$ を日付のある労働量に還元するためには、左辺の M_0 と M_1 を還元過程で消去する必要がある。M_0 は、新規に購入した商品であるから、それが生産される過程（生産方程式）で日付のある労働量に還元す

ることが可能かどうかを検証しなければならない。

M_1 はこの耐久的生産用具を用いる生産過程でのみ「生産」されるものであり、この生産方程式によって消去しなければならない。しかし、(算79-3)では、左辺（生産手段と労働を示す）に、耐久的生産用具の価格（ここでは $M_0 p_{m0}$ と $M_1 p_{m1}$）の一部がマイナスの符号を持って現れる。M_1 にかかる項がマイナスの符号を持つことから、以下に見るように M_1 の消去が困難になる。

左辺の $M_1 p_{m1}$ に $M_0 p_{m0}(1+\gamma) - M_1 p_{m1}(1+\gamma) = M_1 p_{m1}$ を代入すると、

$M_0 p_{m0}(1+\gamma) - (M_0 p_{m0}(1+\gamma) - M_1 p_{m1}(1+\gamma))(1+\gamma) = M_1 p_{m1}$

$M_0 p_{m0}(1+\gamma) - M_0 p_{m0}(1+\gamma)^2 + M_1 p_{m1}(1+\gamma)^2 = M_1 p_{m1}$ （算79-4）

(算79-4)では左辺の M_1 にかかる項は正の値をとることになる。この左辺の $M_1 p_{m1}$ に、(算79-4)で行なったのと同様の操作をもう一度行うと、以下のようになる。

$M_0 p_{m0}(1+\gamma) - M_0 p_{m0}(1+\gamma)^2 + (M_0 p_{m0}(1+\gamma) - M_1 p_{m1}(1+\gamma))(1+\gamma)^2 = M_1 p_{m1}$

$M_0 p_{m0}(1+\gamma) - M_0 p_{m0}(1+\gamma)^2 + M_0 p_{m0}(1+\gamma)^3 - M_1 p_{m1}(1+\gamma)^3 = M_1 p_{m1}$ （算79-5）

(算79-5)では、左辺の M_1 は再び負の値をとる。

さらにこれを繰り返すと、次のような一般式が得られる。

$M_0 p_{m0}(1+\gamma) - M_0 p_{m0}(1+\gamma)^2 + \cdots\cdots + (-1)^{n-1} \times M_0 p_{m0}(1+\gamma)^n + (-1)^n \times M_1 p_{m1}(1+\gamma)^n = M_1 p_{m1}$

したがってこの連続的な作業の過程で、「M_1 は交互に正値となり、負値となり、各々のばあいに、$(1+\gamma)$ のより高次の冪を乗じられて、たえず再現する」ことになる。つまり、M_1 は消滅に向かうことはない。

単一生産物体系にあっては、生産手段を「それら自身の生産手段と労働量とによって置き換える」ことによって、商品残余が消滅に向かった。しかし、上述のように、「M_1［の符号］は交互に正値となり、負値となり、各々のばあいに、$(1+\gamma)$ のより高次の冪を乗じられて、たえず再現する」というのであれば、商品残余が消滅に向かうことはない。そして、労働項の和が極限値に向かうこともなくなる。したがって、「日付のある労働量へ

の還元は固定資本については一般に不可能である」といわなければならない。

　これまでは、耐久的生産用具（M）の効率は一定であるとしたが、この効率が違ってくるときはどうなるのであろうか。効率が違うということは、その生産物（販売を目的とする生産物）が初年度と次年度とで異なるということを意味する。仮に、生産手段の投入量が同一で、その生産物（販売を目的とする生産物）の産出量が、初年度はα、次年度はβだったとする（つまり、$G_{(g1)}=\alpha$、$G_{(g2)}=\beta$であったとする）。すると、（算79-1）と（算79-2）は、以下のように変化する。

$(M_0 p_{m0} + A_g p_a + B_g p_b + ... + K_g p_k)(1+\gamma) + L_g \omega = \alpha p_g + M_1 p_{m1}$
（算79-6）

$(M_1 p_{m1} + A_g p_a + B_g p_b + ... + K_g p_k)(1+\gamma) + L_g \omega = \beta p_g$　（算79-7）

　この式から販売を目的とする生産物（α、β）を除去するためには、（算79-7）にα/βを乗じて、これを（算79-6）から差し引けばいい。その結果、次の式が得られる。

$M_0 p_{m0}(1+\gamma) - (\alpha/\beta) M_1 p_{m1}(1+\gamma)$
$+ (1-\alpha/\beta)(A_g p_a + B_g p_b + ... + K_g p_k)(1+\gamma) + (1-\alpha/\beta) L_g \omega =$
$M_1 p_{m1}$

　耐久的生産用具の効率が年々低下するときは、$\alpha/\beta>1$、したがって、$1-\alpha/\beta<0$となる。このとき、$(1-\alpha/\beta)(A_g p_a + B_g p_b + ... + K_g p_k)(1+\gamma)$は、負の値をとる。したがって、生産手段の系列の負の量が拡大するだけであり、上記の結論（「日付のある労働量への還元は固定資本については不可能である」）が一層強くいえることになる。

　一方、耐久的生産用具の効率が年々上昇するときは、$\alpha/\beta<1$、したがって、$1-\alpha/\beta>0$となる。このとき、

$(1-\alpha/\beta)(A_g p_a + B_g p_b + ... + K_g p_k)(1+\gamma)$

は、正の値をとる。したがって、

$-(\alpha/\beta) M_1 p_{m1}(1+\gamma) + (1-\alpha/\beta)(A_g p_a + B_g p_b + ... + K_g p_k)(1+\gamma)$

は正の値をとる可能性が出てくる。このときは、上記の結論（「日付のある労働量への還元は固定資本については不可能である」）はここではあてはまらない。「日付のある労働量への還元は可能である」ということにな

Ⅳ 計算付録

る注。

> 注　スラッファの叙述は、このケースでは「日付のある労働量への還元は可能である」として閉じられているが、「耐久的生産用具の効率が年々上昇する」ということは一般には考えられないから、このことからもやはり、「日付のある労働量への還元は固定資本については不可能である」といってよいと考えていいのであろう。

第81節：一部分消耗した機械に「含まれた」労働量

　ある耐久的生産用具（トラクターとしよう）の生産に4単位の労働を要し、これが4年間の耐用年数を持つとする。［大掴み］50°で、耐久的生産用具は、（利潤率ゼロで）耐用年数を n 年とし、効率を一定とすると、耐久的生産用具に「体現されている」労働量は、毎年度当初の $1/n$ だけ減少することを見た。これを適用すればトラクターは、1年経過後には3単位の労働を含み、2年後には2単位の、3年後には1単位の労働を含むはずである。

　2つの体系を想定する。どちらの体系も、耐用年数4年の20台のトラクターを使い、小麦（これを商品「a」という）1000㌧を生産する。ただし体系2では、これに加え、使用するトラクターのうち2台を2年使用した時点で「中古トラクター」（これを商品「b」という）として販売する。生産物と生産手段をまとめれば、次のようになる。

	毎年度の生産物	生産手段
体系1	「a」1000㌧	トラクター20台
体系2	「a」1000㌧ ＋「b」2台	トラクター20台

　トラクターはいずれ耐用期間切れになるから補填が必要になる。毎年度同じ台数を補填するものとする。すると、体系1では、補填のために、毎年度5台($20\div4$)のトラクターの生産が必要になる。一方、体系2では、毎年度、2年経過したトラクター2台が商品として販売されることから、未使用のものと1年経過したものよりも、2年経過したもの、および3年経過したものの台数が2台少なくなる。その条件の下で20台のトラクターが必要になる。したがって、最初に投入される台数を n とすれば、

$$n+n+(n-2)+(n-2)=20 \quad 4n-4=20 \quad n=6$$

となる。年々の補塡のために生産が必要な総台数は6台(＝4＋2)となる。つまり、体系2は、体系1に比べて補塡すべきトラクターは1台多くなる。これはトラクター1台分の追加労働（4単位の労働）が必要になるということである。

しかし、主生産物たる小麦の生産量は体系1でも、体系2でも、1000㌧で変化はない。したがってこの4単位の追加労働は、2年経過後に「中古トラクター」として販売される2台のトラクターに含まれることになる。つまり、トラクター1台は、2年経過後には2単位の労働を含む。言い換えれば、当初、4単位の労働を「体現」していたトラクターは、2年後には2単位の労働しか「体現」しなくなる。

「耐久的生産用具は、（利潤率ゼロで）耐用年数をn年とし、効率を一定とすると、耐久的生産用具に『体現されている』労働量は、毎年度当初の$1/n$だけ減少する」ことがこのことからわかる。

第82節：利潤率の変化にともなう帳簿価格と年々の減価額の変動の具体例

　［計算付録］75で、機械の当初価格（購入費用）をp_{m0}とし、利潤率（金利）をγ、耐用期間をn年、年々の費用をBとするとき、t年度末の帳簿価格は

$$p_{m0}(1+\gamma)^t - B[(1+\gamma)^t - 1]/\gamma \tag{算82-1}$$

となることを見た。また、n年後の帳簿価格をゼロとすれば、

$$B = p_{m0}[\gamma(1+\gamma)^n/((1+\gamma)^n - 1)] \tag{算82-2}$$

となった。

ここで、$p_{m0}=1$とし、(算82-2)を(算82-1)に代入する。その結果、t年度末の帳簿価格は次のようになる。

$$(1+\gamma)^t - B\frac{(1+\gamma)^t - 1}{\gamma}$$
$$= (1+\gamma)^t - \frac{\gamma(1+\gamma)^n}{(1+\gamma)^n - 1} \cdot \frac{(1+\gamma)^t - 1}{\gamma}$$
$$= (1+\gamma)^t - \frac{(1+\gamma)^n[(1+\gamma)^t - 1]}{(1+\gamma)^n - 1}$$

Ⅳ 計算付録

$$= \frac{(1+\gamma)^t[(1+\gamma)^n-1]-(1+\gamma)^n[(1+\gamma)^t-1]}{(1+\gamma)^n-1}$$

$$= \frac{(1+\gamma)^t(1+\gamma)^n-(1+\gamma)^t-(1+\gamma)^t(1+\gamma)^n+(1+\gamma)^n}{(1+\gamma)^n-1}$$

$$= \frac{(1+\gamma)^n-(1+\gamma)^t}{(1+\gamma)^n-1}$$

各年度の減価額は連続する 2 つの年度の帳簿価格の差に他ならないから、t 年度における減価額は次のようになる

これは、$\gamma>0$ であれば、機械の経過年数（t）が大きくなるに従い、その年の減価額は増大することを意味する。

$$\frac{(1+\gamma)^n-(1+\gamma)^{t-1}}{(1+\gamma)^n-1}-\frac{(1+\gamma)^n-(1+\gamma)^t}{(1+\gamma)^n-1}$$

$$= \frac{(1+\gamma)^t-(1+\gamma)^{t-1}}{(1+\gamma)^n-1} = \frac{(1+\gamma)^{t-1}(1+\gamma-1)}{(1+\gamma)^n-1}$$

$$= \frac{\gamma(1+\gamma)^{t-1}}{(1+\gamma)^n-1}$$

機械の耐用年数を50年とすると、利潤率が 0 、10％、20％のとき、各年度末の帳簿価格とその年度の減価額は次のように変化する。

年度	年度末の帳簿価格			当該年度の減価額		
	利　潤　率			利　潤　率		
	0	0.1	0.2	0	0.1	0.2
0	1	1	1			
1	0.98	0.999141	0.999978	0.02	0.000859	0.000022
2	0.96	0.998196	0.999952	0.02	0.000945	0.000026
3	0.94	0.997156	0.999920	0.02	0.001040	0.000032
4	0.92	0.996013	0.999882	0.02	0.001144	0.000038
5	0.90	0.994755	0.999836	0.02	0.001258	0.000046
10	0.80	0.986307	0.999429	0.02	0.002026	0.000113
20	0.60	0.950791	0.995897	0.02	0.005255	0.000702
30	0.40	0.858671	0.974023	0.02	0.013629	0.004348
40	0.20	0.619736	0.838587	0.02	0.035351	0.026921
45	0.10	0.382336	0.598188	0.02	0.056932	0.066987
46	0.08	0.319710	0.517804	0.02	0.062626	0.080384
47	0.06	0.250822	0.421343	0.02	0.068888	0.096461
48	0.04	0.175045	0.305589	0.02	0.075777	0.115753
49	0.02	0.091690	0.166685	0.02	0.083355	0.138904
50	0	0	0	0.02	0.091690	0.166685

第83節：

1．耐久的生産用具の帳簿価格の変動範囲と利潤率の変化にともなう帳簿価格の変動

　［計算付録］82で見たように、機械の購入価格を1、耐用年数をnとすると、$\gamma > 0$ のときのt年度末の帳簿価格は

$$\frac{(1+\gamma)^n - (1+\gamma)^t}{(1+\gamma)^n - 1}$$

となる。ここで、

$$\frac{(1+\gamma)^n - (1+\gamma)^t}{(1+\gamma)^n - 1} - 1$$

$$= \frac{(1+\gamma)^{n-t}-1}{(1+\gamma)^{n-t}-\dfrac{1}{(1+\gamma)^t}}$$

$\gamma \to \infty$ のとき、$\dfrac{1}{(1+\gamma)^t} \to 0$ であるから、

$$\frac{(1+\gamma)^{n-t}-1}{(1+\gamma)^{n-t}-\dfrac{1}{(1+\gamma)^t}} \to \frac{(1+\gamma)^{n-t}-1}{(1+\gamma)^{n-t}} \to 1$$

また、$1+\gamma=\theta$ とおくと、

$$\frac{(1+\gamma)^n-(1+\gamma)^t}{(1+\gamma)^n-1}$$

$$=\frac{\theta^n-\theta^t}{\theta^n-1}$$

$$=\frac{\theta^t(\theta^{n-t}-1)}{\theta^n-1}$$

$$=\frac{\theta^t(\theta-1)(\theta^{n-t-1}+\theta^{n-t-2}+\cdots+\theta+1)}{(\theta-1)(\theta^{n-1}+\theta^{n-2}+\cdots+\theta+1)}$$

$$=\frac{\theta^t(\theta^{n-t-1}+\theta^{n-t-2}+\cdots+\theta+1)}{(\theta^{n-1}+\theta^{n-2}+\cdots+\theta+1)}$$

$\gamma \to 0$ のとき、$\theta \to 1$ であるから

$$\frac{\theta^t(\theta^{n-t-1}+\theta^{n-t-2}+\cdots+\theta+1)}{(\theta^{n-1}+\theta^{n-2}+\cdots+\theta+1)}$$

$$\to \frac{1\times(1\times(n-t-1)+1)}{1\times(n-1)+1}$$

$$=\frac{n-t}{n}$$

したがって、$\gamma>0$ のとき、

$$\frac{n-t}{n} < \frac{(1+\gamma)^n-(1+\gamma)^t}{(1+\gamma)^n-1} < 1$$

となるから、耐用年数 n 年の耐久的生産用具の t 年後の帳簿価格は、γ の変化にともない、(n−t)/n と 1 の間で変動する。

2．プラント建設の純投資額

　［計算付録］82で見たように、耐久的生産用具の購入価格を 1 とし、耐用年数を n、利潤率を γ とすると、使用開始から t 年後の年度の減価額は

$$\frac{\gamma(1+\gamma)^{t-1}}{(1+\gamma)^n-1}$$

である。

　同じプラントが毎年 1 単位ずつ継続して建設され、操業されているとする。1 単位のプラントの建設費を 1 とすると、第 k 年度における各プラントの減価額は、以下のようになる。

第 1 年度に操業を開始したプラント（p_1）　　$\dfrac{\gamma(1+\gamma)^{k-1}}{(1+\gamma)^n-1}$

第 2 年度に操業を開始したプラント（p_2）　　$\dfrac{\gamma(1+\gamma)^{k-2}}{(1+\gamma)^n-1}$

……

第 k−1 年度に操業を開始したプラント（p_{k-1}）　　$\dfrac{\gamma(1+\gamma)}{(1+\gamma)^n-1}$

第 k 年度に操業を開始したプラント（p_k）　　$\dfrac{\gamma}{(1+\gamma)^n-1}$

第 k 年度におけるすべてのプラント（p_1、p_2、……p_k）の減価額を合計すると　　$\dfrac{(1+\gamma)^k-1}{(1+\gamma)^n-1}$

　各プラントの減価額の合計額を新しいプラントの建設費にあてることができる。建設費から減価額の総和を控除した必要額（純投資額）は以下のようになる。

$$1-\frac{(1+\gamma)^k-1}{(1+\gamma)^n-1}=\frac{(1+\gamma)^n-(1+\gamma)^k}{(1+\gamma)^n-1}$$

　一方、第 1 年度に操業を開始したプラントの k 年度末の帳簿価格は、［計算付録］82でみたように、

$$\frac{(1+\gamma)^n-(1+\gamma)^k}{(1+\gamma)^n-1}$$

となる。以上のことから、第 k 年度の純投資額は第 1 年度に操業を開始し

たプラントの当該年度末の帳簿価格に等しいことが証明された。このことはまた、連続する各年度の純投資額の合計は第１年度に操業を開始したプラントの連続する各年度末の帳簿価格の合計に等しくなることを意味する。

したがって、50ユニットのプラントが50年間にわたって連続的に建設されるとすれば、純投資額は、第６図の、各利潤率に対応した階段状の折れ線と両軸に挟まれた面積に比例する。この面積は利潤率の上昇とともに拡大するから、純投資額は利潤率が高いほど多額になることがわかる。

第84節：標準体系における固定資本の処理の具体例

耐用年数が３年の耐久的生産用具（機械）を用いる３つの生産過程があり、それぞれの過程は、使用年数が、０、１、２の機械を用いているものとする。標準体系を求めようとするとき、各生産過程にどのような乗数を与えることになるかを見る。

［計算付録］76で機械（M）（初期価格 p_{m0}、耐用年数 n 年）が用いられている生産方程式として、次の式を得た。

$$(M_0 p_{m0} + A_g p_a + B_g p_b + \ldots + K_g p_k)(1+\gamma) + L_g \omega = G_{(g)} p_g + M_1 p_{m1}$$

$$(M_1 p_{m1} + A_g p_a + B_g p_b + \ldots + K_g p_k)(1+\gamma) + L_g \omega = G_{(g)} p_g + M_2 p_{m2}$$

$$\cdots\cdots\cdots\cdots\cdots\cdots\cdots\cdots\cdots\cdots\cdots\cdots\cdots\cdots\cdots\cdots\cdots\cdots\cdots\cdots\cdots\cdots\cdots\cdots\cdots\cdots$$

$$(M_{(n-1)} p_{m(n-1)} + A_g p_a + B_g p_b + \ldots + K_g p_k)(1+\gamma) + L_g \omega = G_{(g)} p_g$$

ここで、n＝3とし、$\omega = 0 (\gamma = R \quad \because \gamma = R(1-\omega))$ とおけば、上記の式は次のように書き換えられる。

$$(M_0 p_{m0} + A_g p_a + B_g p_b + \ldots + K_g p_k)(1+R) = G_{(g)} p_g + M_1 p_{m1}$$

$$(M_1 p_{m1} + A_g p_a + B_g p_b + \ldots + K_g p_k)(1+R) = G_{(g)} p_g + M_2 p_{m2}$$

$$(M_2 p_{m2} + A_g p_a + B_g p_b + \ldots + K_g p_k)(1+R) = G_{(g)} p_g$$

$M_1 p_{m1}$、$M_2 p_{m2}$、は実際には、帳簿上の数量と帳簿上の価格の積に過ぎない。［計算付録］76ではこれを消去することによって、生産手段としての機械の年々の費用を計算した。同様に、標準体系を構成するにあたっても、それぞれの式に適当な乗数を与えて、$M_1 p_{m1}$、$M_2 p_{m2}$、を消去することが可能になる。第１の式に$(1+R)^2$、第２の式に$(1+R)$を乗ずれば、次のようになる。

$$(1+R)^2(M_0 p_{m0} + A_g p_a + B_g p_b + ... + K_g p_k)(1+R) = (1+R)^2(G_{(g)} p_g + M_1 p_{m1})$$

$$(1+R)(M_1 p_{m1} + A_g p_a + B_g p_b + ... + K_g p_k)(1+R) = (1+R)(G_{(g)} p_g + M_2 p_{m2})$$

$$(M_2 p_{m2} + A_g p_a + B_g p_b + ... + K_g p_k)(1+R) = G_{(g)} p_g$$

3つの式の左辺、右辺で、$M_1 p_{m1}$、$M_2 p_{m2}$、は等しい値をとることから、この3つの式を足し合わせると、次式のようになる。

$$(1+R)^3 M_0 p_{m0} + [(1+R)^3 + (1+R)^2 + (1+R)](A_g p_a + B_g p_b + ... + K_g p_k) = [(1+R)^2 + (1+R) + 1] G_{(g)} p_g$$

たとえば、R＝0.1のとき、2年経過した機械を用いる生産過程に対する乗数を100とすれば、1年経過した機械を用いる生産過程には110(＝100×(1＋0.1))、経過年数0の機械を用いる生産過程には121(＝100×(1＋0.1)^2)という乗数を、それぞれ与えればいいということになる。これによって、帳簿価格はことごとく消去される。

(1＋R)は正の値をとる。したがって、耐久的生産用具を用いる生産過程が、結合生産の他の要素（第8章、第9章で見た、負の乗数を与えなければならないような要素のこと。たとえば、非基礎的生産物を結合生産物として含むときなどがそれに該当する）を含まなければ、この生産過程にかかる乗数はすべて正の値をとることになる。

第11章

第86節：外延的地代の処理

農産物としては穀物だけが生産されているというケースを想定する。もし、nコの異なった品質の土地で穀物が生産されているとすれば、穀物の生産方法もまたnコ存在することになる。つまり、nコの生産方程式が形成される。このnコの生産方程式には、nコの品質の土地の地代と穀物価格が変数として現れる。ただし、nコの品質の土地のうち、1つは無地代であるという条件が付加される。未知数は、地代がnコで穀物価格が1コであるから、合計でn＋1コとなる。一方、方程式のほうは、生産方程式が

nコ、土地の1つは無地代であるという条件式が1コで、合計n+1コとなる。したがって未知数と方程式の数は同数となるから一意的に解くことができる。

nコの異なった品質の土地で穀物が生産されるときの、nコの（それぞれの土地の）生産方程式を組み立ててみる。記号は以下のように定義される（これ以外の記号は、単一生産物体系の場合と同じである）。

C	穀物の数量
p_c	穀物の価格（未知数）
$\Lambda_1、\Lambda_2、……、\Lambda_n$	異なった品質の土地の面積
$\rho_1、\rho_2、……、\rho_n$	異なった品質の土地の単位面積あたり地代（未知数）

現実体系（結合生産物体系における非基礎的生産物を含む体系）の一部として穀物の生産をあらわす生産方程式は次のようになる。

$$(A_{c1}p_a+……+C_{c1}p_a+……+K_{c1}p_k)(1+\gamma)+L_{c1}\omega+\Lambda_1\rho_1=C_{(1)}p_c$$
$$(A_{c2}p_a+……+C_{c2}p_a+……+K_{c2}p_k)(1+\gamma)+L_{c2}\omega+\Lambda_2\rho_2=C_{(2)}p_c$$
$$………………………………………………………………$$
$$(A_{cn}p_a+……+C_{cn}p_a+……+K_{cn}p_k)(1+\gamma)+L_{cn}\omega+\Lambda_n\rho_n=C_{(n)}p_c$$

地代の1つはゼロであるから、

$$\rho_1\times\rho_2\times……\times\rho_n=0$$

適切な解は、$1\leq m\leq n$ で、$\rho_m\geq 0$ となる解である。

なお地代（ρ）の添え字（1、2、…、n）は肥沃度の順位をあらわすものではない。スラッファはこれに関連して次のようにいっている。

> 添え字は任意のものであって、肥沃度の順位をあらわすものではないことに注意。肥沃度というものは地代と無関係に定義されるものではなく、その順位は地代そのものの大きさと同様、γ と ω の変動とともに変化しうるのである。

　　　　　　　　　　　　　　　　　　　　　　　　　［傍点は原著］

ある賃金のもとでは $\rho_1>\rho_2$ であったとしても、賃金が変化すれば、$\rho_1<\rho_2$ となる可能性があるということである。すなわち、賃金が変化することによって、$\rho_1、\rho_2、……、\rho_n$ の相互の順位が逆転する可能性が出てくる。

地代を検討するときにしばしば用いられる「最劣等地」あるいは「優等

地」といった言葉からは、土地の優劣（地代の大小の順位）が自然の肥沃度によって決まるという印象を受ける。しかし、1単位あたりの穀物の生産に必要な生産手段と労働の量は、土地の品質によって異なるのが一般的であり、肥沃度は生産に要する費用（生産手段の対価と賃金）を無視しては規定できない。そしてこの費用が賃金と利潤率によって決まる以上、スラッファが主張するように、むしろ肥沃度なるものは一定の賃金ないしは利潤率を前提にして初めて規定されるといえる。

第87節：内包的地代の計算

　すべての土地が同じ品質のものであったとする。このときも、土地の供給量が不足していれば、次の理由から地代が発生する。

　土地の供給量が不足するとき、限られた土地でより収穫量を増やそうとすることから、同質の土地で、2つの生産方法（耕作方法）がとられる可能性が出てくる。この2つの生産方法における生産手段と労働の投入量には一般的に差がある。収穫量1単位あたり費用は単位面積あたりの収穫量が多い生産方法のほうが割高となる（もし、単位面積あたりの収穫量が多い生産方法のほうが割安となるのであれば、同じ土地に次々に追加投資をすればいいのであって、このときには土地の供給が不足するということにはならない）。一方、土地の品質が同じであれば、単位面積あたりの地代は生産方法のいかんにかかわらず均一である。したがって収穫量が多いほど、生産物の単位あたり地代は少なくなる。つまり、収穫量1単位あたりでみたとき、収穫量の多い生産方法は、地代以外の費用は割高となる一方で、地代は割安となる。これによって2つの生産方法の利潤率は同一のものとなる。言い換えれば、2つの生産方法の利潤率を同一のものとするような地代が発生することによって、初めて2つの生産方法は並存可能になる。これが、単一の品質の土地に対して地代が発生する理由である。

　簡単な事例を設定したほうが理解しやすい。今、地代のない同質、同面積の土地、2ヶ所で、次のような生産が行われていたとする（簡便化のために、生産手段は肥料のみとし、賃金はゼロと想定する）。これを生産方法Ⅰと呼ぼう。

　　　生産手段（肥料）　　　100kg

Ⅳ 計算付録

　　　生産物（小麦）　　　　　　120kg

　極大利潤率（R）が0.2であったとする。このとき、生産手段（肥料）の単位あたり価格を1とすれば、生産物（小麦）の単位あたり価格も1となる。また、収穫高は2ヶ所合計で240kgとなる。

　ここで、何らかの理由（たとえば人口の増加）で小麦の収穫を120kg増やす必要が生じたとする。そこでこのうちの1つの土地で、次のように生産手段の投入量を増やして増産がなされるとする。これを生産方法Ⅱと呼ぶ。

　　　生産手段（肥料）　　　　　210kg
　　　生産物（小麦）　　　　　　240kg

　生産方法ⅠとⅡを比べれば以下のようになる。

	生産手段（肥料）	生産物（小麦）
生産方法Ⅰ	100kg	120kg
生産方法Ⅱ	210kg	240kg

　生産方法Ⅱのほうが単位あたり費用は割高になる。この2つの生産方法が併存するには、費用として新たに地代が加わり、利潤率が均一になる必要がある。ただし、土地が同質である以上、いずれの生産方法をとったとしても、地代は同一でなければならない。

　生産物（小麦）が基礎的生産物である限り、異なった生産方法がとられると、生産手段の価格にも極大利潤率（R）にも影響を及ぼすことになるが、簡略化のために、ここでは生産手段の価格とRが従前のまま維持されると仮定する。すると、地代（x）と生産物（小麦）価格（y）は、次の方程式によって決定される。

　　　生産方法Ⅰ　　　$(100+x) \times 1.2 = 120y$
　　　生産方法Ⅱ　　　$(210+x) \times 1.2 = 240y$

　これを解くと、$x=10$　$y=1.1$ が得られる。

　つまりこの2ヶ所の土地で、上述した2つの異なった生産方法によって120kgの小麦を増産するときは、両方の土地に地代（10）が発生し、生産物（小麦）の単位あたり価格は、1から1.1に上昇することになる。なお、生産物（小麦）の単位あたりの地代は、生産方法Ⅰのときが$10/120=1/12$、生産方法Ⅱのときが$10/240=1/24$となる。

このように、同質の土地で2つの異なった生産方法がとられれば、地代と穀物価格という2つの変数をもった、2つの生産方程式が非基礎的生産物を含む現実体系に現れるが、2つの生産方程式を解くことによって地代と穀物価格は同時に決定される。そのうえで、2つの生産方程式に適当な乗数を与えて、両式を足し合わせれば地代は消去できる（このときの例では、生産方法Ⅰに－1、生産方法Ⅱに1を乗ずればいい）。

第88節：内包的収穫逓減と新しい生産方法の開発

　土地面積が固定されているなかで、生産物の総量を増やすためには、生産物の1単位あたり費用は少ないが、生産量も少ないという方法（第1の方法）に代わって、単位あたり費用はより多いが、生産量もより多いという方法（第2の方法）が拡大していく必要がある。これが、内包的収穫逓減の過程である。これを可能にするのが地代の存在であることは［計算付録］87で見た。

　この内包的収穫逓減の過程は連続的に進んでいく。すなわち、第2の方法が徐々に拡大し、すべての土地に広がるや、次に、（これより更に）生産物の1単位あたり費用はより高いが、生産量も（更に）より多いという第3の方法が開発される。この第3の方法が導入されるためには、地代が更に騰貴しなければならない。これによって、第1の方法と、第2の方法が並存したのと同様に、第2の方法と第3の方法が並存することになる。そして、第3の方法が徐々に第2の方法に取って替わるなかで、生産量はまた次第に増大していく。こうして、収穫量のより多い新しい生産方法の開発（突発的変化）と、その拡大による総生産量の増大（連続的変化）が順次繰り返される。

　ここでも簡単な事例を設定したほうが理解は容易である。［計算付録］87で次の生産方法が併存するケースを見た。

	生産手段（肥料）	生産物（小麦）
生産方法Ⅰ	100kg	120kg
生産方法Ⅱ	210kg	240kg

　またこのとき、10という地代が発生し、生産物（小麦）の1単位あたり価格は1から1.1に上昇することも見た。

IV 計算付録

　生産物の総量が増大するためには、生産方法Ⅱが拡大していく必要がある。そしてすべての土地で生産方法Ⅱによって生産が行われるとして、なお小麦の増産が必要だとすると、さらに新たな生産方法──生産物1単位あたりの生産費は生産方法Ⅱよりもさらに割高な生産方法──が導入されることになる。この新たな生産方法（生産方法Ⅲ）が次のようなものであったとする。またこの関係の他は［計算付録］87で見たものとまったく同じだとする。

	生産手段（肥料）	生産物（小麦）
生産方法Ⅲ	330kg	360kg

　生産方法Ⅲが生産方法Ⅱと併存するためには、生産方法ⅡとⅢが同じ利潤率を実現する必要があることから、地代（x）と生産物（小麦）の単位あたり価格（y）が次の方程式を同時にみたすことが条件となる。

　　生産方法Ⅱ　　　$(210+x) \times 1.2 = 240y$
　　生産方法Ⅲ　　　$(330+x) \times 1.2 = 360y$

これを解くと、$x=30$　$y=1.2$ となる。したがって、地代が10から30に上昇することが、生産方法ⅡとⅢが併存する条件となる。

　生産方法Ⅲが拡大することによって、生産物（小麦）の総量は、増大していくことになる。生産方法Ⅲがすべての土地に広がった状態でさらに小麦の増産が必要ならば、生産方法Ⅲよりもさらに単位あたり生産費の高い新しい生産方法（生産方法Ⅳ）が導入されるであろうが、生産方法ⅢとⅣが併存するためには、地代はもう一段高くなる必要がある。

第89節：多様な土地で多様な商品が生産されるときの地代の決定方法

　一般的体系における地代の複雑さは主として耕作される農産物が多数に上ることから生じる。しかし結局は、そこでの地代は、「異質の土地に対する地代」と「同質の土地に対する地代」の2つの組み合わせに還元できる。

　3つのケースについて考えてみる。第1のケースは、品質の異なった土地があったとして、特定の農産物はある特定の品質の土地でだけ栽培され、また逆にこの特定の品質の土地全体がこの特定の農産物の生産に用いられるときである。このときは、この特定の農産物が栽培される土地の地代は、他の土地の地代とは無関係に、この特定の農産物に関する2つの生

産方法によって決定される。すなわち、これは「同質の土地に対する地代」の問題となる。

　第2のケースは一般的なケースであって、ここでは幾つかの品質の異なる土地が幾つかの相互に代替的な農産物の生産に用いられるものとする。ただし、どの農産物もすべての品質の土地で栽培されることはなく、また、他方、どの土地もその地代が他と無関係に決定されるほどには特殊化していないとする。この（「ただし」以下の）「仮定」を置くのは以下の理由による。

　　ア　ある農産物がすべての土地で栽培されているときは、この農産物の栽培を前提にして、「品質の異なった土地に対する差額地代」が決定され、他の農産物の栽培は、これによって決定された地代を前提にすることになってしまう。

　　イ　ある品質の土地が極めて特殊で、他の品質の土地との代替性がなければ、地代発生の背景となる「土地の希少性」は、この特殊な品質の土地だけで完結してしまうことになる。それ故、この特殊な品質の土地の地代は、あたかも、この土地以外には土地は存在しないかのようにして、決定される。このことは逆にいえば、他の土地の地代もまた、この特殊な品質の土地があたかも存在しないかのようにして、決められるということである。また、「幾つかの品質の土地が幾つかの代替的な農産物の生産に用いられる」というのが、このケースの前提であったが、このことは、土地に対する農産物の代替性をいうと同時に、農産物に対する土地の代替性も意味する。「ある品質の土地が極めて特殊で、他の品質の土地との代替性がない」ということになれば、この前提はみたされない。結局、他の土地との代替性がない土地は、第1のケースと同様に、「同質の土地に対する地代」の問題となってしまう。

　一方で、品質の異なった土地で同じ種類の農産物が栽培され、他方で品質の同じ土地で複数の農産物が生産されることから、地代は外延的地代（品質の異なった土地に対する地代）と内包的地代（同質の土地に対する地代）とが結合した形で決定される。実際には、地代と農産物価格を未知数として生産方程式を解くことによってしか、地代は決定できない。

Ⅳ 計算付録

　仮に、土地の質の種類が5コ、栽培される農産物の種類が4コだったとする。まず必要になるのは、土地の品質の数と農産物の数の和（このときは9コ）に等しい独立した生産方程式である。さらにこのことに加えて、この9コの生産方程式において、土地と農産物の配列が、それらの地代と価格を決定できるようなものなっていなければならない。たとえば、それぞれの品質の土地を x_1、x_2、x_3、x_4、x_5 とし、農産物を y_1、y_2、y_3、y_4 とする。そして、各生産方程式において土地と農産物が次のような配列で現れたとする。

　　　生産方程式1　　　x_1　y_1
　　　生産方程式2　　　x_1　y_2
　　　生産方程式3　　　x_2　y_1
　　　生産方程式4　　　x_2　y_2
　　　生産方程式5　　　x_3　y_1
　　　生産方程式6　　　x_3　y_2
　　　生産方程式7　　　x_4　y_1
　　　生産方程式8　　　x_5　y_3
　　　生産方程式9　　　x_5　y_4

　このとき、生産方程式はたしかに9コあるが、x_5、y_3、y_4 はこのうちの2コ（生産方程式8および9）にしか現れず、x_5 の土地にかかる地代と y_3、y_4 の農産物価格の3コの未知数はこれだけでは決定できないことになる（生産方程式1〜7は、生産方程式8および9とは切り離されたものとなっている）。地代の決定のためには、土地と農産物がこのような配列になっていないことが必要になる。

　一方、こうして決定された地代は、それが現れる生産方程式に適当な乗数を与えたうえで、生産方程式を合成することによって、標準体系からは排除できるから、地代を決定できる土地と農産物の配列は「一切の土地を生産物の側の一切の非基礎的生産物とともに標準商品から排除して、標準商品を構成できるようにするもの」であるともいえる。

　最後のケースは、すべての土地が同質の土地であるときである。このときは、最初のケースと同様に、地代は「同質の土地に対する地代」として決定される。つまり、ある特定の農産物にかかる2つの生産方法によって

地代は決定され、農産物の多数性は、地代の決定には何らの複雑さも与えない。

　注意しなければならないのは、多数の農産物のうちで地代を最も高いものとする農産物についてだけ、2つの独立した生産方法が（したがって、独立した2つの生産方程式が）両立しうるということである。他の農産物については、この2つの独立した生産方法が両立する特定の農産物（仮に、小麦としよう）によって「同質の土地に対する地代」として決定された地代がそのまま適用される。小麦以外の農産物にあっては、地代はいわば前提となって、その前提のもとで、生産方程式が決定される。

　もちろん、小麦だけが常に2つの独立した生産方法を持つと決められているわけではない。別の農産物（たとえば、トウモロコシ）において、需要の増大のもとで、新たな生産方法が開発され、トウモロコシが栽培される土地でもっと高い地代が設定されるとしたら、今度は、トウモロコシ以外の農産物にあっては、この地代が前提となって生産方法が決定されることになる。

第12章

第93節：基礎的生産物の生産方法の切換え

　基礎的生産物の生産方法の切換えを検討する。まず次のような前提を設ける。

- ア　2つの生産方法によって生産されるある商品があるとする。この商品は基礎的な用途に用いられるときは（つまり、他の基礎的生産物の生産手段としては）完全に取替え可能であるとする
- イ　逆に、非基礎的な用途に用いられるときは（つまり、他の非基礎的生産物の生産手段としては、あるいは奢侈的商品としては）それぞれ別個の特性をもっていて、取替えが不可能であるとする
- ウ　非基礎的生産物としては取替えが不可能という意味で、生産方法が異なる商品は相互に異種の商品であるとする

　ウから、生産体系のいかんにかかわらず、2つの商品とそれを生産する

IV 計算付録

　２つの方法が並存することになる。ただ、基礎的用途に用いられるときは完全に取替え可能であるから、基礎的用途に用いられるものはすべていずれか一方の生産方法によって生産されるが、どちらの生産方法がとられるかは、その価格の高低によって決まる。価格の高低関係は利潤率によって逆転する可能性がある。

　銅が２つの生産方法によって生産される商品であるとする。生産方法Ⅰで生産される銅を「銅Ⅰ」と呼び、生産方法Ⅱで生産される銅を「銅Ⅱ」と呼ぶ。「銅Ⅰ」および「銅Ⅱ」は、基礎的用途に用いられるときは完全に取替え可能であるが、非基礎的用途に用いられるときは取替えはできないものとする。「銅Ⅰ」が基礎的用途に用いられる生産体系を生産体系Ⅰとし、「銅Ⅱ」が基礎的用途に用いられる生産体系を生産体系Ⅱとする。生産体系Ⅰでは、「銅Ⅱ」は非基礎的用途にのみ用いられ、生産体系Ⅱでは、「銅Ⅰ」は非基礎的用途にのみ用いられる。生産体系Ⅰと生産体系Ⅱとでは、極大利潤率が異なる。生産体系Ⅰの極大利潤率を15％、生産体系Ⅱの極大利潤率を16％とする。

　２つの生産体系においては、極大利潤率が異なるのであるから、利潤率が同一であっても、それぞれの生産体系において賃金と商品の相対価格の組み合わせは異なってくる。したがって、与えられた利潤率のもとでの、「銅Ⅰ」の価格と「銅Ⅱ」の価格の相対比率は、生産体系Ⅰで比べたときと生産体系Ⅱで比べたときとでは異なるものとなる。ただ、生産方法が切換わる利潤率にあっては、どちらの生産体系で見ても、「銅Ⅰ」の価格と「銅Ⅱ」の価格は等しくなる。

　図で説明してみよう。第７図を準用する。図は、利潤率がゼロから15％（生産方法Ⅰの極大利潤率）まで変化するときの、それぞれの生産方法（生産方法ⅠおよびⅡ）による基礎的生産物の価格の変化を示したものと考える。価格の標準（＝尺度）は任意の基礎的生産物である。

　利潤率が12％のときは価格曲線が交差している。このとき「銅Ⅰ」と「銅Ⅱ」の価格は等しくなる。生産体系Ⅰで見ても、生産体系Ⅱで見ても、等価になるのである。利潤率が12％以下では、基礎的用途に用いられる銅は、「銅Ⅰ」のほうが廉価となり（したがって、生産体系はⅠということになる）、利潤率が12％を超えると、「銅Ⅱ」のほうが廉価となる（このときは、

生産体系はⅡになる)。「銅Ⅰ」と「銅Ⅱ」の価格のいずれがより安いかという順位は、価格曲線が交わる２つのポイントを境に逆転するが、この交点は両体系に共通しているのである。したがって、「銅Ⅰ」と「銅Ⅱ」のいずれが廉価になるかは、生産体系Ⅰで計測しても生産体系Ⅱで計測しても、同じ結果にならなければならない。

　たとえば、利潤率が12％未満のとき、生産体系Ⅰで「銅Ⅰ」が廉価となり、これを基礎的用途に用いてきたとする。利潤率が12％を超えた時点で「銅Ⅱ」が基礎的用途に用いられるようになるということは、生産体系Ⅰでも、「銅Ⅱ」のほうが廉価となるからに他ならない。そして、12％を超えた時点で「銅Ⅱ」が基礎的用途に用いられるということは、この時点で生産体系はⅡに切り換わっていることになるが、生産体系Ⅱで「銅Ⅱ」のほうが廉価であるからこそ、「銅Ⅱ」が基礎的用途にもちいられるのである。したがって、利潤率が12％を超えるときは、生産体系Ⅰで計測しても、生産体系Ⅱで計測しても、「銅Ⅱ」のほうが「銅Ⅰ」より廉価でなければならない。

　なお、価格曲線の交点の利潤率で最大となるのは12％であるが、利潤率がこれを超えるときは、より廉価となる生産方法は極大利潤率のより大きい生産方法である。ここでは生産方法Ⅱがそれにあたる。

　価格曲線の交点（第７図では、利潤率が４％と12％となる点）で、そしてこのときにのみ、２つの生産方法の共存が可能になることを生産方程式の側面から考えてみる。

　今、生産体系がｋコの基礎的生産物で構成されているとする。ある任意の商品の価格を１とすれば、生産方程式はｋコで、未知数は、k－１コの商品価格、賃金（ω）、利潤率（γ）の合計ｋ＋１コとなる。このとき、方程式の自由度注は１となる。したがって、もう１つの生産方程式（これは追加的な生産方法を示す）がここに付け加えられる余地がある。しかし、生産方程式がｋ＋１コになれば、方程式と未知数は同数となり、自由度はなくなる。未知数はすべて完全に決定される。

　これは、このｋ＋１コの方程式によって決定される利潤率（第７図では、４％と12％）のもとでは、生産体系Ⅰ（基礎的生産物としての銅がその生産方法Ⅰによって行われる体系）と追加的生産方法（基礎的生産物としての

銅の生産方法Ⅱ）が共存できることを意味する。逆にいえば、これ以外の利潤率にあっては、追加的生産方法（基礎的生産物としての銅の生産方法Ⅱ）は、生産体系Ⅰとは共存できないということになる。

　注　「自由度」については［大掴み］10°を参照

第96節：結合生産物体系における生産方法の切換え

　これまでの生産体系ではｋコの生産方法でｋコの商品を生産していたとする（各生産方法はそれぞれ、１コ以上ｋコ以下の種類の商品を生産する）。ここに、新しい生産方法（この生産方法もまた、１コ以上ｋコ以下の種類の商品を生産する）が加わったとする。すると、これまでのｋコの生産方法で構成する古い生産体系と、k＋1コの生産方法で構成する新しい生産体系とができることになる。この２つの生産体系が共存できるような——どちらの生産体系でも、ｋコ商品の価格が同一になるような——利潤率（r_1）が存在すると考える。

　利潤率がr_1を超えて上昇するとき、古い生産体系を構成していたｋコの生産方法のどれが新しい生産方法に取って替わられるか。これが設問である。この問いを解くためには、若干の迂回的方法が必要になる。

　新しい生産方法を含めるとk＋1コの生産方法がある。古い生産体系を構成していたｋコの生産方法に番号を付けて、No.1、No.2、No.3、……、No.kとする。そして新しい生産方法をNo.k＋1とする。

　次に、No.1からNo.kの生産方法のうちのｋ－1コとNo.k＋1を加えたｋコの生産方法からなる生産体系を作る。つまり古い生産体系を構成するｋコの生産方法のうち１コを新しい生産方法(No.k＋1)と入れ替えるのである。この結果、以下のようなｋコの生産体系ができる。

生産体系	生産体系を構成する生産方法	排除される生産方法
生産体系 A	No.2、No.3、No.4、…、No.k、No.k＋1	No. 1
生産体系 B	No.1、No.3、No.4、…、No.k、No.k＋1	No. 2
生産体系 C	No.1、No.2、No.4、…、No.k、No.k＋1	No. 3
………………		
生産体系 K	No.1、No.2、No.3……、No.k－1、No.k＋1	No. k

　いま、利潤率がr_1を超えてわずかに上昇したとする。そして、生産体系

Aから生産体系Kのいずれにおいても賃金は低下すると考える[注]。しかし、kコの生産体系（生産体系A～生産体系K）はそれぞれ極大利潤率が異なることから、それぞれの生産体系の賃金は、たとえ共通の標準（＝尺度）で表示されたとしても、異なるであろう。だから、このとき最高の賃金となる生産体系を特定することが可能になる。

このkコの生産体系には、古い生産体系を構成していたkコの生産方法のどれか1つが欠けている。与えられた利潤率のもとで最も高い賃金となる生産体系において排除される生産方法が、新しい生産方法（生産方法№k＋1）に取替えられた生産方法である。たとえば、与えられた利潤率のもとで、賃金が最も高くなる生産体系が生産体系Aであるとすれば、生産方法№1が生産方法№k＋1に取って替わられた生産方法であり、生産体系Bで最も高い賃金となれば、生産方法№2が排除された生産方法ということになる。

注　第96節には次の注が付されている。

われわれはここで、いかなる商品の価格も71-2節に述べた特殊な方法で動くことはないと仮定する（これは、この結論にとって欠くことのできぬものである）。

これは以下のことを意味する。

結合生産物体系にあっては、利潤率が上昇し、標準純生産物を標準（＝尺度）とするときに、賃金が下落したとしても、商品のなかにはその価格の下落率が賃金の下落率を超えるものがある。そしてこのような商品を標準とすると、利潤率が上昇するなかで賃金もまた上昇することになる。しかしここではそういう可能性は排除されていると仮定される。この仮定がここでの結論の絶対的前提である。逆にいえば、利潤率が上昇するときに賃金も上昇するようなケースでは、上に述べたような結論は得られないということになる。

この理由から、結合生産物体系においては、切換えられる生産方法を特定できるケースは限定されることになる。また第95節で見たことも（節の表題に「それらが単一生産物体系だと仮定すれば」とあるように）結合生産物体系には適用できない。つまり、生産方法の切換えに関する論議を結合生産物体系に適用することはかなり限定される。これは、結合生産物体系の有用性を制約するものであろう。

スラッファは第90節で、結合生産物体系では標準商品を構成する商品が負の数量を持つときがあることをとらえて、「結合生産物体系は、1つの概念としては、単一生産物体系に比べて限られた有用性しか持たない」といっている。有用性に関していうのであれば、生産方法の切換えに関する限定性も同様に重要な問題と思われる。

行列（Matrix）を用いる計算

　スラッファは、行列（投入係数行列）を用いることを慎重に回避しているが、ケースによっては行列を用いたほうがわかりやすいこともある。また行列を使ったときどのような問題が生じるかを見る意味からも、行列を使った計算を行ってみる。

第5節

　第5節の生産方程式を再掲すれば、次の通りである。
$$(280x + 12y)(1+\gamma) = 575x$$
$$(120x + 8y)(1+\gamma) = 20y$$
ここで、$1+\gamma = 1/\lambda$ とおけば、両式は以下のようにあらわされる。

$$\frac{280x + 12y}{575}(1+\gamma) = x \quad \rightarrow \quad \frac{280}{575}x + \frac{12}{575}y = \lambda x \quad （行5\text{-}1）$$

$$\frac{120x + 8y}{20}(1+\gamma) = y \quad \rightarrow \quad \frac{120}{20}x + \frac{8}{20}y = \lambda y \quad （行5\text{-}2）$$

（行5-1）および（行5-2）を行列の形で示せば、

$$\begin{bmatrix} \frac{280}{575} & \frac{12}{575} \\ \frac{120}{20} & \frac{8}{20} \end{bmatrix} \begin{bmatrix} x \\ y \end{bmatrix} = \lambda \begin{bmatrix} x \\ y \end{bmatrix} \quad （行5\text{-}3）$$

となる。

　ただし、この段階で実は形の上では「収穫不変」を前提とすることになる。たとえば、575クォーターの小麦を生産するのに280クォーターの小麦

と12トンの鉄が必要されるならば、1クォーターの小麦を生産するには小麦（280/575）クォーターと鉄（12/575）トンがあればいいとするのは、「収穫不変」を前提にして初めていえることである。逆にいえば、これは、「収穫不変を前提としない」とするスラッファの考え方からすれば、本当は行ってはならない処理方法である（実際、575クォーターの小麦を生産するのに280クォーターの小麦と12トンの鉄が必要されるならば、1クォーターの小麦を生産するには小麦（280/575）クォーターと鉄（12/575）トンがあればいいという保証はどこにもない）。これ以降も、便宜的に単位生産量あたりの生産手段投入量を計算して行列を用いることがあるが、そのときは形式上は「収穫不変」を前提にしてしまうことに留意する必要がある。

（行5-3）から、λは行列 $\begin{bmatrix} \frac{280}{575} & \frac{12}{575} \\ \frac{120}{20} & \frac{8}{20} \end{bmatrix}$ の固有値であり、$\begin{bmatrix} x \\ y \end{bmatrix}$ は行列 $\begin{bmatrix} \frac{280}{575} & \frac{12}{575} \\ \frac{120}{20} & \frac{8}{20} \end{bmatrix}$ の固有ベクトルに他ならないことがわかる。

なお、行列の固有値と固有ベクトルは次のように定義される

A を正方行列とし、あるベクトル **x**（≠0）とスカラー数λがあり、

$$\mathbf{Ax} = \lambda \mathbf{x}$$

が成立するとき、**x** を行列 **A** の固有ベクトル、λを行列 **A** の固有値という。

この行列の固有値と固有ベクトルには以下のような定理がある。この定理は、発見者の名前をとって、フロベニウスの定理（あるいは、ペロン・フロベニウスの定理）と呼ばれる[注]。

行列 **A** が非負の正方行列のとき、固有ベクトルと固有値に関しては次のことがいえる。

　ア　固有ベクトル **x** でのうちで、ベクトルの各要素がすべて非負となるものが存在する

Ⅳ 計算付録

　　イ　固有ベクトル **x** の各要素が非負となるときの固有値（λ）は、実固有値のうちで最大のものである
　　ウ　さらに、行列 **A** が分解不能行列ならば、ベクトルの各要素がすべて正となる固有ベクトルが存在し、この固有ベクトルに対してもイと同様のことがいえる

　上記の生産方程式を行列で表現すれば、生産手段のなかで負の値をとるものがないことから、非負の正方行列であるといえる。また生産方程式は（直接、間接にすべての生産物に対して生産手段となるという意味での）基礎的生産物だけで構成されるという前提から、分解不能行列でもある。したがって、上記のウの固有ベクトルとそれに対応したイの固有値が存在する。なお発見者の名を取って、それぞれ「フロベニウス・ベクトル」、「フロベニウス根」と呼ぶことがある。

(行5-3)の両辺に左から $\begin{bmatrix} 575 & 0 \\ 0 & 20 \end{bmatrix}$ を乗じると、

$$\begin{bmatrix} 280 & 12 \\ 120 & 8 \end{bmatrix} \begin{bmatrix} x \\ y \end{bmatrix} = \lambda \begin{bmatrix} 575 & 0 \\ 0 & 20 \end{bmatrix} \begin{bmatrix} x \\ y \end{bmatrix}$$

$$\begin{bmatrix} 280 & 12 \\ 120 & 8 \end{bmatrix} \begin{bmatrix} x \\ y \end{bmatrix} - \lambda \begin{bmatrix} 575 & 0 \\ 0 & 20 \end{bmatrix} \begin{bmatrix} x \\ y \end{bmatrix} = 0$$

$$\begin{bmatrix} 280-575\lambda & 12 \\ 120 & 8-20\lambda \end{bmatrix} \begin{bmatrix} x \\ y \end{bmatrix} = 0$$

これが、$\begin{bmatrix} x \\ y \end{bmatrix} = \begin{bmatrix} 0 \\ 0 \end{bmatrix}$ という自明解以外の解を持つためには、

$$\begin{vmatrix} 280-575\lambda & 12 \\ 120 & 8-20\lambda \end{vmatrix} = 0$$

となる必要がある。これを解くと、

　　　$(280-575\lambda)(8-20\lambda) - 12 \times 120 = 0$

展開すると、

　　　$11500\lambda^2 - 10200\lambda + 800 = 0$
　　　$\lambda = \dfrac{4}{5}$、$\lambda = \dfrac{2}{23}$

この2つの固有値に対応して、固有ベクトル $\begin{bmatrix} x \\ y \end{bmatrix}$ も2つ成立するが、この固有ベクトルは小麦と鉄の価格を示すものであり、負の値をとることはない。したがって固有ベクトル $\begin{bmatrix} x \\ y \end{bmatrix}$ は正のベクトルでなければならない。一方、フロベニウスの定理から、λ の2つの値のうち、大きな値（フロベニウス根：ここでは0.8）に対応する固有ベクトル $\begin{bmatrix} x \\ y \end{bmatrix}$ だけが正のベクトルとなる。このことから固有ベクトル $\begin{bmatrix} x \\ y \end{bmatrix}$ が正のベクトルとなるのは、$\lambda = 0.8$ のときだけである

　　　$\lambda = 0.8$ したがって、$1/\lambda = 1.25$

　　　$1 + \gamma = 1/\lambda$ であるから、$\gamma = 0.25$

これによって、［計算付録］5で見た、連立方程式を使うときと同じ解が得られる。

　　注　フロベニウスの定理の証明については、二階堂［1961］を参照。

第25節

　合成商品を求めるための縮小率の計算は、行列を用いた方が比較的容易であるように思われる。

　鉄、石炭、小麦の生産方程式に対する乗数をそれぞれ q_1、q_2、q_3 とする。［計算付録］25で見たように、鉄、石炭、小麦の投入・産出比率が同一となることから、

$$\frac{180 q_1}{90 q_1 + 50 q_2 + 40 q_3} = \frac{450 q_2}{120 q_1 + 125 q_2 + 40 q_3} = \frac{480 q_3}{60 q_1 + 150 q_2 + 200 q_3}$$

である。この値を $1/\lambda$ とすれば、次の3式が得られる。

　　　$90 q_1 + 50 q_2 + 40 q_3 = \lambda 180 q_1$

　　　　→　$\dfrac{90}{180} q_1 + \dfrac{50}{180} q_2 + \dfrac{40}{180} q_3 = \lambda q_1$　　　　　　（行25-1）

$$120 q_1 + 125 q_2 + 40 q_3 = \lambda 450 q_2$$
$$\rightarrow \frac{120}{450} q_1 + \frac{125}{450} q_2 + \frac{40}{450} q_3 = \lambda q_2 \qquad (行25\text{-}2)$$

$$60 q_1 + 150 q_2 + 200 q_3 = \lambda 480 q_3$$
$$\rightarrow \frac{60}{480} q_1 + \frac{150}{480} q_2 + \frac{200}{480} q_3 = \lambda q_3 \qquad (行25\text{-}3)$$

(行25-1)～(行25-3)を行列の形であらわせば、次のようになる。

$$\begin{bmatrix} \frac{90}{180} & \frac{50}{180} & \frac{40}{180} \\ \frac{120}{450} & \frac{125}{450} & \frac{40}{450} \\ \frac{60}{480} & \frac{150}{480} & \frac{200}{480} \end{bmatrix} \begin{bmatrix} q_1 \\ q_2 \\ q_3 \end{bmatrix} = \lambda \begin{bmatrix} q_1 \\ q_2 \\ q_3 \end{bmatrix} \qquad (行25\text{-}4)$$

これはベクトル

$$\begin{bmatrix} \frac{90}{180} & \frac{50}{180} & \frac{40}{180} \\ \frac{120}{450} & \frac{125}{450} & \frac{40}{450} \\ \frac{60}{480} & \frac{150}{480} & \frac{200}{480} \end{bmatrix}$$

の固有値を求めることに他ならない。

(行25-4)の両辺に左から $\begin{bmatrix} 180 & 0 & 0 \\ 0 & 450 & 0 \\ 0 & 0 & 480 \end{bmatrix}$ を乗じると

$$\begin{bmatrix} 90 & 50 & 40 \\ 120 & 125 & 40 \\ 60 & 160 & 200 \end{bmatrix} \begin{bmatrix} q_1 \\ q_2 \\ q_3 \end{bmatrix} = \lambda \begin{bmatrix} 180 & 0 & 0 \\ 0 & 450 & 0 \\ 0 & 0 & 480 \end{bmatrix} \begin{bmatrix} q_1 \\ q_2 \\ q_3 \end{bmatrix}$$

よって、

$$\begin{bmatrix} 90-180\lambda & 50 & 40 \\ 120 & 125-450\lambda & 40 \\ 60 & 150 & 200-480\lambda \end{bmatrix} \begin{bmatrix} q_1 \\ q_2 \\ q_3 \end{bmatrix} = 0$$

これが、$\begin{bmatrix} q_1 \\ q_2 \\ q_3 \end{bmatrix} = \begin{bmatrix} 0 \\ 0 \\ 0 \end{bmatrix}$ という自明解以外の答えを持つためには、

$$\begin{vmatrix} 90-180\lambda & 50 & 40 \\ 120 & 125-450\lambda & 40 \\ 60 & 150 & 200-480\lambda \end{vmatrix} = 0$$

となる必要がある。これを展開すると、

$(90-180\lambda)(125-450\lambda)(200-480\lambda) + 120 \times 150 \times 40 + 60 \times 50 \times 40$
$- 40 \times (125-450\lambda) \times 60 - 40 \times 150 \times (90-180\lambda) - (200-480\lambda) \times 50$
$\times 120 = 0$

これを解けば、λ について3つの値（固有値）が得られる。そのなかで最大の固有値（フロベニウス根）は、$\lambda = 0.8\dot{3}$ である。これを(行25-1)、行(25-2)、(行25-3)式に代入すると、

$90q_1 + 50q_2 + 40q_3 = 150q_1$　　　　　　　　　　　（行25-5）
$120q_1 + 125q_2 + 40q_3 = 375q_2$　　　　　　　　　（行25-6）
$60q_1 + 150q_2 + 200q_3 = 400q_3$　　　　　　　　　（行25-7）

これ以降は行列を使わない計算とまったく同じである（［計算付録］25を参照）。

第42節

スラッファは行列を用いることなしに標準体系の一意性を説いているが、結果的にかえって理解が難しくなったように思える。仮に行列を使用していたら、第38節以下の説明は相当に簡潔になっていたはずである。

［行列（Matrix）を用いる計算］（第5節）でフロベニウスの定理について説明した。第5節では、固有ベクトル **x** を（利潤率が極大値となるときの）商品価格（p）と考え、商品価格がすべて正となるときの固有値を用いて極大利潤率を算出した。また［行列（Matrix）を用いる計算］（第25節）では、固有ベクトル **x** を現実体系から標準体系を導く乗数の組み合わせと考えて、固有値を求めた。

q_a、q_b、q_c、……、q_k のすべてが正となる組み合わせはただ1つしかないということ（第41節の証明課題）も、商品価格がすべて正の値をとるR

Ⅳ 計算付録

は解のうちで最低の値となること（第42節の証明課題）も、フロベニウスの定理を用いれば次のようにして解くことができる。

［計算付録］40で、賃金をゼロとすると、生産方程式は次のようになることを見た。

$$(A_a p_a + B_a p_b + C_a p_c + \cdots\cdots + K_a p_k)(1+R) = A p_a$$
$$(A_b p_a + B_b p_b + C_b p_c + \cdots\cdots + K_b p_k)(1+R) = B p_b$$
$$(A_c p_a + B_c p_b + C_c p_c + \cdots\cdots + K_c p_k)(1+R) = C p_c$$
$$\cdots\cdots\cdots\cdots\cdots\cdots\cdots\cdots\cdots\cdots\cdots\cdots\cdots\cdots\cdots\cdots$$
$$(A_k p_a + B_k p_b + C_k p_c + \cdots\cdots + K_k p_k)(1+R) = K p_k$$

ここで、

$$A_a/A = a_{11},\ B_a/A = a_{12},\ C_a/A = a_{13},\ \cdots\cdots,\ K_a/A = a_{1k}$$
$$A_b/B = a_{21},\ B_b/B = a_{22},\ C_b/B = a_{23},\ \cdots\cdots,\ K_b/B = a_{2k}$$
$$A_c/C = a_{31},\ B_c/C = a_{32},\ C_c/C = a_{33},\ \cdots\cdots,\ K_c/C = a_{3k}$$
$$\cdots\cdots\cdots\cdots\cdots\cdots\cdots\cdots\cdots\cdots\cdots\cdots\cdots\cdots\cdots\cdots$$
$$A_k/K = a_{k1},\ B_k/K = a_{k2},\ C_k/K = a_{k3},\ \cdots\cdots,\ K_k/K = a_{kk}$$

とし、

$$\lambda = 1/(1+R)$$

とすると、上記の生産方程式は次のようにあらわされる。

$$a_{11} p_a + a_{12} p_b + a_{13} p_c + \cdots\cdots + a_{1k} p_k = \lambda p_a$$
$$a_{21} p_a + a_{22} p_b + a_{23} p_c + \cdots\cdots + a_{2k} p_k = \lambda p_b$$
$$a_{31} p_a + a_{32} p_b + a_{33} p_c + \cdots\cdots + a_{3k} p_k = \lambda p_c$$
$$\cdots\cdots\cdots\cdots\cdots\cdots\cdots\cdots\cdots\cdots\cdots\cdots\cdots\cdots\cdots\cdots$$
$$a_{k1} p_a + a_{k2} p_b + a_{k3} p_c + \cdots\cdots + a_{kk} p_k = \lambda p_k$$

これを行列を用いてあらわせば次のようになる。

$$\begin{bmatrix} a_{11} & a_{12} & a_{13} & \cdots & a_{1k} \\ a_{21} & a_{22} & a_{23} & \cdots & a_{2k} \\ a_{31} & a_{32} & a_{32} & \cdots & a_{3k} \\ \cdots & \cdots & \cdots & \cdots & \cdots \\ a_{k1} & a_{k2} & a_{k3} & \cdots & a_{kk} \end{bmatrix} \begin{bmatrix} p_a \\ p_b \\ p_c \\ \cdots \\ p_k \end{bmatrix} = \lambda \begin{bmatrix} p_a \\ p_b \\ p_c \\ \cdots \\ p_k \end{bmatrix}$$

$$\begin{bmatrix} a_{11} & a_{12} & a_{13} & \cdots & a_{1k} \\ a_{21} & a_{22} & a_{23} & \cdots & a_{2k} \\ a_{31} & a_{32} & a_{32} & \cdots & a_{3k} \\ \cdots & \cdots & \cdots & \cdots & \cdots \\ a_{k1} & a_{k2} & a_{k3} & \cdots & a_{kk} \end{bmatrix}$$ を、行列 $\{a_{ij}\}$ とする。

λ は行列 $\{a_{ij}\}$ の固有値、$[p_a \quad p_b \quad p_c \ldots\ldots p_k]'$ はその固有ベクトルである。

一方、[計算付録] 33では、標準体系（q体系）においては次の関係式（超過率計算式）が成立することを見た。

$$(A_a q_a + A_b q_b + A_c q_c + \ldots\ldots + A_k q_k)(1+R) = A q_a$$
$$(B_a q_a + B_b q_b + B_c q_c + \ldots\ldots + B_k q_k)(1+R) = B q_b$$
$$(C_a q_a + C_b q_b + C_c q_c + \ldots\ldots + C_k q_k)(1+R) = C q_c$$
$$\ldots\ldots\ldots\ldots\ldots\ldots\ldots\ldots\ldots\ldots\ldots\ldots\ldots\ldots$$
$$(K_a q_a + K_b q_b + K_c q_c + \ldots\ldots + K_k q_k)(1+R) = K q_k$$

この R は標準体系の極大利潤率であるが、[大掴み] 24°で見たように、現実体系の極大利潤率、すなわち、現実体系で賃金をゼロとしたときに得られる利潤率と同じ値となる。

ここで、

$A_a/A = b_{11}, A_b/A = b_{12}, A_c/A = b_{13}, ------, A_k/A = b_{1k}$

$B_a/B = b_{21}, B_b/B = b_{22}, B_c/B = b_{23}, ------, B_k/B = b_{2k}$

$C_a/C = b_{31}, C_b/C = b_{32}, C_c/C = b_{33}, ------, C_k/C = b_{3k}$

$\ldots\ldots\ldots\ldots\ldots\ldots\ldots\ldots\ldots\ldots\ldots\ldots\ldots\ldots\ldots\ldots$

$K_a/K = b_{k1}, K_b/K = b_{k2}, K_c/K = b_{k3}, ------, K_k/K = b_{kk}$

とする。そして、$\lambda = 1/(1+R)$ とすると、上記の超過率計算式は次のようにあらわされる。

$$b_{11} q_a + b_{12} q_b + b_{13} q_c + ------ + b_{1k} q_k = \lambda q_a$$
$$b_{21} q_a + b_{22} q_b + b_{23} q_c + ------ + b_{2k} q_k = \lambda q_b$$
$$b_{31} q_a + b_{32} q_b + b_{33} q_c + ------ + b_{3k} q_k = \lambda q_c$$
$$\ldots\ldots\ldots\ldots\ldots\ldots\ldots\ldots\ldots\ldots\ldots\ldots\ldots\ldots$$
$$b_{k1} q_a + b_{k2} q_b + b_{k3} q_c + ------ + b_{kk} q_k = \lambda q_k$$

これを行列を用いてあらわせば次のようになる。

Ⅳ 計算付録

$$\begin{bmatrix} b_{11} & b_{12} & b_{13} & \cdots & b_{1k} \\ b_{21} & b_{22} & b_{23} & \cdots & b_{2k} \\ b_{31} & b_{32} & b_{33} & \cdots & b_{3k} \\ \cdots & \cdots & \cdots & \cdots & \cdots \\ b_{k1} & b_{k2} & b_{k3} & \cdots & b_{kk} \end{bmatrix} \begin{bmatrix} q_a \\ q_b \\ q_c \\ \cdots \\ q_k \end{bmatrix} = \lambda \begin{bmatrix} q_a \\ q_b \\ q_c \\ \cdots \\ q_k \end{bmatrix}$$

$\begin{bmatrix} b_{11} & b_{12} & b_{13} & \cdots & b_{1k} \\ b_{21} & b_{22} & b_{23} & \cdots & b_{2k} \\ b_{31} & b_{32} & b_{33} & \cdots & b_{3k} \\ \cdots & \cdots & \cdots & \cdots & \cdots \\ b_{k1} & b_{k2} & b_{k3} & \cdots & b_{kk} \end{bmatrix}$ を行列 $\{b_{ij}\}$ とする。

λ は行列 $\{b_{ij}\}$ の固有値、$[q_a \quad q_b \quad q_c \cdots\cdots q_k]'$ はその固有ベクトルである。

非負の分解不能行列にかかるフロベニウスの定理から、次のことが直ちにいえる。

固有値 λ が最大となるとき、すなわち、Rが最小となるときに、またそのときに限り、賃金ゼロのときのすべての商品価格（行列 $\{a_{ij}\}$ の固有ベクトル $[p_a \quad p_b \quad p_c \cdots\cdots p_k]'$ の各要素）が正の値をとること（第39節）、すべての乗数（行列 $\{b_{ij}\}$ の固有ベクトル $[q_a \quad q_b \quad q_c \cdots\cdots q_k]'$ の各要素）が正の値をとること（第41節）。

言い換えればすべてが正となる乗数の組み合わせはRの最小の値に対応すること（第42節）。

図

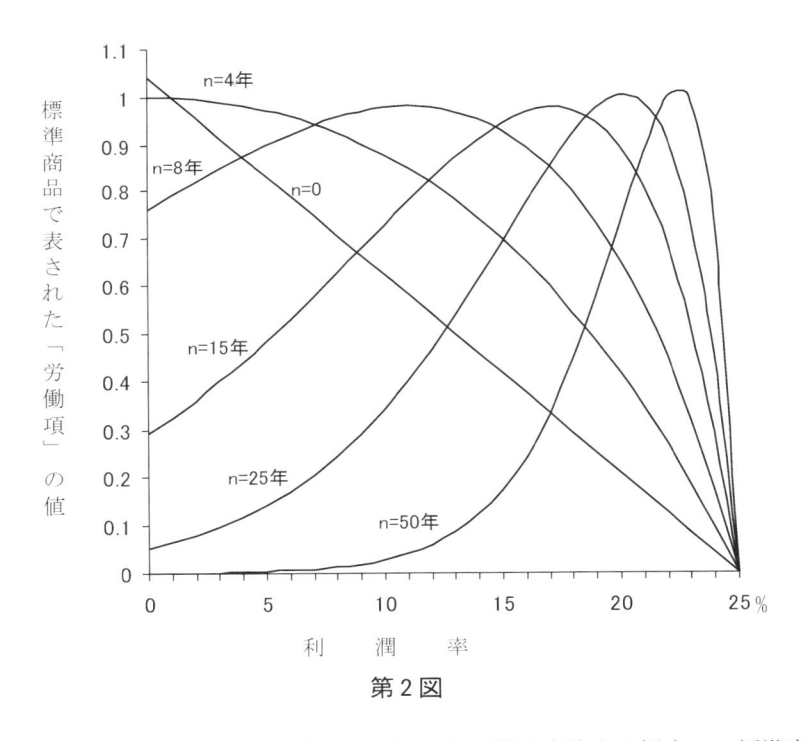

(縦軸ラベル)標準商品で表された「労働項」の値

グラフ内ラベル: n=4年, n=8年, n=0, n=15年, n=25年, n=50年

(横軸)利　潤　率

第2図

　利潤率が0と（25％と仮定された）Rとの間を変化する場合に、標準商品に対比された各種の期間をもった「還元項」$[L_n\omega(1+\gamma)^n]$の値における変動。

一定のスペース内＊に曲線を収めるように選ばれた、各種の「項」における労働の数量（L_n）はつぎのとおりである。

　　$L_0=1.04, L_4=1.0, L_8=0.76, L_{15}=0.29,$
　　$L_{25}=0.0525, L_{50}=0.0004$

　＊『商品の生産』では「このページの範囲内に」となっている。

Ⅳ 計算付録

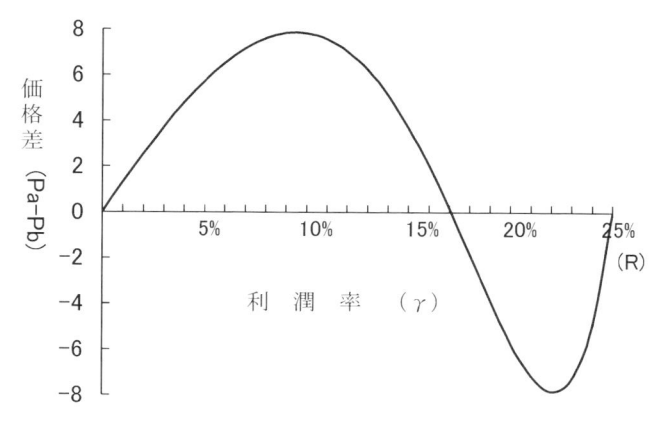

```
価格差 (Pa-Pb)
```

第3図

　下記の2条件以外には、全期間を通じて均等に配分された等量の労働量によって生産された2商品の価格間の、各種利潤率における相違。
　（1）　商品「a」の1単位は、これに加えて、その生産が完成される8年前に遂行された20単位の労働を必要とする。
　（2）　商品「b」の1単位は、これに加えて、その生産が完成される25年前の1単位の労働と最終年度の19単位の労働を必要とする。
　曲線の方程式は、次のとおりである。

$$p_a - p_b = 20\omega(1+\gamma)^8 - \{19\omega + \omega(1+\gamma)^{25}\}$$

ここで、$\omega = 1 - \gamma/25$（γ の単位は％）

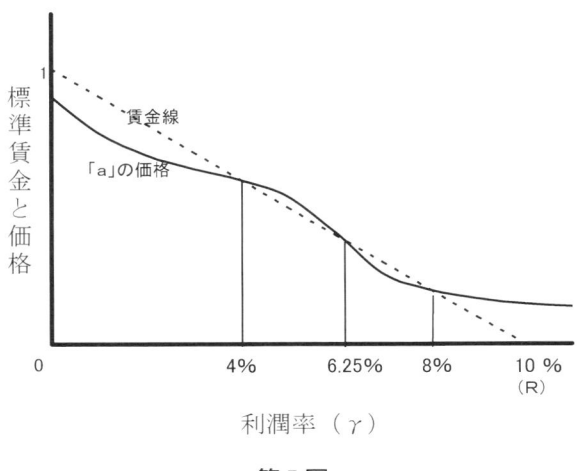

```
     標                賃金線
     準  1
     賃      ╲╲
     金      ╲ ╲
     と        ╲  ╲  ← 「a」の価格
     価          ╲___╲
     格               ╲╲╲
                       ╲ ╲╲___
                          ╲   ╲─────
                           ╲
        0      4%    6.25%  8%    10%
                                  (R)

                利潤率（γ）
```

第5図

多生産物産業の体系においては、数個の交点が可能である。

Ⅳ 計算付録

（経過年数0の価値に対する割合としての）価値

耐久的用具の経過年数（ t 年）

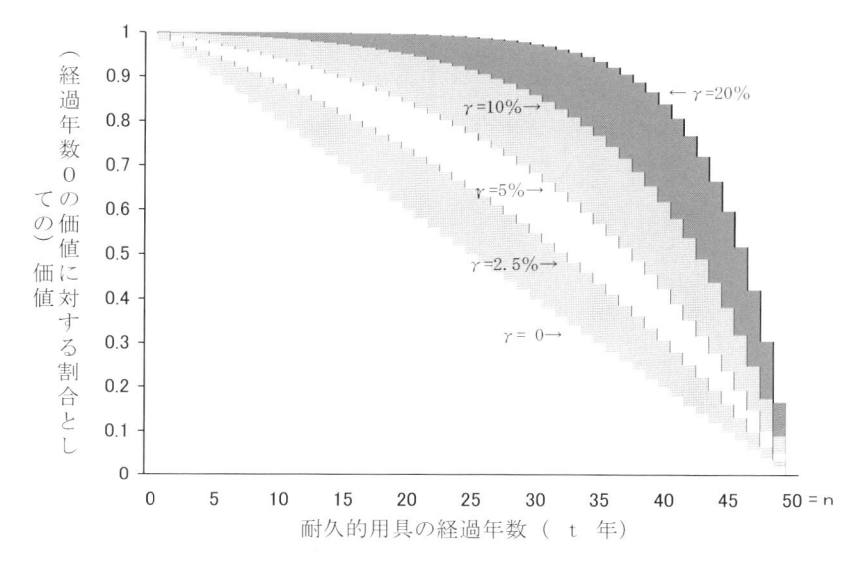

第6図　種々の利潤率における耐久的用具の帳簿価格
（用具は一定の効率で50年の耐用年数をもつと仮定される。）

　階段状曲線はそれぞれ、一定の利潤率において、経過年数が増していくにつれて用具の価値が下落してゆく様式を示している。各曲線と両軸との間に囲まれた面積は、経過年数の均等な配分をもった50台の用具から成る一組の価値に比例している。新用具の価値を1にとれば、その総価値は γ = 0 のときには25であるが、γ = 2.5％では、29.5に、5％では34に、10％では39.5に、20％では44に上昇する。もちろん、それは50を超過することはできない。

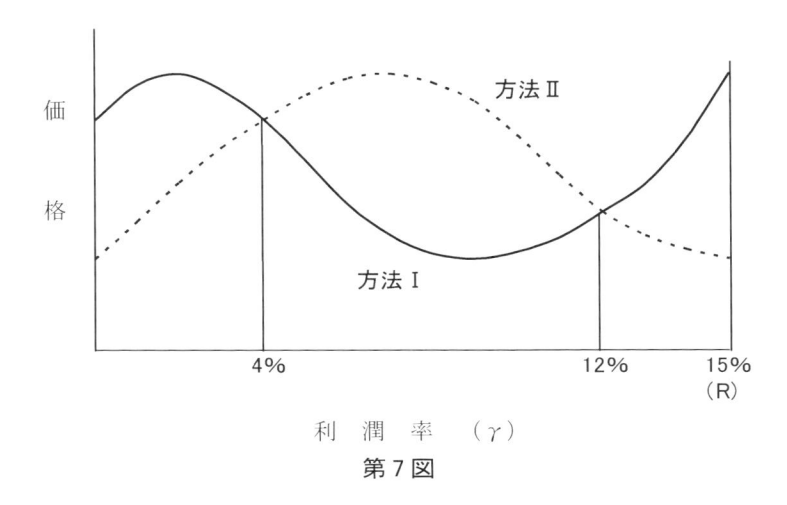

価格 ｜ 方法Ⅱ ｜ 方法Ⅰ ｜ 4%　12%　15%(R)

利　潤　率　（γ）

第7図

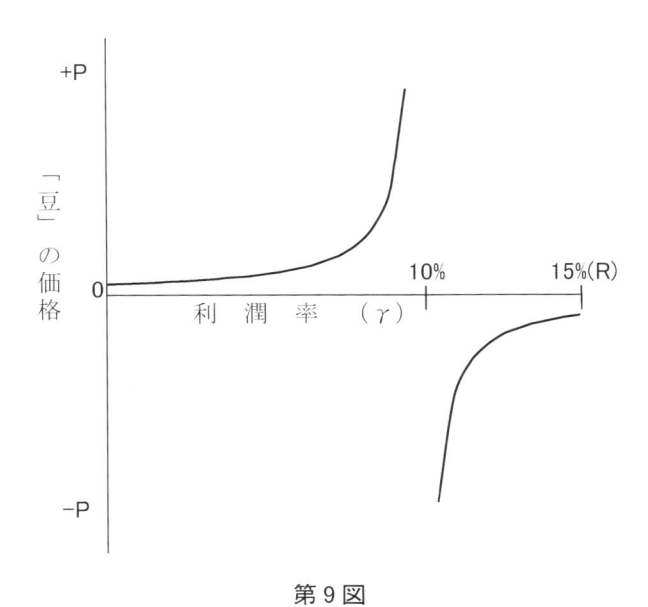

「豆」の価格 ｜ +P ｜ 0 ｜ 10%　15%(R) ｜ -P

利　潤　率　（γ）

第9図

参考文献

赤羽隆夫 ［1997］『日本経済探偵術』、東洋経済新報社

東浩一郎 ［2000］「欧米価値論争の現状」、中央大学経済研究所編『現代資本主義と労働価値論』、中央大学出版部、所収

Krishna Bharadwaj and Bertram Schefold (eds) [1990], *Essays on Piero Sraffa*, Unwin Hyman, London

Suzanne de Brunhoff [1990], Reflection on Marx and Sraffa: in K. Bharadwaj and B. Schefold (eds), *Essays on Piero Sraffa*

H・M・エンツェンスベルガー ［1973］『スペインの短い夏』［野村修訳］、晶文社［ドイツ語の原著は1972年］

Udo Freier und Jutta Kneissel [1975], *Volkswirtschaftslehre für Sie 1,* Hueber-Holzmann Verlag, München

藤田晋吾 ［2001］『スラッファの沈黙』、東海大学出版会

福岡正夫 ［2001］「J.ロビンソン」、日本経済新聞社編『現代経済学の巨人たち――20世紀の人・時代・思想』、日本経済新聞社（日経ビジネス人文庫）、所収

P. ガレニャーニ（談）［1980］「スラッファによるマルクス経済理論の復活」、『経済学批判』（社会評論社）第8号

Christian Gehrke and Heinz D. kurz [2006], Sraffa on von Bortkiewicz: Reconstructing the Classical Theory of Value and Distribution: in *History of Political Economy*, Vol. 38, No. 1

Geoffrey Colin Harcourt [1982a], *The Social Science Imperialists*, Routledge and Kegan Paul, London

――― [1982b], The Sraffian Contribution: An Evaluation: in Ian Brasley and Michael Howard (eds) [1982], *Classical and Marxian Political Economy*, St. Martin's Press, New York

Michael Heinrich [1988], Was ist die Werttheorie noch wert? Zur neueren Debatte um das Transformationsproblem und die Marxsche Werttheorie: in *PROKLA* 72, 18. Jg., Nr. 3

菱山泉 ［1962］「スラッファの分析と一般均衡理論」、『経済論叢』（京都大学経済学会）第89巻3号

──────［1990］『ケネーからスラッファへ』、名古屋大学出版会

──────［1993］『スラッファ経済学の現代的評価』、京都大学学術出版会

Samuel Hollander [2000], Sraffa and the Interpretation of Ricardo: The Marxian Dimension: in *History of Political Economy*, vol. 32, no. 2

伊藤誠［2006］『「資本論」を読む』、講談社（講談社学術文庫）

黒田日出男［2002］『謎解き 伴大納言絵巻』、小学館

Heinz D. Kurz and Neri Salvadori [2000], 'Classical' Roots of Input–Output Analysis: a Short Account of its Long Prehistory: in *Economic Systems Research*, vol. 12, no. 2

A. L. マラブル［1978］『経済は生きている』［現代経済研究会訳］、文眞堂

丸谷才一・山崎正和［2001］『日本史を読む』、中央公論社（中公文庫）

松本有一［1989］『スラッファ体系研究序説』、ミネルヴァ書房

三土修平［1999］「複雑系ブームが突きつけた経済学の課題」、『経済セミナー』1999年8月号

森嶋道夫［1956］『産業連関論入門』、創文社

──────［1974］『マルクスの経済学』［高須賀義博他訳］、東洋経済新報社［英語の原著は1973年］

──────［1990］「なぜ《スラッファ読みのリカード知らず》学派が形成されたか」、『経済セミナー』1990年12月号

C・ナポレオーニ［1980］「スラッファの『タブラ・ラーサ』」、『経済学批判』（社会評論社）第8号

A・ナトーリ［1995］『アンティゴネと囚われ人』［上杉聡彦訳］、御茶の水書房［イタリア語の原著は1991年］

根井雅弘［1994］『現代経済学講義』、筑摩書房

──────［2005］『経済学の歴史』、講談社（講談社学術文庫）

二階堂副包［1961］『経済のための線型数学』、培風館

ルイジ・パシネッティ［1979］『生産理論』［菱山泉他訳］、東洋経済新報社［イタリア語の原著は1975年］

──────［1988］「ピエロ・スラッファの思い出」、『経済セミナー』1988年4月号

Richard E. Quandt [1961], Review of Sraffa, Production of Commodities by Means of Commodities: in *Journal of Political Economy*, vol. LXIX

October

アレッサンドロ・ロンカッリア［1977］『スラッファと経済学の革新』［渡会勝義訳］、日本経済新聞社［イタリア語の原著は1975年］

Isaak Illich Rubin [1973], *Essays on Marx's Theory of Value*, Black Rose Books, Montréal

櫻井毅［1980］「『特集　P・スラッファ　その生涯・思想・理論』の解題」、『経済学批判』（社会評論社）第8号

関根友彦［2005］『経済原論要領』、I.E.I

Amartya. Sen [1974], On some debates in capital theory: in *Economica*, vol. 41

Ian Steedman [1977], *Marx after Sraffa*, New Left Books, London

――――[1990], Comment to Suzanne de Brunhoff: in K. Bharadwaj and B. Schefold (eds), *Essays on Piero Sraffa*

Jacob Schwartz [1961], *Lectures on the Mathematical Method in Analytical Economics*, Gordon and Breach, New York

塩沢由典［1997］『複雑系経済学入門』、生産性出版

――――［1998］『市場の秩序学』、筑摩書房（ちくま学芸文庫）

高須賀義博［1988］『マルクス経済学の解体と再生』、御茶の水書房

浮田聡［1997］『サブシステム、スラッファ体系の可能性』（アナリティカル・マルクシズム研究会、第1回大会報告要旨）

山本夏彦［2003］『何用あって月世界へ』、新潮社（新潮文庫）

山内清［1999］『価値形態と生産価格』、八朔社

吉本隆明［1994］『背景の記憶』、宝島社

若田部昌澄［2005］「経済学の役割とは何か」、『Kei』（ダイヤモンド社）2005年3月号

あとがき

　櫻井［1980］が「スラッファについては謎めいたその生涯と難解な理論によってまだ日本ではポピュラーな経済学者として知られるには至っていなかった」としたことは本文で触れた。たしかにスラッファの生涯は謎めいている。スラッファの生涯には、『商品の生産』の執筆やその背後に見え隠れする「ケンブリッジ資本論争」との関わり以外に、次のような「事件」がある。
　　グラムシとの学生時代からの親交とグラムシの救援活動
　　　スラッファはグラムシの極めて親しい友人であったが、グラムシが創立にかかわったイタリア共産党にはついに加入しなかった。しかし、1926年にグラムシがムッソリーニ政権によって逮捕・収監されると、本来はイタリア共産党がやるべきグラムシの救援活動を実質的にはグラムシの義姉と2人だけでやった。
　　ムッソリーニの経済政策の批判
　　　1922年にスラッファはイタリアの金融政策を批判する論文を書き、独裁者ムッソリーニの怒りを買った。そのせいでスラッファはイタリアを追われるような形でイギリス（ケンブリッジ）に行った。
　　　そしてどういうわけかスラッファは、イタリアを離れてからは「現状分析」的論文を公表することは一切しなかった。
　　マーシャル理論批判
　　　1926年にスラッファは短い論文で、当時絶大な権威をもっていたマーシャルの理論を批判した。都留重人は、「スラッファの1926年論文がショックだったのは、経済学はマーシャル経済学でほぼ完成したと安住していたイギリスの経済学界にたいし、その最大の盲点ともいうべき論点を単刀直入に指摘して批判したということによる。…わずか15ページ足らずのこの一論文で、以後半世紀以上も経済学界に「この人あり」と言われ、しかも常に「舞台裏の人」として同僚たちに刺激と勧告を与え続けた学者は、おそらく稀有であろう」と書いている。（『現代経済学の群像』岩波書店、1985年、144頁）
　　ケインズの「サーカス」への参加

スラッファはイギリスに渡ってすぐに、ケインズの「サーカス」に参加した。そこでのスラッファの発言は簡潔で鋭く、その厳しい観察眼から逃れることはほとんど不可能であったとされる。ケインズがスラッファの能力を高く評価していたことは事実だが、スラッファがケインズの仕事やこのサークルのことをどう考えていたかはわからない。

ハイエクの貨幣理論批判

1932年にスラッファはハイエクの貨幣理論を痛烈に批判した。小島専攻はこれに関して次のようにいう。「スラッファのハイエク批判によってケインズ革命が始まる前にハイエク支持派は動揺していたのであり、1930年代にオーストリア学派が蒙った不運の一つは、ほぼ同じ頃にスラッファとケインズから挟撃されたことであるというラッハマンのことばで知られる」。(「ハイエクの『市場・知識・自由』にふれて」、佐和隆光(編)『現代経済学の名著』中公新書、1989年、所収)

ヴィットゲンシュタインとの親交

スラッファはヴィットゲンシュタインのケンブリッジにおける数少ない友人の一人であった。スラッファのほんの一言でヴィットゲンシュタインは自分の哲学を深刻に再検討することになったという「神話」が伝わる。ヴィットゲンシュタインもまた、スラッファとの議論ではすべての枝が切りとられた木のように感じたと語っている。(レイ・モンク『ウィトゲンシュタイン』[岡田雅勝訳]みすず書房、1994年、277頁)

リカード全集の編集

スラッファはケンブリッジではほとんど講義をすることなく、その代わりのような形で、モーリス・ドップの協力を得ながら、リカード全集の編集にあたった。これこそがスラッファの最大の業績という者もあるが、断簡墨片に至るまでの徹底した文献収集とその厳密な調査・分析によって、ほぼ完璧な全集となったとされる。

だが、一番の「事件」は、スラッファがこれらのことについてほとんど

何も語ることなく死んだということである。スラッファの「謎めいたその生涯」の根底には、本文でも何回も触れた彼の寡黙さがあるといえる。

だがここでスラッファの謎めいた生涯に立ち入ることは控えたい。私には『商品の生産』を理解することさえ容易ではないし、また『商品の生産』はその著者の生涯とは切り離して読まれるべきものだとも思うからである。

スラッファの生涯を紹介した著作としては例えば、Jean-pierre Potier, *Piero Sraffa──Unorthodox economist*, 1991, Routledge があるが、この本を読むことと『商品の生産』を理解することとはほとんど関係がありそうにない。また、スラッファの謎めいた生涯は一冊の著作で解き明かすことはできないという思いが深まるばかりのような気がする。

私はスラッファからは二人の人物を思い出す。一人は、大舎人部千文（おおとねりべのちふみ）という、万葉集に2つの歌を残した常陸国那珂郡生まれの防人である。しかし、その一首を刻んだ碑には「大舎人部千文その人については、伝わっていない」とある。彼は自分の作品だけを残して、歴史の闇の中に消えていった。自分のことを何も語ろうとしなかったスラッファもあるいは「自分の書いたものだけが残ればいい」と考えていたのかもしれない。

もう一人は、ハンス・カノッサが『ルーマニア日記』で描いた「われわれを頻繁に怒らせ、くたくたにしてしまうような男」だ。カノッサが言うように、そういう男こそ「結局、われわれを愛想よく放任しておいてくれる男より、より強くわれわれを成長させるのではあるまいか」という意味においてである。実際、『商品の生産』を読む過程で、私は学生時代に徹底的にサボった経済学の基礎的学習をいやというほど繰り返させられた。

こういう思いをしたのは、仙台でのんびりとサラリーマン生活を送っていた10数年前、当時東北大にいた故・渡辺寛教授に、短期間ではあったが経済学の最初の基礎的学習を強いられたとき以来のことである。教授は別れるに際して、私に「現状分析をやれ」と言われた。それにもかかわらず、現状分析とは何の関係もないこうした「報告書」を公刊するということにはいささか後ろめたい気持ちもある。しかし、教授に強いられた基礎的学習をもう一度繰り返した結果であるとして容赦してもらおうと思ってい

る。

　本書をまとめるにあたっては多くの方々のお世話になった。私の最初の著作『国際通貨問題の課題』は1989年の仙台での渡辺寛教授との出会いから生まれたようなものであったが、単独で書いたものとしては2冊目になる本書は、1999年〜2000年の千葉・幕張での数人の若い人たちとの読書会から生まれたようなものである。『商品の生産』をほとんど理解しないままに読書会を強行したにもかかわらず、最後までつきあってもらったことに改めて礼を述べたい。彼らがつきあってくれなかったら、『商品の生産』を最後まで読むことさえできなかったであろう。

　この読書会でのレジュメをベースにして少しずつ増やしていったメモが本書のもとになっているが、このメモを作成するに当たっては、多くの研究者からの支援と助言を得た。私がアカデミズムとは無縁の人間であるにもかかわらず、惜しみない協力をして頂いたことは感謝に堪えない。逐一名を挙げることは避けることとしたいが、本書には多くの研究者の想い出が詰まっている。

　この時期はまた、当時私が勤務していた日本道路公団の民営化が重要な政治課題となった時期でもあった。道路関係四公団民営化推進委員会事務局への短期間の出向等で私自身も多少それに関与し、関係者から御心配を頂いた。ただ結果的には、2003年6月からの約1年間の高松での勤務（マスコミはそれを「左遷」とした）も含め、様々な配慮によって「静かな時間」を頂戴した。ここ数年間はかえって落ち着いて『商品の生産』を読み返し、メモを書き直すことができた。それがなかったら本書をこうした形で取りまとめることはできなかったであろう。このことについても感謝したい。

　最後になってしまったが、本書の出版を引き受けていただいた社会評論社の松田健二氏にもお礼を申し上げたい。私はこれによって、『商品の生産』を読むことにひとまず区切りをつけられるが、逆に松田氏には厄介なものを押し付けたことになる。それだけは心残りである。

2007年8月　千葉にて

［著者紹介］
片桐幸雄（かたぎり・さちお）
1948年　新潟県に生まれる
1973年　横浜国立大学卒業、日本道路公団入社
　　　　同公団総務部次長、内閣府参事官（道路関係四公団民営化推進委員会事務局次長）等を経て
現　在　建設関係法人厚生年金基金調査役
主たる論文と著書
〈論文〉
「1931年のクレジット・アンシュタルト（オーストリア）の危機と東欧農業恐慌の関連性について」（『研究年報　経済学』東北大学経済学会、52巻2号、1990年）
「『世界経済論の方法と目標』をめぐって」（『研究年報　経済学』東北大学経済学会、56巻4号、1995年）
「国際通貨の何が問題か」（『経済理論学会年報第35集』経済理論学会編、青木書店、1998年10月）
〈著書〉
『国際通貨問題の課題』批評社、1996年
『現代の資本主義を読む』（共著）批評社、2004年
『市場経済と共同体』（共著）社会評論社、2006年

スラッファの謎を楽しむ──『商品による商品の生産』を読むために
───────────────────────────────────────
2007年9月25日　初版第1刷発行

著　者＊片桐幸雄
発行人＊松田健二
発行所＊株式会社社会評論社
　　　　東京都文京区本郷 2 - 3 -10　tel.03-3814-3861/fax.03-3818-2808
　　　　　　http://www.shahyo.com/
印刷・製本＊倉敷印刷

グラムシは世界でどう読まれているか

●グラムシ没後60周年記念国際シンポジウム編
A5判★3700円+税／0386-2

20世紀イタリアが生んだ知的な巨人アントニオ・グラムシ。社会主義崩壊後の今日、国際的に、脚光を浴びている思想家である。伊、米、独、ロシア、韓国、日本等の研究者による研究。(2000・1)

トロツキーとグラムシ

歴史と知の交差点

●片桐薫・湯川順夫編
A5判★3600円+税／0317-X

スターリンに暗殺されたトロツキー、ファシストに囚われ病死したグラムシ。1930年代の野蛮にたち向かった二つの知性。その思想と行動を20世紀の歴史と政治思想のなかで捉え直す。(1999・12)

論理哲学論考

●ルートヴィヒ・ヴィトゲンシュタイン著／木村洋平訳
A5判★2000円+税／0873-0

極限まで切り詰められ、鋭く研ぎ澄まされた内容と言葉でつづられた『論考』。その鋼鉄の文体を厳格な解釈に基づき、若き学徒が初めて「詩」として新訳。(2007・1)